鋼構造環境配慮設計指針（案）
－部材リユース－

Recommendations for Sustainable
Steel Building Construction (Draft)
－Member Reuse－

2015　制定

日本建築学会

序

日本建築学会では，地球環境問題に対応するため，1997 年の気候変動枠組条約京都会議（COP3）に呼応して「新築建物で $LCCO_2$ の 30%削減，耐用年数の 3 倍延伸を目指すべき」との声明を 1997 年に公表し，さらに，2000 年に日本建築士会連合会などの計 5 団体と共同で「地球環境・建築憲章」を策定した．この憲章で掲げられた長寿命，自然共生，省エネルギー，省資源・循環，継承の基本理念に基づきながら，2009 年 12 月には，建築関連 17 団体において，カーボンニュートラル化を目指し，「建築関連分野の地球温暖化対策ビジョン 2050」を提言している．気候変動に関する政府間パネル（IPCC）第 4 次報告書（2007 年）の警告を受け，世界全体で 2050 年までに温室効果ガス排出を現状から半減させることが，地球温暖化対策の長期目標となることに応えようとするものである．本会の鋼構造分野も，2002 年度大会に「建築鋼構造における環境性とは何か」のパネルディスカッションを開催し，地球環境問題に対する鋼構造の取組みがスタートした．鋼構造環境小委員会は鋼構造の環境負荷削減のあり方について議論を重ね，2012 年度大会にて「鋼構造のリユースの現状と今後のあり方」のパネルディスカッションを開催し，会員諸氏の意見を踏まえて，今回，「鋼構造環境配慮設計指針（案）－部材リユース－」を刊行するに至った．すでに，本会より，2009 年に金属部材および木質部材を対象とした「建築部材のリユースマニュアル・同解説」が刊行されており，それを踏まえ，鋼構造の環境配慮設計における部材のリユースについてまとめたものである．

環境配慮設計として考慮すべきは，二酸化炭素排出や廃棄物発生の削減，資源，エネルギー消費の節約などである．鋼材はそのほとんどがリサイクルされており，廃棄物を出さない，すなわち資源循環という点では優等生の材料である．しかしながら，リサイクルは，スクラップ処理の過程にて，新たに製銑・製鋼するほどではないにせよ，かなりの量の二酸化炭素を排出する．これに対してリユースは，解体，輸送，修復のみで溶融を伴わないため，二酸化炭素排出やエネルギー消費の削減に大きく寄与できるものである．今後の鋼構造の環境配慮を考えた場合，リユースを積極的に導入し，リサイクルからの段階的な移行が必要と考えられる．

本指針は，環境配慮の観点から，部材のリユースのための鋼構造の設計法とその促進のための要素技術を示したものである．その中で，損傷に留意した設計法と環境評価の考え方を新たに記述しており，鋼構造分野においてリユースを実現するための道筋を示したものになっている．さらに，施工・解体に伴う騒音・振動・粉塵による生活環境への影響や建築生産環境を改善する生産性の向上についてなど，地球環境問題以外の環境に対する効用についても触れている．本会の規準や標準仕様書とは異なる新しい概念と設計法を示した提案型の内容であることから，詳細には設計者が判断しなければならない点もあるため，それを補足するための関連資料をできる限り示している。今日までの鋼構造の部材のリユースに関連する知見を集約しているものであるが，鋼材，部材，架構および設計・施工・維持管理などの新しい技術開発が進めば，今後の改定に活かしていきたいと考えている．本指針が鋼構造建物の設計・施工に携わる方々にとって有用であること，環境に配慮した鋼構造への関心がいっそう高まることを期待したい．また，今後，よりいっそうの充実を図るために，多くのご意見を本会に寄せられることを皆様にお願いしたい．

2015 年 12 月

日本建築学会

本書作成関係委員

—五十音順・敬称略—

構造委員会（2015 年 6 月）

委員長　緑川光正
幹　事　加藤研一　塩原　等　竹脇　出
委　員　（略）

鋼構造運営委員会（2015 年 6 月）

主　査　多田元英
幹　事　井戸田秀樹　宇佐美　徹　吹田啓一郎
委　員　五十嵐規矩夫　一戸康生　稲岡真也　岡崎太一郎
岡本哲美　越智健之　笠井和彦　兼光知巳
河野昭彦　木村祥裕　向野聡彦　澤本佳和
田川泰久　竹内　徹　田中　剛　寺田岳彦
中込忠男　成原弘之　西山　功　原田幸博
平島岳夫　増田浩志　緑川光正　見波　進

鋼構造環境小委員会（2015 年 3 月）

主　査　藤田正則
幹　事　兼光知巳
委　員　石原　直　岩田　衛　岡崎太一郎　木村　麗
木村　衛　小岩和彦　瀧　正哉　長尾直治
松元建三　緑川光正　藤田哲也

原案執筆担当

1章	藤　田　正　則
2章	
2.1	木　村　　　麗
2.2	岡　崎　太一郎　　藤　田　正　則
2.3	藤　田　正　則
2.4	兼　光　知　巳
2.5	兼　光　知　巳　　藤　田　哲　也　　藤　田　正　則
3章	
3.1	小　岩　和　彦
3.2	小　岩　和　彦
3.3	木　村　　　衛　　小　岩　和　彦
3.4	兼　光　知　巳　　木　村　　　麗　　木　村　　　衛　　小　岩　和　彦 藤　田　哲　也　　長　尾　直　治
4章	
4.1	岩　田　　　衛　　岡　崎　太一郎　　小　岩　和　彦　　藤　田　正　則 緑　川　光　正
4.2	兼　光　知　巳　　松　元　建　三
付録	
付1	兼　光　知　巳　　瀧　　　正　哉　　松　元　建　三
付2	藤　田　正　則
付3	木　村　　　麗
付4	藤　田　哲　也
付5	長　尾　直　治
付6	石　原　　　直

鋼構造環境配慮設計指針（案）

－部材リユース－

目　　次

鋼構造環境配慮設計指針（案）
－部材リユース－

1章　基本事項

1.1　適　　用

1.1.1　概　　説

地球環境問題への鋼構造分野の対応として，建物そのものの「長寿命化」，部材レベルでの長寿命化といえる「リユース」，材料レベルでの長寿命化といえる「リサイクル」が挙げられる．鋼構造の環境負荷の抑制の面から，「長寿命化」は最重要課題の一つであるが，物理的，意匠的，社会的あるいは経済的な要因により，解体しなければならない建物は多く存在する．そのため，鋼材をスクラップにして「リサイクル」する方法がとられてきた．鋼材は建築，土木，造船・機械，自動車などの産業分野で大量に消費されており，リサイクルの資源循環が成立している材料である．すなわち，鉄鉱石を主とする製造法（高炉）と鉄スクラップを主とする製造法（電気炉）が共存し，循環社会システムを構築している[1)~6)]．しかし，スクラップの手間やスクラップ価格の変動など[7)]の資源循環を妨げる課題も生じており，資源循環の新たな市場である「部材のリユース」という方策を検討する必要性が生じている．特に，最近ニーズが高まっている期限付き建築物や短期利用建物の場合，建物全体のリユース，あるいは部材レベルでのリユースが有効といえる[8),9)]．鋼材の場合，リサイクルにおいてもスクラップの溶融に伴い多量の CO_2（二酸化炭素）が発生する．その点，リユースは，解体，輸送，修復のみであり，スクラップの溶融に比べて CO_2 排出量は極めて少ないため，環境負荷が小さいといえる．本来，鋼材は再加工できる構造材料であり，解体可能な特別な接合部を有していなくても，切断，穿孔，溶接などの再加工でリユースできる．さび・過荷重（地震・風・雪）による塑性化・火災履歴以外に経年変化が少なく，リユースに適した材料特性を備えている．経年変化に対しても，塗装することでさびの発生を抑えることができ，大地震時の塑性化には耐震設計の一つとして実用化されている損傷制御設計を用いることにより，エネルギー吸収部材を特定化できるため，主要な部材を弾性範囲にとどめることで対処できる．また，過荷重に対しても矯正などの軽微な修復により対応できる．

部材のリユースを実現するにあたって，リユース部材の各種情報をデータベースに登録しておき，設計・加工・施工・維持管理・解体・保管の一連のサイクルで循環させる必要がある．ここで，リユース部材は，既存建物から採取された部材，解体予定の建物から採取される部材をさす[1),10)]〔図1.1，図1.2〕．現段階では，リユースを想定せずに，設計・施工された既存建物から採取されるものがほとんどで，リユース先がほとんど定まっていないものである．リユース部材を新材と同様に安定して供給させるためには，多くのストックを登録しておく必要がある．リユース部材の循環にあたっては，既存の流通システムをできる限り利用することが考えられるが，本指針では，ストック，流通に関しては扱わない．

ところで，わが国における環境問題への対応として，2001 年には「循環型社会形成推進基本法」，「国等による環境物品等の調達の推進等に関する法律（グリーン購入法）」，2002 年には「建設工事にかかわる資材の再資源化等に関する法律（建設リサイクル法）」が施行され，建築物の分別解体や建設廃材等の再資源化を促進する等の措置が講じられてきた．本会においても，建築分野における環境負荷の抑制の取組みとして，建築生産における大量の資源消費，エネルギー消費および廃棄物発生の抑制などが検討されてきた．本会より「建物の LCA 指針 － 温暖化・資源消費・廃棄物対策のための評価ツール －」（2013 年）[11]が刊行され，建物のライフサイクルにおける CO_2・NO_x（窒素酸化物）・SO_x（硫黄酸化物），廃棄物などの発生量，一次エネルギー・資源消費量を評価する手法がまとめられており，設計の初期段階で利用できるものとなっている．また，建物の環境性能を評価するシステムとして，国土交通省が開発した建築環境総合性能評価システム（CASBEE）[12]があり，建物のライフサイクルにおける環境負荷削減の取組みが定量的に評価できるようになっている．構造躯体に関連する項目としては，耐震・免震，部品・部材の耐用年数，材料使用量の削減，既存建築躯体などの継続使用，躯体材料におけるリサイクル材の使用，部材の再利用可能性向上などが挙げられている．

環境配慮設計とは，二酸化炭素排出や廃棄物発生の削減，資源，エネルギー消費の節約など環境に配慮した考え方を従来の設計に取り入れたものをいう．そのうち，鋼材は，前述したようにその

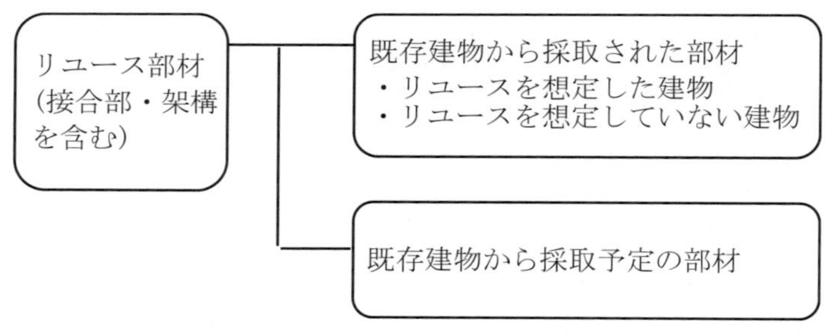

図 1.1 リユース部材の種類

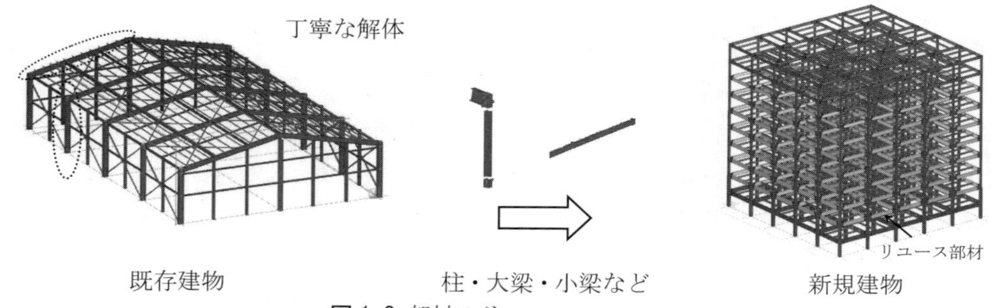

図 1.2 部材のリユース

ほとんどがリサイクルされており，廃棄物を出さない材料であるが，リサイクルに比べ，リユースにおいては二酸化炭素排出やエネルギー消費の削減にさらに寄与する．

以上を踏まえ，本指針は，環境配慮の観点から，部材のリユースのための鋼構造の設計法とその促進に応用できる要素技術を示したもので，その中で，損傷に留意した設計法と環境評価の考え方を新たに示している．さらに，施工・解体に伴う騒音・振動・粉塵による生活環境への影響や生産環境を改善する生産性の向上という地球環境問題以外の環境に対する効用についても示している．部材のリユースの環境評価については，前述した「建物の LCA 指針」の構造躯体に関する記述部分を追記して解説を加えている．

すでに，本会より「建築部材のリユースマニュアル・同解説」(2009 年) [8] が刊行されており，本指針と共通する事項もある．本指針の構成に必要な部分はその概要を掲載しているものの，詳細はマニュアルを参照されたい．なお，本指針では，マニュアルの用語と統一性を持たせている．

本指針の構成を述べると，１章は，部材のリユースに関する基本事項であり，２章は，部材のリユースの効用である資源の保全と CO_2 排出量の削減，さらに，生活環境に影響を及ぼす騒音・振動・粉塵の抑制や建築生産における生産性の向上について示している．３章は，部材のリユース先が決まっている場合の設計監理フローとそれに基づく解体前後の調査による部材の品質確認・評価，設計法の詳細で，現時点で適応できる設計法を示している．さらに，部材のリユースの効果を定量的に表すための，CO_2 排出量による環境評価の方法を示している．４章は，今後，部材のリユースの促進に応用できる要素技術として，中低層建物への高強度鋼の利用，損傷制御構造とした新たな接合部・構造部材・構造システム，さらに，生産性の向上のための部材のユニット化などの新しい技術を詳述している．また，付録は，リユース部材を用いた鋼構造の事例，鋼材の規基準の変遷などを示している．

1.1.2　鋼構造の部材のリユースの定義

鋼構造の部材のリユースとは，既存建物を解体し，運搬できる大きさ・重量に分解して，再使用することとし，部材，接合部，架構を含むものとする．なお，既存建物を診断・補強して再使用する場合も広義の意味でのリユースとも考えられるが，本指針では対象に含めていない．

1.1.3　適 用 範 囲

本指針は，リユース部材を用いた鋼構造建築物および工作物またはその部分の設計に適用する．

1.1.4　鋼構造の部材のリユースのための条件

鋼構造の部材のリユースのための条件として下記がある [1),8),13)]．

1)　リユース部材の品質が明確になっていること．

リユース部材の品質評価にあたって，引張強さ，降伏耐力，伸び，衝撃値などの機械的性質，溶接性およびさび，過荷重，火災履歴などの経年変化を把握する．カルテ，建物履歴簿，設計図書，鋼材検査証明書などが存在し，対象部材と対応していれば，品質評価に使用できる．しかしながら，建物が 30 年程度を経て解体されると想定すると，リユースの対象となる建物のほとんどが，カルテ，建物履歴簿，設計図書，鋼材検査証明書などを有していない場合が多い．この場合，試験片を直接切り出す破壊試験，試験片を切り出す必要のない非破壊試験などにより部材の機械的性質や化学成分を測定することで品質を評価する．規格材種が特定され，経年変化が機械的性質と溶接性に与える影響がないと判断できれば，鋼材検査証明書を使用した場合と同様の品質評価が可能である．日本工業規格に照らし合わせて，鋼種の判別が難しい場合，あるいは複数該当する場合には，できる限り下位の材質として F 値を設定するなどの方法をとる．また，建物履歴簿の調査などにより，大地震などによる過荷重，火災履歴を受けた部材の情報は品質評価に重要である．さらに，部材の製造年代が判明していれば，規格材種の推定に役立つものとなる．

2) リユース部材を使用した設計法が確立されていること．

部材のリユースを行うにあたっては，リユース部材を採取する建物を特定するための解体前調査，設計，解体後調査，施工，情報管理のプロセスが必要である．

カルテ，建物履歴簿，設計図書，鋼材検査証明書，破壊試験あるいは非破壊試験によりリユース部材の品質が明確になっていれば，新材と同様に設計を行う．リユース部材の規格材種が特定できない場合には，塑性変形能力には期待せず，弾性設計を基本とする．例えば，リユース部材の機械的性質のうち，F 値のみを設定できる場合は，弾性範囲による強度設計が可能である．小梁・間柱などの二次部材のほとんどは弾性設計である許容応力度設計によっているため，これらにはリユース部材を使用できる．耐震設計の一つである損傷制御設計を使用すれば，損傷をエネルギー吸収部材に限定することができるため，主要構造部材の弾性設計が可能となり，リユース部材を使用できる．さらに，主要構造部材の塑性化の有無が判明していれば，リユース部材を部分的に利用できる．また，部材の化学成分がわかれば，炭素当量（C_{eq}）や溶接割れ感受性組成（P_{cm}）などにより溶接性を評価できる．溶接性が評価できない場合には，塑性化する箇所に溶接を使用しないようにする，または，溶接接合の塑性変形能力を検証するなどの方法がある．３章には，既存建物から採取した部材のリユースにあたっての設計監理フローを基に，弾性設計，損傷に留意した設計，弾塑性設計の３つの設計法について記述している．

3) 部材の施工・解体が容易であること．

柱・梁・床など部材の施工が容易であり，かつ，解体時の部材の分離・回収が容易であれば，リユース部材として適用しやすい．さらに，解体時には部材の損傷がないかあるいは軽微であることが望ましい．例えば，事務所や工場などの主要構造材の部材継手は高力ボルト接合がほとんどである．部材継手の高力ボルトをインパクトレンチによる逆回しあるいは溶断により取外しできれば，母材に損傷を与えることなく，部材を採取できることが報告されている[14)]．採取された部材の端部は，ボルト孔を含む母材を切除する，ボルト孔を有効利用するなどの方法がある．部材継手を解体できない場合，溶断により部材を分離し，その切断箇所のグラインダー処理などを行う．このように，部材のリユースを想定すると，解体時に部材に有害な変形や過剰な残留応力が生じないようにすることが重要である．

1.2　材　　料

1.2.1　対象部材

リユース部材の対象は，日本工業規格材（以下，JIS 規格材という），大臣認定品およびF値の設定された鋼材とする．ただし，ボルト，溶接材料などの接合材料は除く．

1.2.2　材質および材料の強さ

リユース部材の材質および材料の強さは，原則として JIS 規格に定められたもので，本会の設計規準・指針に示された材質および材料の強さとする．大臣認定品は認定書に示された材質および材料の強さとする．

1.2.3　形状および寸法

リユース部材の形状および寸法は，原則として JIS 規格に定められたもので，本会の指針・設計規準に示された形状および寸法とする．大臣認定品は認定書に示された形状および寸法とする．

1.2.4　定　　数

リユース部材の定数は，本会の指針・設計規準に示されたヤング係数などの構造材料の定数とする．大臣認定品は認定書に示されたヤング係数などの構造材料の定数とする．

1.3　用　　語

以下，本指針で使用される用語を次のように定義する．

・環境：環境基本法が対象とする地球環境，生活環境のほか，建築環境ならびに建築生産に関わる生産環境．

・環境評価：建物のライフサイクルにおける環境の評価．

・損傷：過荷重・火災・変形・さびなどによる部材の品質劣化．

・規格材：日本工業規格（JIS）の材料．

・部材のストック：リユースとして使用するため，一時あるいは一定の期間，部材を保管すること．既存建物中にリユース部材が存在する場合には，リユース部材をストックしているものと見なす．
・劣化：物理的，化学的要因により，部材の性能が低下すること．
・リユース（再使用）：循環資源を製品としてそのままの形態で再度使用すること（補修によって使用することも含む）および循環資源の全部または一部をその他製品の一部として使用すること．
・リサイクル（再生利用）：循環資源の全部または一部を原材料として利用すること．
・リユース部材：既存建物から採取された部材および既存建物から採取予定の部材で，リユースが可能であると判断された部材．接合部・架構を含む．
・新材：加工されずに保管されて，建物に使用されたことがなく，鋼材検査証明書が存在している部材．
・建物履歴簿 [8)]：建築物の履歴情報を記録するもの．建物履歴簿に記載された内容は，部材のリユースの際に，必要な情報を部材に添付するカルテに転記することもある．詳細は，「建築部材のリユースマニュアル・同解説」を参照．
・カルテ [8)]：リユース部材の品質を確認するために，当初品質とその変化が記録されたもの．部材の履歴情報と品質評価結果とを経時的に記録して，データ更新を行う．カルテは，部材のリユースを前提に設計された建物では，新設時に部材ごとのカルテが作成され，前提としない建物では，解体後の鉄骨製作の段階で作成される．詳細は，「建築部材のリユースマニュアル・同解説」を参照．
・期限付き建築物 [9)]：仮設建築物と恒久建築物の間にある仕切りを取り払い，両者を統一する設計思想上の概念で，一定の使用期間および使用条件を設定して使用する建築物．
・過荷重：風，積雪，地震，積載などについて設計時の想定を超える荷重．
・LCA[11)]（Life Cycle Assessment）：製品の原材料の採取から製造，使用および廃棄に至る生涯を通しての環境側面および潜在的環境影響を評価すること．環境影響の領域としては，資源利用，人の健康および生態系への影響が含まれる．
・CASBEE[12)]（建築環境総合性能評価システム：Comprehensive Assessment System for Built Environment Efficiency）：建物を環境性能で評価し，格付けする手法．省エネルギーや環境負荷の少ない資機材の使用といった環境配慮はもとより，室内の快適性や景観への配慮なども含めた建物の環境品質を総合的に評価する．国等における温室効果ガス等の排出の削減に配慮した契約の推進に関する法律（環境配慮契約法）が 2007 年 5 月に公布され，官庁施設の設計にあたって，環境配慮型プロポーザル方式の活用・推進を行うことが明記された．
・BIM[35)]（Building Information Modeling）：コンピュータ上に作成した 3 次元の形状情報に加え，室などの名称・面積，材料・部材の仕様・性能，仕上材など，建築物の属性情報を併せ持つ建物情報モデルを構築すること．

参考文献

1) 日本建築学会：鋼構造のリユースの現状と今後のあり方，日本建築学会大会　構造部門（鋼構造）PD，2012.9
2) 日本建築学会：建築鋼構造における環境性とは何か，日本建築学会大会 構造部門（鋼構造）PD，2002.8
3) 日本建築学会：建築関連分野の地球温暖化対策ビジョン 2050，カーボンニュートラル化を目指して，2009.12
4) 日本建築学会：地球環境建築のすすめ，第2版，彰国社，2009
5) 日本建築学会：シリーズ地球環境建築・専門編２　資源・エネルギーと建築，彰国社，2004
6) 日本建築学会：シリーズ地球環境建築・専門編３　建築環境マネジメント，彰国社，2004
7) 林誠一：転換点に立つ日本の鉄リサイクル，日鉄技術情報センター，2003.6
8) 日本建築学会：建築部材のリユースマニュアル・同解説，2009
9) 日本建築学会：期限付き建築物設計指針，2013
10) 藤田正則，文蔵亮介，岩田衛：建築鋼構造のリユースシステムに関する研究 -リユース材の加工とその性能評価-，日本建築学会環境系論文集，第620号，pp.97-102，2007.10
11) 日本建築学会：建物の LCA 指針　温暖化・資源消費・廃棄物対策のための評価ツール 改定版，2013
12) 建築環境・省エネルギー機構：CASBEE　建築（新築），建築環境総合性能評価システム　評価マニュアル（2014年度版），2014
13) 藤田正則，前田親範，村井正敏，岩田衛：建築鋼構造のリユースシステムに関する研究　サステナブルビル構造の試施工によるリユースの検証，日本建築学会環境系論文集，第75巻，第656号，pp.923-928，2010.10
14) 藤田正則，田中繁樹，岩田衛：建築鋼構造のリユースシステムに関する研究 -低層鉄骨造の丁寧な解体方法-，日本建築学会環境系論文集，第604号，pp.109-114，2006.6
15) 日本建築学会：鋼構造設計規準　-許容応力度設計法-，2008
16) 日本建築学会：鋼構造塑性設計指針，2010
17) 日本建築学会：鋼構造限界状態設計指針・同解説，2010
18) 日本建築学会：鋼構造座屈設計指針，2010
19) 日本建築学会：鋼構造接合部設計指針，2008
20) 日本建築学会：鋼構造制振設計指針，2014
21) 日本建築学会：高力ボルト接合設計施工ガイドブック，2009
22) 日本建築学会：溶接接合設計施工ガイドブック，2012
23) 日本建築学会：構造材料の耐火性ガイドブック，2009
24) 日本建築学会：建物の火害診断および補修・補強方法指針（案）・同解説，2010
25) 日本建築学会：建築工事標準仕様書　JASS 6　鉄骨工事，2008
26) 日本建築学会：鉄骨工事技術指針・工場製作編，2008
27) 日本建築学会：鉄骨工事技術指針・工事現場施工編，2008
28) 日本建築学会：鉄骨精度測定指針，2007
29) 公共建築協会　国土交通省大臣官房庁営繕部監修：建築物解体工事共通仕様書（平成 24 年度版）・同解説，豊文堂，2014
30) 彰国社：建築大辞典，1998
31) 日本鋼構造協会：鋼構造用語辞典，技報堂出版，1989
32) 日本建築学会：建築学用語辞典（第2版），岩波書店，1999
33) 日本規格協会：JIS 工業用語大辞典（第3版），1991
34) 国土開発技術センター　建築物耐久性向上技術普及委員会：鉄骨造建築物の耐久性向上技術，技報堂出版，1986
35) 国営施第15号：官庁営繕事業における BIM モデルの作成及び利用に関するガイドライン，2014.3

２章　環境とリユース

2.1　環　　境

従来，わが国において，環境問題への対応として，人の健康や生活環境に係わる公害対策や，自然環境の保全の観点から法整備されてきたが，より広範となる地球規模での環境問題に対する取組みも必要とされ，1993 年に環境基本法が制定された．地球環境問題には，地球温暖化，資源枯渇，海洋汚染などが挙げられる．

本会をはじめとした建築関連 5 団体も，2000 年に「地球環境・建築憲章」を制定し，地域規模の環境のみならず，地球規模の環境も意識した取組みを強化してきた．そして，2009 年には，本会および建築関連 17 団体から「建築関連分野の地球温暖化対策ビジョン 2050 」を提言し（以下，提言書という），これを具体的な行動に移し低炭素社会を実現するため，2014 年に低炭素社会推進会議（発起人；日本建築学会会長　吉野博）を設置し検討を進めている．地球温暖化対策として低炭素社会の実現を挙げている．ここでいう炭素とは，CO_2（二酸化炭素），CH_4（メタン），N_2O（亜酸化窒素）などの温室効果ガスのことである．提言書では，低炭素社会の実現に向け，建築・都市・地域のカーボン・ニュートラル化を目指している．カーボン・ニュートラルとは，提言書によれば「エネルギー需要を抑え，必要なエネルギーに対しては再生可能エネルギーを調達することで，年間を通じての二酸化炭素排出収支がゼロになる状況や，他のプロジェクトにおける削減量を組み合わせて二酸化炭素の排出収支がゼロになる状況のこと」と示されている．

鋼材は，従来からリサイクルされ，材料レベルの長寿命化が図られてきた．リサイクルすることにより，資源の保全や廃棄物処理に関わる環境への負荷を抑制し，地球環境保全に寄与してきた．今後，さらなる地球環境の保全に向け，鋼構造分野での取組みの一つとして，本書では，部材レベルの長寿命化を挙げる．その具体策の一つが，部材のリユースである．部材のリユースを実現することにより，例えば，リサイクルにおいて鋼材を溶融する際に生ずるエネルギーを抑制することができる．部材をリユースすることは，より地球環境に配慮した取組みであると考えている．

次節以降は，リユースの効果を具体的に示す．部材のリユースは，地球環境に対し，資源枯渇の対策として 2.2.1 に詳述する資源の保全や，地球温暖化対策として 2.2.2 に詳述する CO_2 排出量の削減を可能とする．また，リユース部材を用いた建物の施工や解体の工夫によって，2.3 で述べるように生活環境に係わる振動・騒音・粉塵の抑制にも副次的に貢献できる．さらに，前記同様の工夫によって，2.4 で述べるように生産に係わる環境にも利点がある．部材リユースに関連する環境評価の実状を2.5に示す．2.2から2.4に示す効果を，建築物の環境に配慮する視点として適切に評価することが，今後，部材のリユースを促進する原動力になると期待する．

2.2　地球環境

2.2.1　資源の保全

鋼は，建築構造に求められる性質をバランスよく満たす材料であるが，鉄鋼生産は地球環境に大きな負荷を与える．素材をみると，鋼は，その大部分を占める鉄と炭素と，微量の非鉄金属で構成された合金である[1]．非鉄金属のなかでも，マンガン，クロム，ニッケル，モリブデン，コバルト，タングステンは，鋼の機械的性質や耐食性，耐熱性の向上に寄与する有用な元素として用いられるが，これらは採掘が困難で流通量が希少な，いわゆるレアメタルである．ところで，エネルギー供給の9割を石油，石炭，天然ガスなどの化石燃料に依存し，そのほとんどを輸入に依存するわが国の現状[2]では，エネルギー消費も資源の問題である．鉄鋼生産のエネルギー効率（エネルギー消費からエネルギー転換を差し引いた評価）が粗鋼1トンあたりで電力21.4ギガ・ジュールという評価がある[3]．長年，省エネルギー対策が進められた結果，わが国の鉄鋼業は世界的にも優れたエネルギー効率を実現しているが，それでも鉄鋼業はわが国の全電力需要の11.9%，製造業種別の電力需要の30.2%を占める（資源エネルギー庁の2012年度統計[2]）．図2.2.1に示す2012年度統計[4]では，建築用は普通鋼の用途別受注高の9.1%，内需に限れば14.8%を占める．この図で販売業者用と示した受注高のうち，最終的に建築に用いられたと推定される鋼材を加算して，建築向けの受注量を内需の32.2%とする統計もある[5]．こうした数字から，建築鋼構造に関わるエネルギー消費の大きさがうかがわれる．

リユースは，新たに資源を採掘する代わりに，建築廃材を有効利用する．また，リユースに要する工程は採取，加工，搬送に限られ，鉄鋼生産で多大なエネルギーを消費する原料の採掘と運搬，

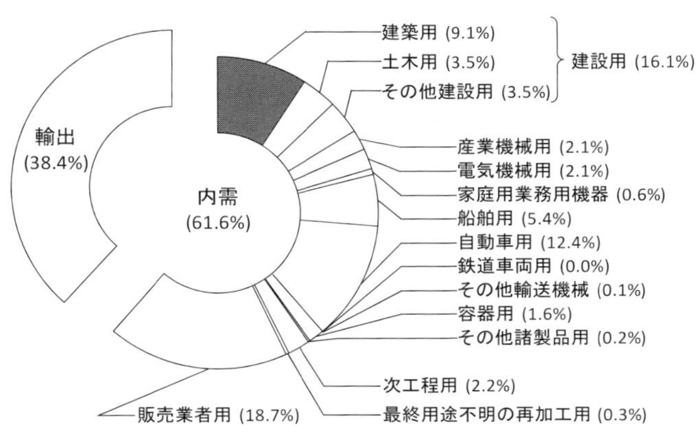

図2.2.1　普通鋼の用途別受注高（文献4の2012年度統計に基づいて作成）

製鋼（原料の溶融），熱間圧延などを伴わない．リユースを推進し，鋼材の新規生産量を抑制することは，レアメタルの供給不足や枯渇が招く資源リスクを避け，レアメタルの採掘がもたらす環境汚染を抑制し，製造業のエネルギー消費を抑制するための有効な手段である．

なお，リユースには，高機能鋼材を利用しやすい産業環境を整備するという側面もある．例えば，ステンレス鋼は，11%以上のクロムを添加して耐食性を著しく改善した鋼である．耐火鋼は，モリブデンとニオブを添加して耐熱性を向上した鋼である．引張強さが格段に高い高強度鋼を製造するためには，クロム，ニッケル，モリブデンなどの添加と熱処理工程が欠かせない．つまり高機能鋼材は，その生産性がレアメタルの入手に大きく依存し，あるいは製造により多くのエネルギーを要するため，普通鋼と比較して汎用性に劣る．しかし，リユース市場を確立することで，高機能鋼材の流通性を高めることができ，なおかつ，レアメタルを鋼材に固定化することで資源確保に貢献できる．こうした目的を達成するためには，供用中の建築構造に使用される高機能鋼材と普通鋼材を判別する手段が乏しい現状を改善する必要もある．

2.2.2　CO_2排出量の削減

建築構造における環境負荷には，建設や解体時のCO_2排出，建設廃棄物に加えて，騒音・振動・粉塵などの発生がある．わが国では，高度成長期に抱えた建築鋼構造の大量のストックが存在しており，社会的・経済的ニーズなどに合致しなくなった建物の解体により大量の廃棄物の排出が今後も続くと推定されている[6)~9)]．建設廃棄物においては，鋼材のほとんどが分別・回収されて，リサイクルされており，静脈産業としてすでに確立されている．しかし，前述したように，リサイクルにおいてはスクラップ処理の過程にて多量のCO_2が排出されているのが現状である．既存建物から採取された部材をリユースすることができれば，環境負荷の抑制に繋がるといえる[10)]．

日本の鉄鋼の累積蓄積量と鉄屑消費量を図 2.2.2 に示す[11)]．　2006 年度時点ですでに，約 13 億トンの鉄鋼が社会にストックされていると推測される．また，1960 年度以降増加し続けており，将来，大量の鋼構造の解体に伴い，スクラップの供給が増加することが予想される．スクラップは天然資源として自然界に存在するものではなく，高炉による鉄鉱石の還元プロセスを経て鉄鋼製品となり，その後，社会で使用された後に回収され，高炉鋼，電炉鋼として繰り返しリサイクルされる．スクラップには，市中から発生する工場発生スクラップおよび老廃スクラップ[※1]，製鋼や加工の工程から発生する自家発生スクラップがある．このうち，普通鋼材の大部分は，最終的には老廃スクラップとしてリサイクル市場に還元されている．廃棄シュレッダー，廃車シュレッダー，都市ゴミの前処理分離材などの老廃スクラップに含まれる Cu, Sn などのトランプエレメント[※2]は銑鉄の約 10 倍

※1　構造物などが老朽化して発生した鉄スクラップ．

※2　スクラップを再生利用して鋼材を製造する場合に分離できず，有害かつ除去困難な不純成分のこと．部品の小型化や非金属材料の使用比率増大などにより鋼材品質の低下をきたす問題として認識されている．

とされている．このため，棒鋼，形鋼，一般構造用圧延鋼材には，トランプエレメント含有量の許容限界が定められている．トランプエレメントはスクラップ量が増大するにつれて濃度が高くなることが予想されるため，物理的混入の防止や混入の除去が必要とされている[7]．リユース・リサイクルを考慮した鋼材の循環系のフローを図 2.2.3 に示す[12]．この循環系は，高炉鋼，電炉鋼の製造，リユース部材の関係を示している．鋼材は，鉄鉱石を主原料とする高炉鋼，鉄スクラップおよび高炉からの銑鉄を主原料とする電炉鋼が互いに共存し，補完しあって循環系を構成している．これらの鋼材は，設計段階で選定され，加工・施工・維持管理・解体・保管の一連のフローを循環する．解体段階で，分別・回収された部材は劣化や修復の状態に応じてリユース，リサイクル，廃棄のいずれかになる．

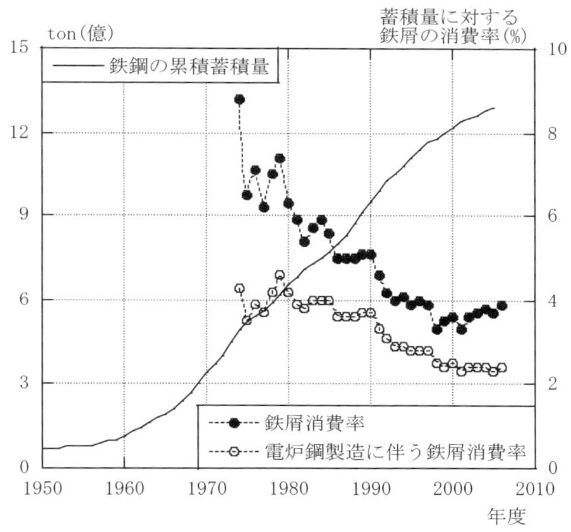

図 2.2.2 日本の累積鉄鋼蓄積量と鉄屑消費量[11]

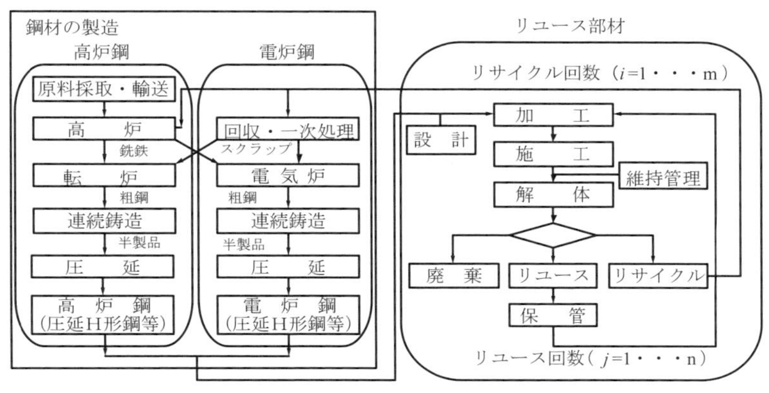

図 2.2.3　鋼材の循環系フロー[12]

鋼材の循環系フローにおけるリユース回数と CO_2 排出量原単位の関係を図 2.2.4 に示す [6),12),13)]．この場合，CO_2 排出量原単位は高炉鋼，電炉鋼の製造に伴う CO_2 排出量とリユースフローに伴う CO_2 排出量を加えて算定したものであるが，リユース回数が増加するに連れて一定に近づく傾向となっている．さらに，CO_2 排出量原単位はリユース率が大きいほど，小さくなる傾向となる．このように循環系フローにおいて鋼材をリユースすることは，CO_2 排出量の削減効果が大きいといえる．

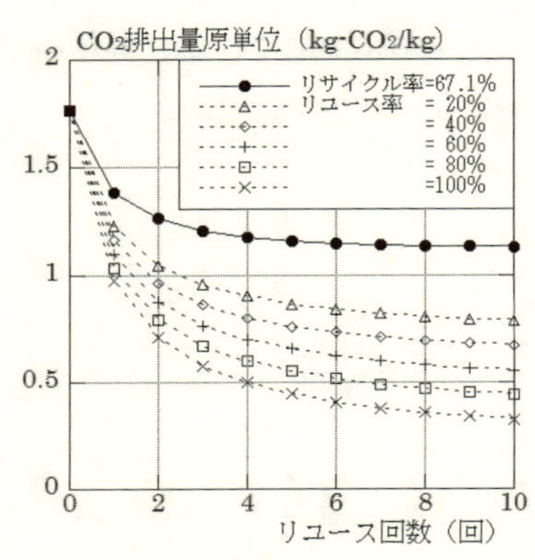

図 2.2.4　CO_2 排出量原単位とリユース回数 [12)]

2.3　生 活 環 境

鋼構造の施工や解体工事に伴う騒音・振動・粉塵は生活環境に及ぼす影響が大きく，その発生をできる限り抑制することが期待されている [14)~19)]．特に，解体工事に伴って発生する騒音・振動・粉塵による影響は採用する工法により多種多様である．そのため，防音対策の実施，騒音源の発生個所，その周辺における音圧レベルと周波数特性の把握が必要であり，これに基づいた近隣対策を行うことが大切である．従来の解体工法のほとんどが鉄骨切断機や溶断によるものであり，その作業の性格から，騒音・振動が大きく，かつ粉塵の発生が問題となる〔写真 2.3.1 (a)〕．例えば，油圧式鉄骨切断用カッターは高性能化されているものの，柱の転倒解体の際の切断においてはガス切断に頼らざるを得ず，騒音・振動も大きい．また，内装材や外装材の事前撤去が必要であり，耐火被覆がなされている場合には，作業場所の隔離が必要な場合もある．このように，従来の解体工法の場合，工期短縮や経済性が優先されることが多く，騒音・振動・粉塵の発生を抑制することは難しいとされている [20)~23)]．これに対して，リユースを想定した丁寧な解体工法は，前述したように建物の解体時に部材の損傷をできるだけ与えない工法で [24)]，建方時の逆の順序で主に部材継手を取り外すものである．柱の転倒解体など部材に損傷を与えやすい作業が少なく，リユース部材にするための加工の大部分は工場にて行うため，現場での騒音・振動・粉塵を抑制できるといえる〔写真

(a)　機械式解体

(b)　丁寧な解体

写真 2.3.1　解体工法

2.3.1(b)〕．丁寧な解体工法，解体計画の詳細については，後述する 3.4.5 を参照されたい．

一方，鋼構造の部材のリユースを促進するための要素技術により，騒音・振動・粉塵を抑制できる試みがなされている．その一つに，杭の回転貫入工法がある．杭先端に螺旋状の羽を取り付けた鋼管杭を回転させながら地盤に圧入し，無排土で施工するため，騒音・振動・粉塵を抑制できる．また，逆回転して杭を引抜くことができることから，杭をリユースできると共に解体時の騒音・振動・粉塵を抑制できる〔4.2.2 参照〕．基礎梁を鋼製にすることによりコンクリート量を減らす工法〔4.3.1 参照〕や梁と床のボルト接合に無収縮モルタルを用いて，施工時の溶接・ボルト接合時の騒音・振動の抑制，解体時のコンクリートはつりの騒音・振動を抑制できる工法〔4.3.2 参照〕が開発されている．

2.4　建築生産環境

部材のリユースを実現するための技術は，部材の調達・加工・組立ておよび建物の改修・解体などの鋼構造のライフサイクルにわたる建築生産行為の改善・向上に寄与する．また，リユースを実施するためには，部材情報を部材の寿命期間にわたって管理することから，当該工事における情報を建築生産関係者間で円滑に伝達・共有できるだけでなく，後世の工事に対しても，技術情報など，情報の伝承を行うことができる．換言すると，リユースの技術を用いることにより，建物のライフサイクルにわたって生産性が向上するといえる．さらに同技術が社会に普及することによって，建築生産労働者の作業環境など，建築生産環境が良好になり，より品質の高い建物の提供の促進が期待される．以下に，建築生産環境に関わるリユースの効果のうち，主なものを示す．

（１）部材調達期間の短縮

新材を用いる場合，設計後，部材を建物に取り付けるまでに，鋼材の製造，部材としての加工の工程が必要となる．一方，リユース部材を用いる場合，鋼材の製造工程を省略でき，このメリットを生かすことによって部材調達期間の短縮を期待できる．リユース部材の調達方法には，リユース部材のストック場所から調達する場合，ならびに既存建物から採取し，修復などを施した後，そのまま対象建物の部材として使用する場合の２つの方法がある．前者の方法が調達期間の面では理想的であるが，現状，リユース部材をストックする部材の流通システムは整備されておらず，今後の整備が期待される．後者の方法では，既存建物から必要な部材を採取するための解体工程が必要不可欠であり，丁寧な解体方法の技術開発が今後期待される．図 2.4.1 は，鉄筋コンクリート柱部材に鋼梁部材を，コンクリート材料を介して接合した例である[25]．鋼梁部材の端部は，孔あけ・開先加工などの加工を行わず，柱部材と接合できる．解体は，接合部のコンクリート部分を 3.4.5（２）3)に示す鋼部材とコンクリートを分離する方法にて行い，鋼梁部材をさらにリユースできる．本例のように，部材の加工を必要としなければ，部材としての加工の工程を短縮することができ，さらなる部材調達期間の短縮に貢献できる．

（２）組立て・解体の省力化

リユースを行うためには，部材を傷めないような丁寧な解体が必要である．丁寧な解体を容易にするには，リユースに取り組んでいる住宅の例に見られるように，架構をユニット化する，接合をボルト接合にする，基礎を鋼製にするなどが有効である〔4.3.1 参照〕．リユース部材において，すでに加工している部分を有効活用することで加工工程をなるべく削減することは，建築生産環境の改善に有効である．架構をユニット化することによって，部材と部材間の接合の位置および方法をある程度標準化できる．溶接接合した場合，溶断などによって切断し，リユースする場合は切断した部分を加工する必要があるため，リユース時の加工を削減するためには溶接接合よりもボルト接合が望ましい．基礎を鋼製にすることによって，基礎自身をリユースし，鉄筋コンクリート部材などによって新たに製作する必要がなくなる．よって，これらの技術は解体を容易にするだけなく組立ても容易にする．部材の加工の多くは，部材と部材の接合，部材と仕上材の接合を目的にするものであることから，接合方法は，建築生産環境を改善するための重要な要素である．リユースによる建築生産環境改善を促進するために，リユースに適したボルト接合，ボルト接合以外の接合など多様な接合方法の技術開発が今後期待される〔4.3.2 参照〕.

現在，国内では建設技能者不足が問題となっている．建設技能者を育成するとともに，安全など建築生産環境の改善，施工・解体作業の省力化などの促進が必要である．機械を利用した施工・解体は，安全など建築生産環境の改善，施工・解体作業の省力化に寄与するが，現状，機械は人が行うような複雑な作業には不向きである.組立て･解体を容易にする構工法を導入することによって，機械を使用しやすくなる.組立て･解体を容易にするというリユースの特長を生かすことによって，建築生産環境の改善に寄与する〔4.3.3 参照〕.

（3）建物改修の省力化

部材のリユース技術は，建物の改修を容易にすることができる．さらに，部分改修する手段が整備されるため，簡便で安価に建物を更新することができる．それによって，迅速に，用途に則した建築空間を提供することも可能となる．また，リユース市場で準備される部材情報を積極的に利用すれば，より高度な建物の維持管理が可能となる．多くの部材をリユースするために，主要な構造部材を地震で損傷させない損傷制御の考えが推進されれば，大地震後でも補修容易な，あるいは継続使用可能な建物の増加が期待できる〔4.2.3 参照〕．例えば，既存建物の耐震改修においてリユース技術を用いることによって，建物の延命化を図ることができる．図 2.4.2 は，既存超高層建物の長周期地震動対策として制振部材を設置した例である [26]．制振部材を上下の鋼梁部材に PC 鋼棒で圧着している．鋼梁部材への溶接可能性を判断できる情報がない場合，制振部材を溶接によって接合することはできない．PC 鋼棒による圧着接合の技術を用いることによって，溶接の可否が判断できない場合でも接合することができる．また，PC 鋼棒による圧着接合は丁寧な解体ができる接合方法であり，部材リユースのための接合として有効である．

（4）建築生産情報伝達の合理化と技術の伝承

リユース部材は 1 回の使用だけでなく，解体と組立てを繰り返しながら複数回使用する．その

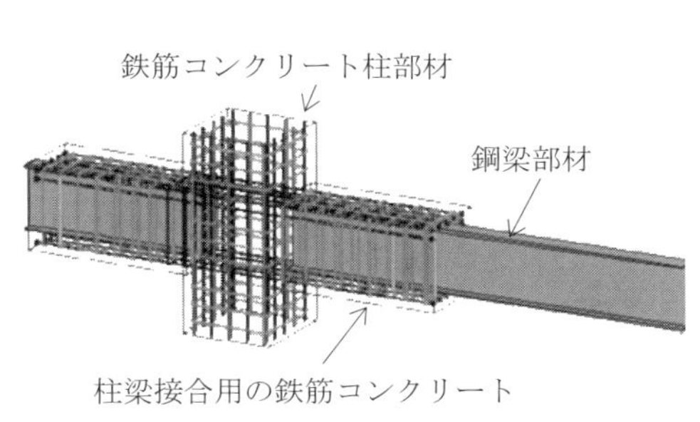

図 2.4.1　鋼構造部材端部を加工せず接合する例 [25]

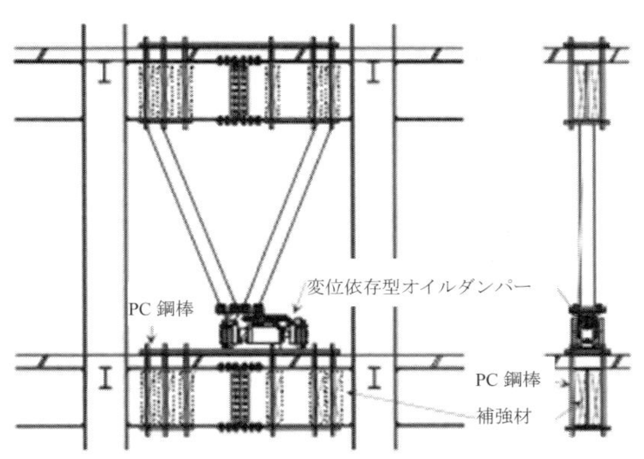

図 2.4.2　長周期地震対策として溶接せず制振部材を設置した例 [26]

ため，カルテの整備，すなわち既存建物の解体によって採取されたリユース部材に，鋼材検査証明書の記述内容などの情報を添付し，部材と情報の一体化を図る必要がある〔3.4.7 参照〕. すでに，IC タグ（電子タグ）を添付し，ICT 技術（情報通信技術 : Information and Communication Technology）を使用して鉄骨製品のトレーサビリティを確保する実験が行われている〔付 5〕[27]. また，BIM が普及することで，部材単位の情報管理も現実になりつつあり，リユースへの波及効果が期待される〔3.4.8 参照〕. 部材と情報の一体化を図るため，建築生産管理情報（部材，建物，設計方法，施工方法，維持管理方法などの情報）が，必要な建築生産段階に適切に作成され，体系的に管理されることによって，それら情報を建築主，部材製造者，部材加工者，設計者，施工者あるいは建物維持管理者などの建築生産関係者間で共有することができる. 各建築生産関係者は，それらの情報から，必要なときに必要な情報を得ることができるため，建物のライフサイクルにわたって情報伝達の合理化を図ることができる. 例えば，建物維持管理者は，建物完成後に設計図書の情報だけでなく，施工方法の情報を確認できるため，修繕や部材の取換え方法を施工方法から詳細に検討できる.

2.5 環 境 評 価

2.1〜2.4 では，鋼構造の部材のリユースが地球環境，生活環境および生産環境に関する環境問題に対して効果があることを述べた. 本節では，それら効果に関して，設計時に環境評価するための手法および今後の課題を示す.

(1) 地球環境に対する環境評価

鋼構造の部材のリユースは，地球環境問題において，主に次の 2 つの課題に効果がある〔2.2，2.3 参照〕.

① 資源の保全（鋼材を製造するためのエネルギー資源，鋼材を構成する素材資源）

② CO_2 排出量の削減

設計において，鋼構造の部材のリユースが，①②の課題に対して，どの程度効果を有するかを評価する必要がある. これらの評価を行うことができる環境評価ツールはいくつか提案され，実務に活用されている. 以下に，主な環境評価ツールの概要と，同ツールにおける①②に対する評価内容を示す.

1) 建物の LCA 指針―温暖化・資源消費・廃棄物対策のための評価ツール―

建物の LCA 指針[13]は，1999 年，日本建築学会の地球環境委員会が編集したもので，ライフサイクルによるエネルギー，CO_2 排出，SO_X（硫黄酸化物）排出，NO_X（窒素酸化物）排出およびコストを算出して，オゾン層破壊，地球温暖化，酸性雨，大気汚染による健康障害および化石燃料枯渇に関して基準案と対策案を比較し，環境負荷を定量的に評価するツールである.

①に対応する評価として，リユースやリサイクルの比率に応じてバージン資源投入量，廃棄物発生量を定量的に評価できる．②に対応する評価として，ライフサイクルにわたるCO_2排出量（$LCCO_2$）を定量的に評価できる．また，リユースを複数回繰り返した場合について，これら指標を評価することができる．

同指針では，各指標値を算出し図化するための計算ソフト（Excelファイル）を提供しており，日本建築学会のホームページ（URL：http://www.aij.or.jp/jpn/books/lca2013/）から最新版のファイルをダウンロードできる．なお，入力シートの説明は，同指針の本文を参照していただきたい．

2）建築環境総合性能評価システム（CASBEE）

CASBEE[28)]は，2001 年，国土交通省住宅局の支援のもと，産官学共同プロジェクトとして，国土交通省が建物の総合的環境評価研究委員会を設立し，開発した環境性能評価ツールである．設計者などの環境配慮設計のための自己評価ツールとして，また，建築行政での活用や建築物の資産評価などに利用可能な環境ラベリングツールとして利用されることを目的に開発された．初期開発以降も，継続的に開発とメンテナンスが行われている．2004 年 4 月に名古屋市が，一定規模以上の建物の建築確認時に CASBEE の届出義務を各地方自治体に先駆けて施行導入し，表 2.5.1 に示すとおり，2013 年 3 月時点で 24 の地方自治体が導入している．2013 年 3 月末までに 24 の地方自治体に届出された物件は 11,000 件を超えていることから，環境評価のツールとして設計者に普及しつつあるといえる．

本システムは，建築物の環境品質 Q（室内環境，サービス性能，室外環境）と建築物の環境負荷低減性 LR（エネルギー，資源・マテリアル，敷地外環境）に関して，設計時に取り組んだ項目をポイント加算あるいは数値レベルによって数値化し，建築物の環境効率 BEE＝Q／LR の値によって 5 段階のランク付けを行うものである．

①に対応する評価として，既存躯体などの継続使用および部材の再利用可能性向上の取組み（構

表 2.5.1　CASBEE 導入の自治体と施行年月（2013 年 10 月現在）

施行年月	自治体名	施行年月	自治体名	施行年月	自治体名
2004 年 4 月	名古屋市	2006 年 10 月	兵庫県	2010 年 4 月	神奈川県
2004 年 10 月	大阪市	2007 年 7 月	静岡県	2010 年 4 月	千葉市
2005 年 7 月	横浜市	2007 年 10 月	福岡市	2010 年 4 月	鳥取県
2005 年 10 月	京都市	2007 年 11 月	札幌市	2010 年 4 月	新潟市
2006 年 4 月	京都府	2007 年 11 月	北九州市	2010 年 4 月	広島市
2006 年 4 月	大阪府	2009 年 4 月	さいたま市	2010 年 10 月	熊本県
2006 年 8 月	神戸市	2009 年 10 月	埼玉県	2011 年 1 月	柏市
2006 年 10 月	川崎市	2009 年 10 月	愛知県	2011 年 8 月	堺市

造部材のリユースを含む）を，取組みに応じたポイント加算によって評価することができる〔付 4 参照〕．②に対応する評価として，$LCCO_2$ を計算し，数値レベルに応じて評価できる．

本システムは，評価マニュアルおよび計算ソフト（Excel ファイル）として提供されており，その最新版は（一財）建築環境・省エネルギー機構（IBEC）のホームページ（URL : http://www.ibec.or.jp/CASBEE/about_cas.htm）からダウンロードできる．なお，建築確認時に CASBEE による評価の届出義務を課している地方自治体は，地方特性を考慮し，評価内容を再編している．よって，建築確認に提出する際は，各地方自治体のホームページから必要なツールをダウンロードして使用する必要がある．

3）LEED　(Leading in Energy & Environmental Design)

LEED[29]は，1996 年，米国グリーンビルディング協議会（US Green Building Council 以下，USGBC という）が開発したグリーンビルディング（地球環境に配慮した建物）の性能評価規準である．2000 年から USGBC が任意で，建物全体の企画，設計から建築施工，運営，メンテナンスにわたっての省エネルギーおよび環境負荷抑制の取組みを評価する認証制度を行っている．2012 年 1 月時点で，27,000 件以上の海外プロジェクトが LEED の認定を受けており，その評価は USGBC のサイトで公表され，不動産評価での活用と併せて普及が進んでいる．

本システムは，持続可能な立地，水の効率利用，エネルギー，資材のリユース・リサイクル，屋内環境の快適さ，設計の革新性，地域の優位性に関する取組みをポイントにし，ポイント合計によって 4 段階のランク付けを行うものである．

①に対応する評価として，既存建物の再利用，建築資材のリユース・リサイクルの取組みがポイント加算される．②に対応する評価として，$LCCO_2$ を計算し，その削減量によってポイント加算される．

上記 1）～ 3）に示した既往の環境評価ツールを活用することで，鋼構造の部材のリユースが①②の地球環境課題に対してどの程度効果があるかを，ある程度，定量的に評価することは可能である．しかし，これらツールの評価対象は，新築時，改修時および解体時だけでなく，建物の供用期間での環境負荷の抑制効果であり，また，建物内の対象は構造躯体を含め建物全体である．そのため，これらのツールで構造躯体のみの環境評価は困難である．

リユース対象となる鋼部材は構造躯体を構成し，リユースの効果は新築時，改修時および解体時における環境負荷の抑制にほぼ限定される．したがって，鋼構造の部材のリユースの①②に対する効果を明確に評価するには，新築時，改修時および解体時の構造躯体に特化した環境評価手法が必要である．

また，鋼構造の部材のリユースを実施すると，現在の市場理論では，建設コストが高くなる傾向がある．これは環境負荷抑制に対しての対価を建設コストに反映できる市場になっていないためである．しかしながら，環境負荷の抑制に取り組むことは世界的な流れでもあり，将来的には税制優遇や環境税の導入など，環境がコストに反映される時代が到来する可能性が高い[30)]．その場合，鋼構造の部材のリユースは環境負荷抑制に有効な手立てであるため，その効果を適正に評価する手法を確立することが望まれる．例として，3章にCO_2排出量原単位から鋼構造の部材のリユースを評価する方法を提示したので，このような環境評価手法が活用されることを期待する．

（2）生活環境に対する環境評価

鋼構造の建設や解体工事に伴う騒音・振動・粉塵は生活環境に及ぼす影響が大きく，その環境評価を行う必要がある[7)]．近接建物や境界構造物への直接被害，周辺住民や施設への影響には地盤沈下や液状化なども一部含まれるが，鋼構造の部材のリユースに関連するものは，主に短期的なものである．

生活環境の評価にあたっては，鋼構造の計画・施工に際して事前調査を行い，対象建物，敷地内外，敷地周辺環境などの状況を把握することが重要である．鋼構造の建設や解体工事に伴う騒音・振動・粉塵に関して，環境評価の項目として下記が掲げられている[20),21)]．

騒音の特性は，成分と大きさ，対象となる騒音と暗騒音の性質の比較，持続時間・発生時期・距離，騒音のもつ特異性，対象となる騒音の経験の有無などを考慮し，各種解体機器の騒音レベルに関して，人間の聴感特性を考慮して評価する．特定建設作業に伴って発生する騒音は，騒音規制法により規制されている．振動に関しては，振動の大きさ，作業時刻，1日の作業時間長さ，同一場所における作業時間,祝日の作業日などの振動を評価する.特定建設作業に伴って発生する振動は,振動規制法により規制されている．粉塵に関しては，建設機械に搭載されているディーゼル機関の運転により発生するCO（一酸化炭素），HC（炭化水素），NOx，黒煙などや掘削・積み込み・運搬・粉砕などの物理的作業により発生するものがある．労働環境における職業病予防に関する技術指針(労働省労働基準労働衛生部)や環境基本法における屋外の浮遊粒子状物資の規準により粉塵の規制が定められている．

鋼構造の部材のリユースにあたっては，丁寧な解体工法を行うため，解体時に伴う騒音・振動・粉塵などの抑制につながると考えられ，上記のような指標を基に生活環境に及ぼす影響を評価することができる．

（3）生産環境に対する環境評価

建物の生産環境は，生産に携わる人，生産に使用する材料・資機材，社会のニーズ，経済状況などによって変化する．生産環境を評価する目的は，それらが変化する状況においても，品質の高い建物を生産できる仕組みが維持されているかを確認することにある．生産の仕組みを評価する方法として，施工管理で使用されている，品質・原価・工期・安全・環境の側面から，重点的に評価することは有効である．鋼構造の部材のリユースは，施工時の生産環境に対する効果だけでなく，維持管理・改修・解体を含めた建物のライフサイクルにわたっての生産環境を改善できる．ライフサイクルにわたる生産環境を評価する指標として，建物の LCA 指針 13)で評価されるライフサイクルコスト，CASBEE28)で評価される建物の対応性・更新性に関する項目は参考になる．しかし，ライフサイクルにわたる生産環境の評価方法は確立しておらず，今後の技術開発が期待される．

参 考 文 献

1) 日本金属学会：鉄鋼材料（講座・現在の金属学　材料編 4)，1985
2) 経済産業省：エネルギー白書 2014, 株式会社ウィザップ，2014
3) 日本鉄鋼連盟：ホームページ http://www.jisf.or.jp から「業界の取り組み」＞「地球温暖化対策」＞「鉄鋼業界の取り組み」
4) 日本鉄鋼連盟：ホームページ http://www.jisf.or.jp から「統計・分析」＞「鉄鋼需給の動き」
5) 日本鉄鋼連盟鉄鋼統計専門委員会：普通鋼地域別用途別受注統計表 －2013 年度分－
6) 日本建築学会：地球環境建築のすすめ，彰国社，2009
7) 日本建築学会：シリーズ地球環境建築・専門編 2　資源・エネルギーと建築，彰国社，2004
8) 日本鉄鋼連盟:鉄の輪がつなぐ人と地球，2012
9) 日本建築学会：鋼構造のリユースの現状と今後のあり方，日本建築学会大会構造部門（鋼構造）PD, 2012.9
10) 藤田正則，岡本康司，村井正敏，岩田衛：建築鋼構造のリユースシステムに関する研究　-リユース材に関するガイドラインの提案とその検証実験-，日本建築学会環境系論文集，第 643 号，pp.1107-1114, 2009.9
11) 日本鉄源協会：鉄源年報第 20 号，2009.8
12) 岡本康司，藤田正則，岩田衛：建築鋼構造のリユースシステムに関する研究 -二酸化炭素排出量の推定-，日本建築学会環境系論文集，第 652 号，pp.535-542，2010.6
13) 日本建築学会：建物の LCA 指針－温暖化・資源消費・廃棄物対策のための評価ツール－，2013
14) 日本鋼構造協会：鋼構造物の解体・回収時の環境負荷に関する調査研究，JSSC テクニカルレポート，No.89，2010.2
15) 市原英樹，萱嶋誠，梅津匡一，古賀威信，篠崎洋三，井瀬弘志，矢島清志，藤井裕之他：超高層建物閉鎖型解体工法の開発 その 1～11，日本建築学会大会学術講演梗概集，2012.9
16) 三輪明広，鈴木信也，宅間真，廣野直記他：環境に配慮した超高層建物解体工法の開発 その 1，解体工法概要及び水素ガス切断工法，日本建築学会大会学術講演梗概集，pp.1597-1598，2012.9
17) 萱嶋誠，篠崎洋三，古賀威信，市原英樹：超高層建物閉鎖型解体工法の開発 その 12 適用建物の概要及び構造計画概要，日本建築学会大会学術講演梗概集，pp.1317-1318，2013.8
18) 湯浅昇（監修)：まるごと解体工事 NOW，建築技術，2011.7
19) 日本建築学会：鉄骨工事技術指針・工事現場施工編，2008
20) 解体工法研究会：新・解体工法と積算，経済調査会，2003
21) 公共建築協会　国土交通省大臣官房庁営繕部監修：建築物解体工事共通仕様書（平成 24 年度版）・同解説，豊文堂，2014
22) 日本建築学会：建築物の振動に関する居住性能評価指針・同解説，2013
23) 麦倉喬次：居住環境を考慮した建築設備の防振設計技術，技報堂出版，2005
24) 藤田正則，田中繁樹，岩田衛:建築鋼構造のリユースシステムに関する研究 -低層鉄骨造の丁寧な解体方法-，日本建築学会環境系論文集，第 604 号，pp.109-114，2006.6
25) 金本清臣，真瀬伸治，山野辺宏治：鉄筋コンクリート柱に接合された鉄骨梁端部を鉄筋コンクリートで巻いた混合構造梁構法の耐力評価，日本建築学会構造系論文集，第 659 号，pp.205-211，2011.1
26) 青野英志，成原弘之，木村雄一，安田聡，細澤治，佐藤英佑：変位依存型オイルダンパーによる既存超高層建物の制振補強 ：その 4 制振ダンパー取付方法と地震応答解析結果，日本建築学会大会学術講演梗概集，pp.525-526，2009.8

27) 内閣府・総務省・文部科学省・経済産業省・国土交通省・日本鉄鋼連盟/日本鋼構造協会・新都市ハウジング協会，H20 年度 府省連携プロジェクト「革新的構造材料を用いたシステム建築物の研究開発」，IC タグ活用による履歴情報管理手法の検証（共同研究;建築研究所/JSSC）
28) 建築環境・省エネルギー機構：CASBEE　建築（新築），建築環境総合性能評価システム　評価マニュアル（2014 年度版），2014
29) 米国グリーンビルディング協議会（USGBC）ホームページ，http://www.usgbc.org/LEED/
30) 鷲田豊明：環境評価入門，勁草書房，1999

3章 設 計 法

3.1 リユースの分類

本指針では，リユースのルートを図 3.1.1 のように分類する．

（A）は，あらかじめリユースを想定して設計・施工された既存建物（ボルトなどを用いて簡単に解体できる継手，利用しやすい寸法体系，あるいは整備された部材情報などで構成された建物），例えば期限付き建築物 [1]からリユースする場合である．これは，近年，博覧会建物や短期利用建物などを中心に行われているが，事例は少なく，一般的ではないのが現状である．（B）はリユースを想定せずに設計・施工された大量のストックのある既存建物からリユースする場合で，両者とも①，②の 2 つのルートにより利用される．

①のルートはリユース先の建物があらかじめ特定されている場合で，設計の一部に解体設計が含まれる．②はリユース先の建物が想定されていない場合で，既存建物から，将来利用されやすい部材（柱・梁，組立部材，柱梁接合部，柱脚，部分架構など）を取り出し，品質上問題のない部位から抽出保管し，材質・寸法などの情報の管理を行う．その後，流通を経て品質を証明できる記録（カルテ [2]など）付きで供給する．

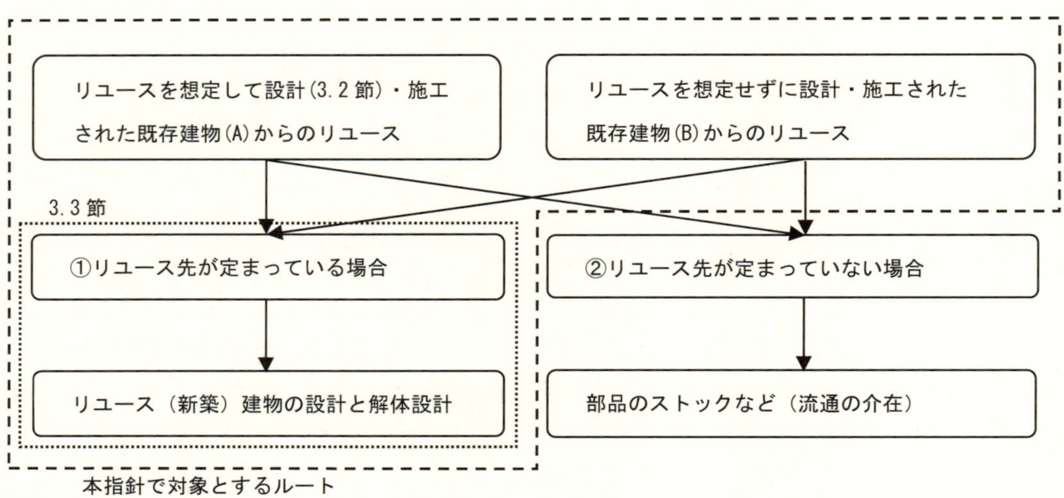

図 3.1.1 リユースのルート

あらかじめリユースを考慮して建てた建物およびリユースを考慮しないで建てた建物のいずれについても，それら部材をリユースできるようにするためには，次の事項に留意する．

・建物の解体に着手する前にリユース先を明確にすることが望ましく，どの部材をリユースするかあらかじめ目標を定める．

・解体方法によっては，リユースを対象とする部材の品質に影響を及ぼすので，その方策を立てる．

・解体し採取した部材は品質評価の後，情報の管理としてカルテの作成・更新を行う〔3.4.7（2）参照〕．

リユースを想定して設計・施工された既存建物（A），およびリユースを想定せずに設計・施工された既存建物（B）の両方をまとめて既存建物と総称する．前者は中長期的に増加することが期待されるものの，現在のところ後者が圧倒的な数量であり， しかも，今後解体される建物はますます増加することが予測される．これら解体される建物からリユースに適した部材をなるべくたくさん採取し再利用することは，資源の保全と CO_2 排出量の削減に寄与するものであり，循環型社会の形成にとっては極めて重要なテーマである．

本章では，3.2 に（A）のリユースを想定した設計の考え方を，3.3 にルート①のリユース先がすでに定まっている場合で既存建物から採取した部材をリユースする設計法の概要を示す．本指針では，リユース（新築）建物の設計と解体設計を扱い，リユース先が定まっていないルート②については，流通など社会システムの構築が必要なため，本指針では対象としない．最後に 3.4 に，3.3 で示した概要について，各工程における具体的な方法および留意点を示す．

3.2　リユースを想定した建物の設計

新たに部材のリユースを想定した建物を設計する場合は，リユースに適した構造とすることが求められる．一般の設計の考え方が基本となるが，解体後のリユースを想定して部材には過大な損傷を与えないこと，建設や解体工事に伴う騒音・振動・粉塵の発生をできる限り防止すること，品質評価の記録が確実に受け継がれていくことが求められる．

（1）部材の損傷低減

部材が塑性化すると鋼材の降伏点の変化や伸び能力の低下，残留応力，残留変形などが生じるため，長寿命化を図る上で部材の損傷を避けることが重要で，その方法として部材を極力弾性に近い状態にとどめることは有効である．兵庫県南部地震を境に建築主の建物の耐震性に対する関心が高まり，免震構造や制振構造が広く採用されるようになってきている．また，それら構造は既存建物の耐震改修にも採用されてきている．免震構造は，免震層の水平剛性を上部構造に比べて十分に小さくし，地震入力エネルギーのほとんどを免震層に集中させるものであり，制振構造は地震時の建物への入力エネルギーを構造骨組の中に組み込んだ制振装置で吸収するものである．また，柱や梁に高強度鋼（780 N/mm^2）を使用することにより，建物重量を増加させることなしに大地震時においても弾性状態にとどめることを目指した建物 [3)] も設計されてきている．いずれも部材の損傷を低減させるもので，弾性あるいは弾性に近い状態にとどめておくのに効果がある〔4.2.1，4.2.3 参照〕．

地震計を設置することができれば，建物に作用した地震動や建物に生じた応答を計測することができる．また，その結果を基に部材の健全性を判断するだけでなく，累積塑性変形倍率などの指標を計算し，将来，部材をリユースできるか否かの判断材料を得ることもできる．

（2）解体に配慮した設計

鋼構造の部材のリユースのための条件として部材の施工・解体が容易であることが挙げられる．柱・梁・床など部材の組立てが容易であり，かつ，解体時の部材の分離・回収が容易であれば，リユース部材として適用しやすい．さらに，解体の過程でリユースを予定する部材を損傷させないか，あるいは損傷を軽微にすることが望ましい．

主要構造材の継手に高力ボルト接合が用いられることが多いが，その場合，母材に損傷を与えない解体が可能なため，母材をリユース部材として採取できる．ボルト孔はそのまま再利用することが望ましいが，再利用困難な場合は溶断によりボルト孔を含む部位を分離し，その切断箇所のグラインダー処理などを行う．経済的には課題はあるが，ボルト孔を埋めて再利用することもできる．ボルト孔を溶接で埋めた部材の力学性能を評価して，十分な性能を確認した文献も見られる [4)]．

一般的に，柱梁接合部はブラケット形式とし，梁中央部材と高力ボルト接合により接合する形式が，また，柱－柱接合には高力ボルト接合または溶接接合が広く用いられている．これに対して，将来，リユース部材の利用を容易にするため，溶接量を削減した接合やボルト孔を設けない接合など，簡素でリユースしやすいさまざまな接合形式が提案されている〔4.3.2 参照〕．

鋼梁と床スラブの接合はスタッド（頭付きスタッド）を介して両者を一体化させる工法が広く用いられているが，解体時に部材を損傷させないためには丁寧な解体〔3.4.5（2）3）参照〕が求められることとなる．解体を容易にすることを目的としてセメント系材料を用いたフル・プレキャストスラブと鋼梁をボルトで緊結するシステムが提案されている〔4.3.2 参照〕．このシステムでは梁にスタッドボルトを配置しておらず，床スラブ四隅に配したボルトのせん断抵抗により，地震時に床スラブに生じた慣性力を鋼梁に伝達させる．

耐火被覆には吹付け型，巻付け型，板張り型などの工法がある．いずれも部材を損傷させることなく，被覆材を分離することができる [4)] が，巻付け型や板張り型は吹付け型に比べ比較的分離が容易で粉塵の発生が少ない．巻付け型耐火被覆材は，鉄鋼スラグというリサイクル材から製造されており，また，その廃材は防火区画処理材や耐火被覆材として再生できるなど，製品自体が環境負荷の抑制に貢献している．

（3）モジュールを意識した設計

建物の階高やスパンをあるモジュールに沿って設計すると，解体し，部材を採取する際に，必要長さを有するリユース部材を多数確保できる．特に，柱や梁の場合は有効である．鉄骨造の事務所建物では仕上材や設備機器の標準的なモジュールから標準スパンを 6.4 m もしくは 7.2 m としている例が多く見られ，リユース部材のモジュール寸法として参考になる〔4.2.1，付 1.2 参照〕.

現在，広く用いられる継手形式は高力ボルト接合である．将来，そのボルト孔をそのまま利用できるか，または溶接による孔埋めの対応でリユースすることができれば，溶断によるボルト孔を含む母材を分離する必要がないため，モジュール化のメリットを享受できる．

（4）リユース部材品質の保証

将来，建物解体後に部材をリユースするため，リユースを想定する全ての部材に関して，形状，鋼種などの情報をカルテに記録する〔3.4.7 参照〕.

長く利用されている建物は，増改築や被災を受けて修復されたり手入れがなされたりする場合がある．部材単位で作成するカルテ全てに情報を付記すると情報管理が煩雑になるため，これらの情報は建物履歴簿[2)]に記入し管理する．解体後は，部材を単独で使用し，部材単位で管理する必要があるため，建物利用時の情報をカルテに転記する．

（5）期限付き建築物[1)]としての設計

期限付き建築物は短期から長期までの使用期間を自由に設定し，荷重の低減，建物の耐久性能の設計および維持管理を合理的に実施しようとするものである．ここでいう期限付き建築物は使用期限後に解体される部材のリユースが事前に考慮されているため，環境に配慮した上での短期間の土地利用の促進，短期的利用価値の向上，建設費用の低減，建物の価値の維持，ならびに博覧会のパビリオンにおける新しい技術のチャレンジなど，多様な価値を提供できると期待されている．建物に関わる建築主，建物管理者，設計者にはそれぞれの責務が生じるが，あらかじめ定めた使用期間に対応した荷重（地震荷重，雪荷重，風荷重）を設定し，それに応じた設計・維持管理をすることで鋼材量を低減できる．また，使用期間中の部材の損傷度の把握が容易になるため，リユースに適した建物ともいえる．期限付き建築物の計画から期限満了後までの流れは，期限付き建築物設計指針[1)]が参考となる．

3.3　既存建物から採取した部材をリユースする設計

本節では，リユース先がすでに定まっている場合で，既存建物から採取した部材をリユースする場合〔図 3.1.1 に示すルート①〕に関して述べる．この場合，前もって解体が予定されている既存建物の情報を得ることから開始される．

既存建物から部材を採取してリユースする場合，設計段階では既存建物が運用中であったり，部材の一部または大半が耐火被覆材や仕上材に覆われていたりしていることにより部材を全数調査することは困難である．このため，リユースの可否やその使用範囲に関する方針の立案は，机上調査と現地調査およびその上で実施する品質評価を踏まえてからの判断となる．これらは設計前に実施することになるが，この時点から設計判断が求められる．建物解体後には品質再評価を，竣工時までには将来のさらなるリユースに備えるため，カルテなどによる部材の情報管理を行う．したがって，構造設計者は，建物の基本計画，解体前調査，設計，環境評価，解体後調査，施工，情報管理の全てのプロセスにおいて一貫して関与する必要がある．また，基本計画時点，設計時点，施工後の情報管理の時点でそれぞれ環境評価を実施しなければならない．設計監理のフローを図 3.3.1 に示す．

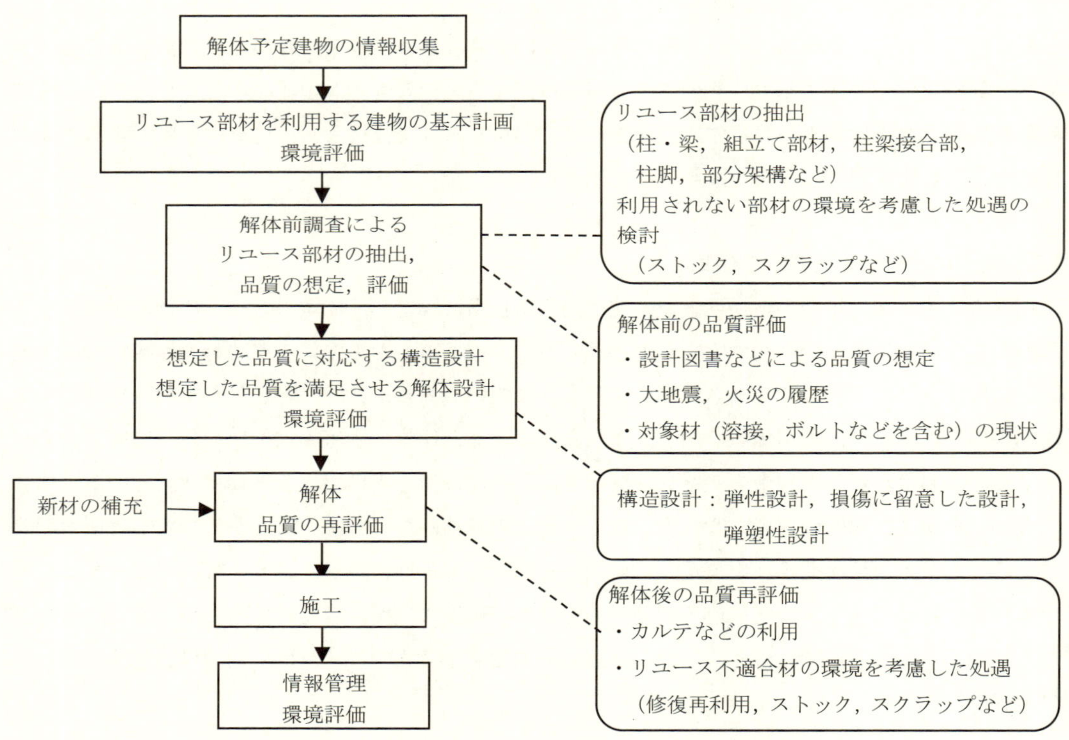

図 3.3.1　既存建物から採取した部材をリユースする設計監理のフロー

前述のように解体前の調査は机上調査が主であり，現地調査はその補完の位置づけにある．設計図書や建物履歴簿記載の内容の確認は，目視で実施する程度となる．したがって，設計時のリユース部材の品質評価はほとんど想定の域にあって，解体後の品質再評価とのずれなどによる新材発注や，それに伴う工期の見直しの影響について，事前に十分考慮しておかなければならない．特に，リユース部材として，トラスなどの組立部材，柱梁接合部，柱脚あるいは部分架構などを利用する場合のそれらの品質評価には，既存建物の使用状況を踏まえて構造設計者の的確な判断が要求される．溶接接合部では建物の竣工年の仕様と現在の仕様の差，例えば，スカラップ形状の確認などが重要である[5),6)]．設計図書の不確かさが懸念される場合は，現地調査において可能な箇所から試験体を抜き取り，試験の実施も考えなければならない．

環境配慮の立場から，リユースの対象から外れた部材の利用方法を考えておく必要がある．最も安直な方法がスクラップ利用となる．

想定して評価した品質から対応する設計法を選択して構造設計をすることになるが，同時にリユース部材を損傷なく抽出するためには，特に接合部を含む部材や部分架構では，解体の手順やその方法を考慮した解体設計行為が重要となる．

解体後は，部材全数について，想定した品質が得られているかの再評価が可能となる．ここで想定品質からはずれたものは，修復などによる再利用も考えられるが，その際，設計法選択の再確認が必要となる．

施工後，リユースの繰返し利用を図るべく，品質情報の修正，追記など情報管理を実施しておくことが環境に対して有効である．

本節 3.3 の以下においては，柱，梁を対象としたリユース部材の利用について，より具体的な設計監理フローを図 3.3.2 に示し，その内容を詳述する．ここでは，設計の開始時点で，解体が予定されている既存建物の情報収集がすでになされていて，リユース部材を採取する建物が特定されている状態にあるものとする．また，この時点では，基本計画に従い最初の環境評価がすでになされていることになる．この段階の環境評価は，効果の設定をするために行うものである．

（1）解体前調査

解体前調査として，部材の品質確認と品質評価を実施する．

1）品質確認

a-1）机上調査

現時点では，既存建物の大半はリユースを想定せずに設計・施工され，カルテや建物履歴簿[2)]が整備されていない．カルテや建物履歴簿が整備されている場合は，それらからリユースの方針を立案する情報を十分に得ることができる．カルテなどがない場合は，竣工図もしくは確認申請図書などの設計図書を確認し，さらに火災や過荷重履歴を調査する．この段階では，大まかにリユース部材としての可能性を検討し，現地調査の要否を判断する．また，この段階で使用範囲に関する想定を行う．

a-2）現地調査

現地調査は，机上調査によって確認した部材の品質情報を，実際の既存建物の場所において確認し，そのときに得られた追加情報を含めて，品質評価，設計および環境評価に必要な情報を収集するための調査である．目視を基本とし，建物と部材について b）の項目の情報収集をする．この段階の現地調査は，リユースを想定する鋼部材が仕上材により隠れていたり，耐火被覆材に覆われていたりするため，限られた部材の調査にとどまり，机上調査補完の位置づけとなる．調査項目・調査範囲は，机上調査にて想定したリユースに関する方針に基づき決めることが有効である．必要に応じて抜取り調査を行う．試験片を採取することが困難な場合，簡易型反発式硬度計を用いた硬さ測定や，持ち運び可能な固体発光分光分析機による化学成分分析などの非破壊試験により，材料の強度・靭性・溶接性などを推定し，規格材の評価やF値の設定を行うための情報を収集する〔3.4.1参照〕．建物の使用状況とそれに対応した部材履歴を調査し，部材の損傷度合を評価するための情報を収集する．

b）確認項目

机上および現地で調査する項目を以下に示す．設計者は以下に示す各項目について，物件の特性に応じて，調査する内容や調査結果の記述方法を検討しなければならない．

- 建物使用状況・部材履歴（所在環境，火災，地震，強風，大雪，地盤沈下，補修修繕記録など）
- 部材の形状・材質・所在位置，接合方法
- 部材の損傷（変形，さび），設備貫通孔
- 部材の仕上げ（耐火被覆，塗装，薬剤処理など．特に，仕上げの有害物質の有無に留意）

2）品質評価

解体前調査の品質評価では，机上および現地調査に基づき，リユースを想定する部材に対して，リユース部材としての適合性の評価，規格材の評価，ならびに建物使用時における過荷重と火災による影響の評価を行う．適合性の評価では，リユース想定部材を，不経済にならずにリユースできるかの大まかな判断を行う．適合と判断される部材のみ設計対象とし，不適合と判断される場合は，リサイクルまたは部材のストックに回す．規格材の評価では，リユース想定部材の形状と鋼種の判断を行う．設計で使用する部材の形状と機械的性質に対する品質の評価を迅速に行うため，形状と鋼種に関して，どの規格材に合致するかを検討することによって評価する．過荷重と火災による影響は，目視程度の品質確認によることから，過荷重と火災の経験の有無，変形の有無および火災による白化の有無によって評価する．ただし，この段階では目視可能な部位が限られるため，リユース部材の品質を仮設定して設計を行い，解体後の品質再評価結果を基に，仮設定した品質を確認または更新し，設計を見直す．

（2）設計と環境評価

1）設計

解体前の机上調査，現地調査，品質評価の結果に基づいて，弾性設計，損傷に留意した設計，弾塑性設計の手法を選択する．

a）弾性設計

リユース部材として適合するが，規格材として評価できない部材，あるいは規格材であっても軽微な変形または火災による白化が見られる場合は，F 値を設定し，弾性範囲に収まる設計とする．

b）損傷に留意した設計

既存建物が過荷重または火災の経験がある，あるいは経験の有無が不明であっても，変形または火災による白化が見られない場合は，損傷に留意した設計を行うことができる．例えば，構造性能を 1 ランク下げるなど，安全側に損傷評価する設計が可能である．

損傷度の評価から，部材の構造性能を設定する方法の考え方を 3.4.3 に示す．今後，新しい技術により評価方法が提案され，損傷に留意した合理的な設計がなされることが望まれる．

c）弾塑性設計

規格材の新材として評価できる場合は，通常の弾塑性設計を行う．

2）環境評価

基本計画時に実施した簡易な環境性能の評価を基に，設計において，環境性能の詳細評価を行う．リユースの目的である地球環境に焦点を当て，その中でも，鋼構造のリユースの地球環境に関わる性能を，顕著に表現できる CO_2 排出量を用いて評価することができる〔3.4.4 参照〕．

（3）解体後調査

a）解体

解体では，リユース想定部材を効率よく抽出できるように，前もって解体工法を検討し，十分な計画を行うことが重要である．リユースを想定する部材を，損傷を与えないよう配慮しながら丁寧に解体する．

b）品質の再評価

解体し，直接的に部材の全数調査が可能となったときに，解体前に想定した部材の品質評価が妥当であったかどうかの再評価を行わなければならない．全てのリユース想定部材について目視し，カルテが存在すれば，これを確認することによって再評価する．特に，解体前調査の品質確認において，目視できなかった部材の再評価は重要である．

解体前調査では規格材の評価ができなかった部材あるいは F 値が正確に評価できなかった部材は，解体後，試験片を採取して試験を行い，F 値を設定することによってリユース部材として扱うことができる．

大きな変形，さび，不必要なボルト孔などについては，その部分を修復もしくは切断除去することにより，リユース利用の可能性が得られる．この場合，修復などの後，品質を再度評価し，設計法を見直し再設計する．修復，切除除去できない部材および計画建物に不要な部材は，リサイクルまたはリユース部材としてストック[2)]する．

（4）施工

施工は通常の施工と同様である．ただし，解体後調査の品質再評価において，リユース部材として不適合になる場合もある．その分は新材で補う必要があるため，新材の調達も併せて検討しておくことが望ましい．

将来のさらなる繰返しのリユースに備えて，部材の情報管理を行う．竣工時までに，リサイクルする部材以外の全てのカルテを作成する．

（5）情報管理と環境評価

竣工後，建物が過荷重や火災に遭遇した場合は，建物履歴簿[2)]にその状況を記録する．カルテと建物履歴簿は，部材と建物の品質およびその変化を記録するもので，将来，当該建物に使用している部材をリユースする場合の重要な判断材料になる．

建物の竣工時点で，最終的な環境評価を実施することによって，環境負荷の抑制効果を確認し，建物履歴簿に記録する．

建物履歴簿には，設計時に特殊な対応をしている場合の記録も残す．例えば，次のリユースに備え，解体の容易性に配慮している場合などである．

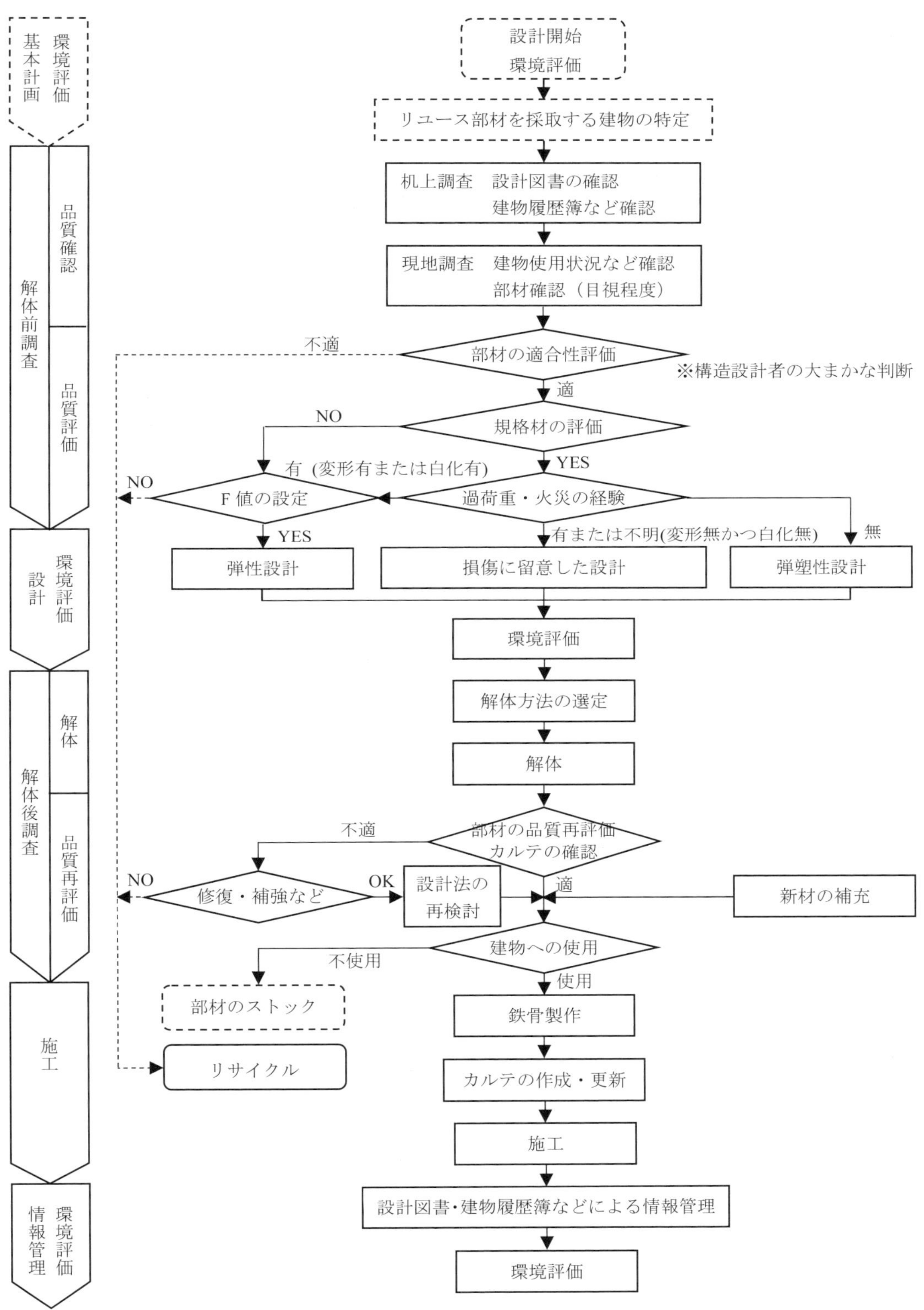

図 3.3.2　リユース先が定まっている場合の設計監理のフロー(柱・梁)

3.4　設計の各論

本節では，図 3.3.2 の設計監理フロー（柱・梁）に示す各工程に関する具体的な方法および留意点を示す．なお，柱・梁以外のリユース部材（組立部材，柱梁接合部，柱脚，部分架構など）については，図 3.3.2 のフローを準用し，本節の各項にて述べる．

3.4.1　既存建物の解体前調査の品質確認

既存建物に使用されていた部材を，他の建物にリユースするためには，リユースする全ての部材について品質を確認し，確認した内容を基に評価する．

本指針では，既存建物を解体する前の机上調査と現地調査によって部材の品質確認を行い，部材の品質評価を行うことを提示している．現地調査は，主として目視とする．現地での部材調査は全ての部材を対象とせず，可能な範囲とし，机上調査を補完する程度であるが，必要に応じて，現地で行うことができる非破壊試験の技術を利用する場合もある．そのため，この解体前調査による品質確認の結果を基に行う評価は，品質を推定するにとどまる．最終的には解体後に，リユースする部材の全数について品質の再評価を行う．

既存建物の解体前に部材の品質評価（推定）を行うことにより，既存建物の部材のリユース先が決まっている場合は，既存建物の解体前に，部材の評価に応じた新たな建物の設計を適宜開始することができる．また，リユース部材の保管場所を介す必要がなく，運搬に係る事柄を削減できるというメリットもある．しかし，解体前の評価と解体後の再評価の結果が異なると，材料の調達や，再設計など，新たな建物の建設に大きな影響が生ずるリスクも伴う．ただ，このリスクをおそれ，解体前調査に慎重になりすぎると，コストへの影響も発生する．構造設計者は，こうした事柄を理解し，解体前の品質確認を適切に行う必要がある．（1）に示すように部材のリユースの可能性のある既存建物を抽出し，あらかじめ情報を収集しておくことは，（2）で詳述する品質確認の手間の軽減につながる．

（1）既存建物情報の収集

解体予定のある既存建物のリストなどをあらかじめ準備する．そして，既存建物の設計図書など，既存建物に使用されている部材に係る情報を収集する．既存建物について，部材のリユースを想定して建てられた建物か，想定せずに建てられた建物かという情報は，建物履歴簿の有無やカルテの有無の観点から重要な情報となる．これらの情報や，現物などからあらかじめ建物の概要を知り，リユースできそうな部材の目標やその位置をあらかじめ抽出し，既存建物の部材をリユースして設計することができるよう備えておく．

（2）机上調査・現地調査による品質の確認

既存建物の部材をリユースして新たな建物の設計を開始する段階になったら，部材の形状や材質について，机上および現地で調査し品質を確認する．まず，机上調査では，事前に収集された既存建物の設計図書や建物履歴簿などを参考に形状や材質などを確認し，リユースの可能性のある部材を選択する．続いて，現地調査では，机上調査の内容について観察の可能な範囲を目視にて確認する．現地での部材調査は，机上調査を補完する必要がある事柄について，被覆材などの附属物を取り除き，主として目視により確認し，必要に応じて非破壊試験を実施する．調査は，2）に示す部材の形状や材質などを確認するための準備として 1）に示すように部材の位置や部材の附属物に関する事柄も確認する．

1）部材の位置や部材の附属物の確認

部材の形状や材質などを確認するための準備となる情報の収集である．

a）部材の位置の確認

新たな建物に必要な部材の仕様がわかっていて，既存建物の部材をリユースする場合，該当する部材が対象とする解体予定建物のどこに存在するかを，設計図書などにより具体的に確認する．資料が存在しないなどの理由で十分な確認ができない場合は，現地調査が必要となる．この他，既存建物の使用期間中の，模様替えや増改築などによる変更内容が図面に反映されていない場合もあり得る．この場合に備え，建築主や建物安全管理者らの了解を得て，現物の状況確認が必要である．

b）部材に取り付けられた附属物の確認

現地調査にて構造部材の品質を確認するため，部分的に被覆材や仕上材を部材から分離する必要がある．そのため，これらの有無や分離方法などを調べておく．

耐火被覆は，耐火被覆の種類によって石綿などの有害な物質が使用されている可能性がある．もし使用されている場合にはその撤去には費用を要し，リユースすることによってのコストに影響を及ぼすことになるので，慎重に対処することが求められる．設計図書や図面から判断できない場合は，あらかじめ現地で確認しておくことが必要である．

内装材や仕上材などは，接着剤によって他の材料と強固に接合されていたり，吹付け断熱材などが固着していたりする場合がある．本来，リユースできるはずの部材でも，これらを取り外すことが困難な場合やコストがかさむ場合には，リユースに適さない場合もあるので，図面などからその可能性を判断し，必要に応じて現地で確認することが望ましい．

2）部材の履歴情報と形状や材質の確認

構造設計の際に必要となる部材の情報の収集である．

a）既存建物の履歴情報（所在環境，火災，地震，強風，大雪，地盤沈下，補修修繕記録など）と部材の損傷の有無の確認

既存建物の所在環境がどのようなものであるか，例えば，立地や地盤の高低に係る湿気や風水害の履歴，建物用途や周辺環境による腐食環境の有無など，設計図書からわかる範囲で情報を入手す

る．また，既存建物が，火災，地震，強風，大雪，地盤沈下などにより，直接外力を受けた罹災経験を有するか否かも，部材の品質に係る重要な情報であり確認しておく必要がある．災害情報は，「理科年表」や地域の情報などから把握することも可能である．あらかじめリユースを想定した建物では，建物に備わっている建物履歴簿が有効な情報源である．

これらの履歴の情報を把握し，部材に損傷がないか現地調査を行う．この場合は，変形，白化現象や著しいさびの有無など，目視による調査が中心となる．なお，積載荷重の超過など，記録に基づかない損傷については，解体前の調査では確認できない場合もあるが，最終的に行われる解体後の調査にて確実に評価することができる．

b）部材の形状や材質の確認

部材の形状や材質の情報を，設計図書などにより確認する．既存建物が，あらかじめリユースを想定した建物であれば，建物履歴簿も備わっており，机上調査の情報に信頼を持つことができる．そのため，既存建物が，あらかじめリユースを想定した建物か想定していない建物かという点は，重要な判断材料になる．また，ｉ）に示すように，既存建物の建設年代から部材に使用されている鋼材の製造年代を類推し，形状・材質の情報を得ることもできる．これらの情報に基づき現地調査で品質を確認するが，既存建物の解体前調査の段階では，リユースする部材の全てについて現地調査を行わなくてもよい．現地調査を行う部材の量や位置，調査方法などについても構造設計者の判断による．現地での調査方法については，解体前であることから，部材に取り付けられた被覆材や仕上材を全て取り除くのは大がかりとなるため，設計図書などから可能性を判断して調査する．現地調査の内容は，形状などについて目視による確認が中心となる．例えば，設備配管などのために部材に貫通孔などがなされている場合がある．設備図面などからその可能性を判断し，必要に応じて現地で確認する．材質については，必要に応じてⅱ）に示すような非破壊試験による調査を行う．

あらかじめ部材のリユースを想定した建物では，部材にカルテが付されているが，解体前の現地調査の段階では，必ずしも情報にアクセスできない．カルテは，解体後の調査で確認でき，部材の品質を再評価する際に活用する．

接合部は，既存建物の解体に際して，柱・梁部材に影響する場合も考えられるので，机上調査において設計図書などから十分に理解しておく．解体前に現地で確認することは困難である場合が多いので，解体時に確認する．接合部の品質を確認する必要がある場合は，解体後の調査で確認し評価する．

ｉ）部材に使用されている鋼材の製造年代の確認（設計図書以外の形状および材質の情報）

既存建物に使用されている部材は，戦後初期を除き，建築基準法に挙げられた，日本工業規格（JIS）の鋼材または国土交通大臣認定又は建設大臣認定された鋼材が使用されている．これらの鋼材は，規格材であり一定の品質が確保されている．ただ，年代によって形状，降伏点，化学成分などに変化があり，種類も増えるので，鋼材の製造された年代を把握しておくと，現地調査の際に品質確認がしやすくなる．部材の製造された年代がわからない場合や，品質のわからない鋼材については，既存建物の年代から類推もできる．また，既存建物は，建設時に発行されている規基準類の考え方に基づき設計されている．当時の規格材や規基準については，付３を参考にすることができる．

ⅱ）非破壊試験による確認　（目視以外の材質の情報）

机上調査による部材材質の情報の信ぴょう性を確認する方法として，既存建物の現地で，部材の被覆材や仕上材などの一部を分離し，非破壊試験を実施することが挙げられる．非破壊試験は，鋼材の狭い領域を平滑研磨して，表面硬さ，化学成分，電気抵抗率などを測定することによって，リユース部材の引張強さ，材質，鋼材材種の判別が可能である．①～③の試験機を用いた代表的な非破壊試験を示す．

① 簡易硬度計

鋼材の表面硬さを測定するための試験機である．硬さと引張強さの相関関係から，引張強さを推定できる．硬さの測定方法には，試料に物体を押し込みそのくぼみの大きさを調べる押し込み硬さ，引っ掻き傷の有無や幅を調べる引っ掻き硬さ，物体を落として跳ね上がる高さを調べる反発硬さなどがある．

解体前の簡易硬度計による非破壊試験としては，反発硬さを測定する方法の一つである，リーブ硬さを測定する方法を挙げることができる．リーブ硬さは，試料に，タングステンカーバイト球をばねの力を利用して衝撃させて，反発する速度を調べ，衝撃速度に対する反発速度を千分率で表した値である．現在，反発式の硬度計では，測定方向による自動補正機能を備えたものがある．そのため，現場で比較的簡単に測定が可能であり，かつ測定者間で測定誤差が少ないと考えられる．測定の様子を写真3.4.1に示す．測定によって（3.4.1）式のリーブ硬さを求めることができる．

$$HL = 1000 \times \frac{R_p}{I_p} \tag{3.4.1}$$

ここで，

HL：リーブ硬さ（HL）

R_p：反発速度（m/s）

I_p：衝撃速度（m/s）

写真 3.4.1 反発硬さ計によるリーブ硬さ測定の様子

リーブ硬さは測定のばらつきが考えられるため，10点以上測定し，リーブ硬さの最大値と最小値の差が20を超える場合は，その最大値と最小値を異常だと考え，2点を破棄する．計測点数が10点以下になったら追加測定をする．差が20以内に収まるまでこの作業を繰り返し，最終的に，計測点数10点以上の測定値を平均した値をリーブ硬さとする．なお，測定点どうしの影響を及ぼさないようにするため，各測定点間隔を3mm以上離す．

リーブ硬さから評価する引張強さについては，3.4.2（２）に示す．

② 固体発光分光分析機

鋼材表面の化学成分を測定する試験機である．化学成分より鋼材の材質を推定できる．
鉄鋼メーカーにおいては，製鋼の途中で小型（3cm角程度）鋼塊を取り出し，内部を真空雰囲気にした大型の発光分光分析機による化学成分測定を行い，成分調整を行っている．高電圧スパーク放電により試料の表面を気化させ，そのときに放たれた光を分光器で分析し，その波長から組成を，その強度から含有量を測定する（誘導結合高周波プラズマ発光分光分析（ICP分析法））．短時間で多くの化学成分を検出する装置である[7),8)]．

これを可搬にし，空気中で測定できるようにした固体発光分光分析機がある．高感度フォトマルチプライヤー検出器と温度安定型分光器を用いた装置で，金属材料の炭素（C）,リン（P）,硫黄（S）などを現場で検出し，鋼材の種類が判別できる（可搬式金属材料分析）．測定にあたっては，部材の鋼材表面をグラインダー処理し，計測する．測定の様子を写真3.4.2に示す．

写真 3.4.2　可搬式の固体発光分光分析の様子[8)]

測定によって得られる，鋼材の化学成分の分布の例を図 3.4.1（a）に示す[9)]．測定の対象とした鋼材を用いた建物は 1974 年に竣工し，海岸より 2km 以内に位置した工業地域に位置している．設計図書によると，鋼材の材質は，SS400 である．各柱部材の C，P，S はおのおの 0.16～0.26%，0.005～0.017%，0.001～0.015%の範囲に分布している．化学成分分析結果による炭素当量（C_{eq}）と溶接割れ感受性組成（P_{cm}）を，各柱の通り別に図 3.4.1（b）と（c）に示す．なお，C_{eq} と P_{cm} は，（3.4.2）式，（3.4.3）式を用いて算定するものとし，Cu（0.01%），Mo（0.01%），V（0.002%）は測定可能な最小値を用いている．また，P_{cm} の算定にあたって，B は測定不可のため，0%としている．

$$C_{eq}=C+Mn/6+Si/24+Ni/40+Cr/5+Mo/4+V/14 \qquad (3.4.2)$$

$$P_{cm}=C+Mn/20+Si/30+Cu/20+Ni/60+Mo/15+V/10+5B \qquad (3.4.3)$$

ここで，

C_{eq}（%）:炭素当量

P_{cm}（%）:溶接割れ感受性組成

化学成分分析の結果によると，C_{eq}とP_{cm}は，図3.4.1（b）と（c）に示すように，CとMnによってほとんど決定されていることが分かる．炭素当量においてC_{eq}=0.28～0.39%，溶接割れ感受性組成においてP_{cm}=0.19～0.30%となっている．

化学成分から材質を評価する方法については3.4.2（2）に示す．

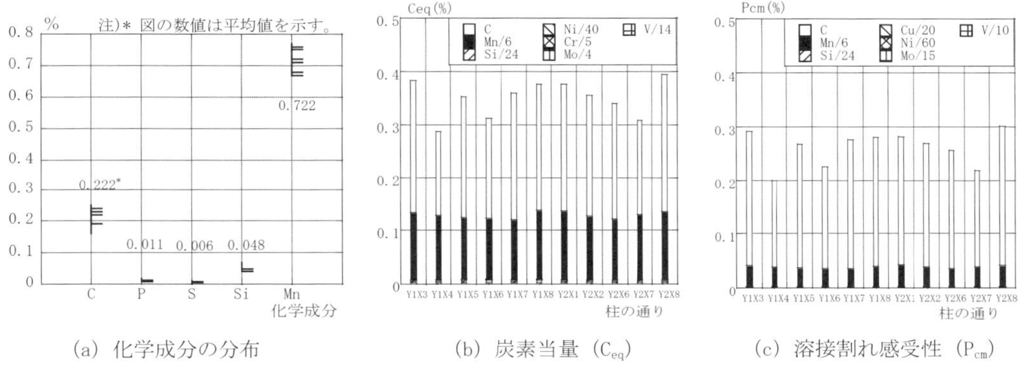

（a）化学成分の分布　（b）炭素当量（C_{eq}）　（c）溶接割れ感受性（P_{cm}）

図 3.4.1　化学成分分析結果の例[9)]

③ 非破壊鋼材識別機

鋼材の電気抵抗を測定することによって，鋼材材種の判別をする試験機である．

非破壊鋼材識別機を用いることで，400 N/mm^{2}級鋼材あるいは490 N/mm^{2}級鋼材を確認できる．測定の様子を写真3.4.3に示す．この非破壊鋼材識別機は，鋼材の電気抵抗率を測定することによって，間接的にその鋼材の化学成分を評価し，材質を判別する装置である．ただし，SS400とSM400の関係，SS490とSM490の関係などは材質を特定できないので，注意が必要である．

写真 3.4.3　非破壊鋼材識別機による測定の様子

3.4.2　解体前調査による品質評価

解体前の品質評価をするための情報は机上調査が主であり，必要に応じて，現地での確認により品質を想定するものである．したがって，設計行為に必要な品質は仮設定であって，解体後の時点で品質の再評価を確実に実施して，設計条件の妥当性を確認しなければならない．

（1）適合性評価

構造設計者は，机上調査や現地調査の結果に基づき，大まかなリユース部材としての適合性を判断，評価する．修復不可能な大きな変形や腐食のある部位，多くの二次部材や内外装が溶接や接着剤などで強固に付着している部位からの採取は，リユース部材として変形の修復や付着物を取り除くことが不経済となり，設計者は不適合の評価を与えることになる．

計画されている建物には不要な部材については，リユース部材としてストックのルートに回すか，リサイクルのルートに回すのかを，環境問題を含めて大局的に判断する必要がある．リユース部材のストックについてはストックヤードや流通などの検討が必要であり，本指針では対象としていない．

（2）規格材の評価

解体前調査の後，素早く構造設計に着手する必要があるため，設計に必要な部材の品質評価は迅速に実施されなければならない．設計図書の内容が信頼に足るものであれば，そこで確認されている鋼種，また，形材として規格材の評価を与えることができる．現地調査において，増改築などで設計図書と食い違いの多いことが判明したり，設計図書そのものが存在していなければ，規格材評価はできない．この場合は，F 値のみを設定して，弾性設計対象のリユース部材とする．建物が，形鋼の生産され始めた程度のそれほど古くない年代のものであれば，SS400 鋼材と同程度か，それより強度の高い鋼材が使用されていると考えられるので，SS400 鋼材として安全側評価となる．1980 年代の鋼材であれば，その機械的性質は， SS400 鋼材の場合，ほぼ新材と同等であることを示した研究もある〔付２参照〕．

現地調査において，例えば歴史的価値など特別に採取すべき部材であると判断された場合には，規格材かどうか不明であっても，実施可能な簡易的な非破壊検査〔3.4.1 参照〕の品質確認結果から，規格材の評価を与えることもできる．

図 3.4.2 は，引張強さが測定されている鋼材の引張強さと，簡易反発式硬度計によるリーブ硬さ（HL）との関係をプロットしたものである[10),11)]．図中に実線で示すように，引張強さとリーブ硬さの相関関係は種々提案されていて，リーブ硬さを現地で測定することにより，引張強さを推定することができる．基準値の定義から，この値の 70%より低い範囲における規格材の基準値を選択すれば，弾性設計としてほぼ安全側となる．SS400 鋼材としての評価は，引張り強さが 400N/mm^2 以上を確認すればよい．

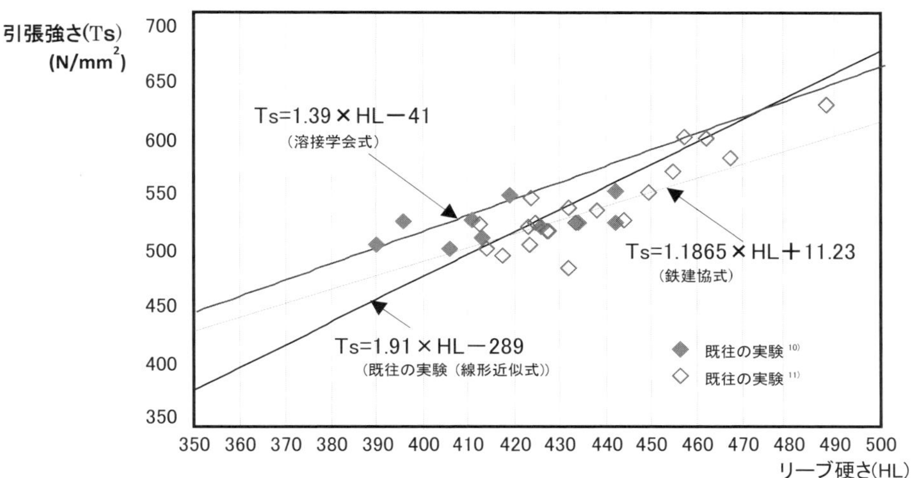

図 3.4.2 リーブ硬さと引張強さの関係[12)]

現地での固体発光分光分析結果から，JIS に規定されている化学成分の上限値，下限値との照合により，溶接性など部材の材質を判定することができる．例えば，3.4.1 （2）2）の分光分析で求めた化学成分の場合，表 3.4.1 の 400N/mm^2 鋼材の JIS 規格から以下のような材質の評価ができる[9)]．

図 3.4.1 （a）から，P，S 成分はそれぞれ 0.011%，0.006%で，全ての上限規定を満たしている．C の成分は測定値のばらつきが見られ，最大が 0.26%で，上限値のない SS400 のみに該当する．また C_{eq}，P_{cm} においては，測定箇所の大部分が，上限値の規定されている SN400B，SN400C の JIS 規格を満たしていない．これより，対象の鋼材は SS400 と評価される．

柱，梁部材を対象とすれば，形状・寸法精度は規格材であれば問題ない．規格材の評価が得られない場合は「鉄骨精度測定指針」などを基に評価できるが，寸法計測は解体後となることに注意しなければならない．したがって，修復の必要性はこの時点での判断となる．

表 3.4.1 400 N/mm^2 級鋼材の化学成分（JIS 規格）[9)]

化学成分／鋼種	C*1	P	S	Si	Mn		Ceq	Pcm
	上限値 %				下限値 %	上限値 %	上限値 %	上限値 %
SS400	--	0.050	0.050	--	--	--	--	--
SM400A	0.23	0.035	0.035	--	2.5xC	--	--	--
SM400B	0.20	0.035	0.035	0.35	0.60	1.40	--	--
SM400C	0.18	0.035	0.035	0.35	--	1.40	--	--
SN400A	0.24	0.050	0.050	--	--	--	--	--
SN400B	0.20	0.030	0.015	0.35	0.60	1.40	0.36	0.26
SN400C	0.20	0.020	0.008	0.35	0.60	1.40	0.36	0.26

注 *1 鋼材の板厚 50 mm 以下

（3）過荷重，火災の影響による評価

机上調査において建物履歴簿が存在していれば，過荷重や火災の経歴は明確である．建物履歴簿がない場合には，現地調査により地震や台風，積雪などの過荷重や火災の経験を確認することは，なかなか困難なことである．リユースを対象とする部位を，目視による確認程度から評価することになるから，解体後の品質再評価は重要である．

変形がなく白化現象も見られない部材で，過荷重も火災も経験のないことが判明していれば，新材と同等の品質評価ができる．前者と同様，無傷であっても，過荷重または火災の経験がある場合や，その経験が不明の場合は，安全性を配慮して部材品質を低減して評価する〔3.4.3 参照〕．過荷重，火災の経験があり，軽微な変形もしくは白化現象が見られる場合は，改めてF値を設定して弾性設計の対象部材として評価する．

3.4.3　設　計　法

（1）設計法の選定

リユースは，柱や梁のほかに，組立部材，柱梁接合部，柱脚あるいは部分架構なども対象となる．これらは，例えば，柱と梁ブラケットを含む鉄骨部分をリユースする，トラスなどをリユースする，あるいは山形ラーメン架構をスパンや階高などを調整して移築するようにリユースすることをいう〔付 1.2 参照〕．柱・梁のリユースでは，部材の耐力や変形能力を評価して設計するが，架構などのリユースでは，さらに，接合部や部分架構などの耐力および変形能力を評価して構造設計を行う．

リユース部材は新材といくつかの点で異なっている．

第一に，規格材種が不明な場合が多く，機械的性質や化学成分などが不明な場合がある．

第二に，規格材種が判明していても，①孔あけ・ピース類の溶接など，既存建物に合わせた製作・加工や長期使用による当て傷や曲がりがある，②さびによる減厚などが存在する，③大振幅荷重履歴（地震・強風）や過荷重などによる塑性化および火災による材質変化ならびに疲労などを生じている可能性がある．①～③によって，鋼材の降伏点の変化や伸び能力の局部的な低下，残留応力の大きさや分布形状の変化，あるいは残留変形などが存在する可能性がある．これらによって，部材の弾性限耐力の変化，部材の塑性変形能力の低下，座屈荷重の低下など，力学性能が新材より劣っていることがある．

第三に，特に架構などのリユースのときは，溶接部など接合部の施工の良否や既存建物で用いられている接合部詳細の良否を評価し，必要に応じて修復した後にリユースする必要がある．例えば，既存建物で，柱梁接合部のスカラップを起点とするぜい性破壊のおそれのあるディテールや，復元力特性が不安定となるおそれのある露出柱脚ディテールなど，現在では必ずしも推奨されていないディテールが適用されている場合がある．これらの力学性能をそのまま評価してリユースすることもできるが，鉄骨製作工場に輸送・運搬して修復した後にリユースすることもできる．このときに，適切な修復ディテールを工夫して適用できることは，リユース部材の特徴である．

以上を考慮して，次の3つの設計法に区分する．

a）弾性設計：リユース部材を弾性範囲で用いる設計法

b）損傷に留意した設計：リユース部材の力学性能を低減して用いる設計法

c）弾塑性設計：リユース部材を新材同等として用いる設計法

1）柱・梁の場合

規格材種が不明であるが，F値を設定できる場合は，「a）弾性設計」を行うことができる．また，軽微な変形（さびを含む）あるいは火災による白化現象が見られるが修復可能と判断でき，F値を設定できる場合は，「a）弾性設計」を行うことができる．過荷重あるいは火災の経験があるか不明の場合であっても，軽微な変形および火災による白化現象が見られない場合は，「b）損傷に留意した設計」を行うことができる．過荷重および火災の経験がなく，軽微な変形および火災による白化現象が見られない場合は，「c）弾塑性設計」を行うことができる．なお，「b）損傷に留意した設計」および「c）弾塑性設計」を行う場合は，規格材種が明らかでなければならない．

2）架構などの場合

設計法の選定方法は，柱・梁の場合に準ずる．規格材の評価，F値の設定の可否および火災による白化現象などの評価は，架構などを構成する，すべての部材および接合部（溶接部，ボルトなど）について行う．構成する部材・接合部のうち，1つでも規格材種が不明の場合は，当該架構などの規格材種は不明とし，構成する部材・接合部のうち，1つでもF値が設定できない場合は，当該架構などのF値は設定できないとし，構成する部材・接合部のうち，1つでも火災による白化現象が見られる場合は，当該架構などに白化現象があると評価する．その後，構成する部材・接合部について柱・梁の場合と同様の判定を行い，必要に応じて，修復した後に設計法を選定する．変形の程度は，架構などの全体変形および構成する部材・接合部の局部変形を，総合的に評価し判断する．接合部のうち溶接部は，その溶接品質（ずれ，食い違い，あるいは欠陥（表面欠陥および内部欠陥）など）が，本会の「建築工事標準仕様書 JASS 6 鉄骨工事」[13)]（以下，JASS6という）で規定されている受入れ検査に合格する範囲であれば変形がないものとして設計する．なお，不合格の場合には補修しなければならない．

（2）3つの設計法

a）弾性設計

リユース部材の規格材種が不明であるがF値を設定できるとき，あるいは使用条件が弾性範囲内であることが確認される場合に使用される設計法である．部材および接合部の降伏耐力（弾性限耐力）はその有効断面積に対して本会の「鋼構造設計規準－許容応力度設計－」[13)]などを適用して算定するが，終局耐力は算定しない．ここで，降伏耐力は引張耐力 N_t，圧縮耐力 N_c，曲げ耐力 M_y，せん断耐力 Q_y などをいう．

外力に対して構造の強度で抵抗するもので，解析は（線材置換や平面保持の仮定などに基づく）弾性応力解析による．ただし，鋼は基本的に靭性に富んでいるため，弾性設計の範囲でも局部的な塑性化による応力の再配分の効果を期待してよく，例えば，柱梁接合部パネルの許容応力度の割増などは「鋼構造設計規準」[14)]に準じてよい．

部材および接合部の降伏耐力は，品質評価〔3.4.2 参照〕によって評価した材料の F 値を用いて算定する．残留応力が大きく形状の不正が大きいことが原因で，リユース部材は新材と比較して，弾性限耐力が小さく，弾性限変形が大きい可能性がある．それでも，鋼に十分な靭性を期待できるために，リユース部材の耐力は新材と変わりがなく，ヤング係数は経年劣化しないので，降伏変形もほとんど変わらないと考えられるからである．また，冷間加工により，降伏点が上昇していることもあるが，安全側と考えられるからである．しかし，残留応力の大きさや形状の変化によって，座屈荷重が低下する可能性がある．このため，限界細長比に近い圧縮材や鋼構造設計規準[14)]の限界値に近い大きな幅厚比を有する部材では，それらを考慮して適用することが必要である．

なお，新しい建物の一部（小梁など）にリユース部材を用いることは，環境配慮設計では普通に行われる．リユース部材と新材を混用するときで，例えば，リユース部材に塑性変形能力を期待しなくてよいことが確認された場合（図 3.4.3 のように，座屈拘束された方杖ダンパーなどの制振部材（新材）を用い，柱や梁（リユース部材）を弾性として用いる架構形式など）には，リユース部材に対して「a）弾性設計」を適用し，その他の部材や架構などについて，現行の設計法を適用することが可能である．

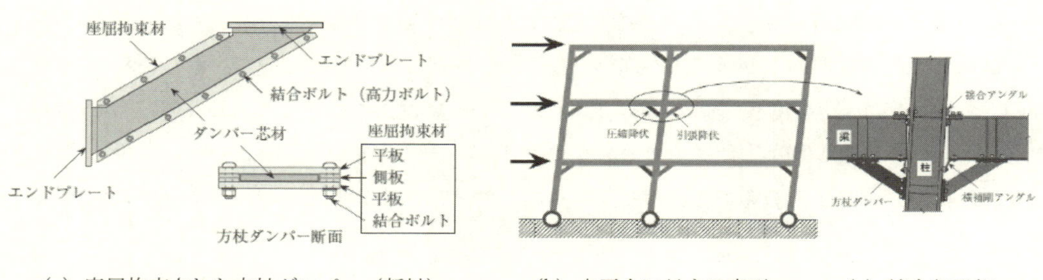

(a) 座屈拘束された方杖ダンパー（新材）　(b) 水平力に対する変形　(c) 接合部詳細

図 3.4.3　方杖ダンパー接合システム[15)]

b）損傷に留意した設計

リユース部材の規格材種が既知であっても，リユース部材は新材と異なり，切断・孔あけ・ピース類の溶接など，既存建物に合わせた加工・製作のほかに，長期使用による当て傷や曲がりあるいは，さびによる減厚などが存在する．また，架構などのリユースでは，溶接接合部のずれ，食い違い，あるいは欠陥（表面欠陥および内部欠陥）が問題となることがある．さらに，地震や火災，溶接，冷間加工などによって，力学性能に影響するような残留応力や残留変形が存在している可能性もある．これらを，本指針では「損傷」といい，「b）損傷に留意した設計（リユース部材の力学性能を低減して用いる設計法)」は，このような場合に適用する設計法である．これは，本指針が提案するリユース部材特有の設計法である．しかしながら，現段階では，リユース部材の構造性能（強度・塑性変形能力）の低減方法の定量的な評価が難しいため，ここでは，設計に役立つ考え方を述べており，3.4.3（3）でそれらをまとめた．

強度については，降伏耐力（弾性限耐力）は「a）弾性設計」と同じとするが，終局耐力には，損傷がないとした断面に対して，本会の「鋼構造限界状態設計指針」[16]などを適用して算定した終局耐力を低減して用いる．ここで，終局耐力は曲げ耐力 M_p，せん断耐力 Q_p などをいう．

部材の塑性変形能力については，部材ランクを新材と同等または1ランク下げるなど，損傷の程度に応じて評価する※1．低減の方法は，損傷の種類，構造形式，あるいは対象とする力学性能によって異なったものとなる．例えば，圧延H形鋼（新材）にはフランジ先端に圧縮残留応力があって，横座屈荷重が低下するが，残留応力の値や分布が変化すると，さらに大きく低下する可能性があり，横補剛要件などが変化する可能性がある．また，部材ランクは幅厚比などによって定まるが，局部座屈を生じやすくなるような形状不整や残留応力が存在する場合には，新材の場合に比べ，部材ランクを低下させる必要がある．また，降伏点の上昇によって，崩壊メカニズムの変化や保有耐力接合の条件の変化などが予測される場合などには，その影響を評価することが必要である．

接合部の変形能力は，基本的に，接合される部材との強度差によって定まるので，保有耐力接合の条件を満たすか否かで変形能力の有無を判別する．このとき，溶接継目のF値を低減（材料強度を0.9倍するなど）して保有耐力接合の条件を確認することは，安全側の設計法である．

また，このほかに，架構の必要 D_s（構造特性係数）を適切に割り増す方法とすることもできる．例えば，D_sを+0.05割増すことは，露出型柱脚を含む架構[17]でも慣用されている方法であるが，損傷を含んだリユース部材についても，架構の必要 D_sを，新材による架構よりも+0.05程度大きくするのは一つの方法である．

架構の保有水平耐力 Q_uを算定するときは，増分解析や極限解析などの弾塑性解析法を用いるが，部材の幅厚比・梁の長さ・各種接合部の終局耐力の確認など，耐震上必要な安全基準を満たすことが必要である．

鋼材は，温湿度条件が室内環境の程度であれば，さびが生じることは少なく，大地震などの被災経験も形状不整もない場合には，強度や靭性が劣ることはない．このような場合には耐力低減は不要であり，また，部材ランクも低減しなくてよい．付2は，30年以上経過した建物から採取した鋼

※1　わが国では1981年の建築基準法改定で導入された耐震設計法が広く適用されているが，ここでは，部材や架構の塑性変形能力を表現する方法として，部材ランク（部材の幅厚比や細長比に応じて，その塑性変形能力を，FA～FDに区分している）や架構の D_s などを用いた等価静的設計法が示されている．「b）損傷に留意した設計」を，例えば，この設計法の中に位置づけるときには，部材ランクの低減とは，FA～FD部材の評価を新材と同等または1ランク下げる（FA→FAまたはFB，FB→FBまたはFC，FC→FCまたはFD，FD→FD）など，損傷の程度に応じて適切に評価することをいう．また，架構の変形能力の低減とは，構造特性係数Dsを同等または＋0.05程度割り増すことをいう．

材が，新材と同程度の復元力特性を示したとの報告であるが，新材同等とできる例である．

c）弾塑性設計

リユース部材が品質評価〔3.4.2 参照〕で新材と同等であること（規格材であり，かつ，過荷重・火災の影響がないこと）を確認したのち，新材として設計する方法である．新材同等と評価されたリユース部材には，現行の設計法が適用可能である．

（3）耐力の低減と変形能力ランクの低減

損傷に留意した設計は，リユース部材の終局耐力を低減する，部材や架構などの塑性変形能力のランクを新材と同等または 1 ランク程度下げる，あるいは D_s を割り増すことなどにより行う．終局耐力の低減には，損傷がないとした断面に対して算定した終局耐力に，低減係数 β（$\leqq 1.0$）を乗じる方法とする．

ところで，本指針は 3.3 に記述したように，損傷を有する部材に対しては「a）弾性設計」を適用することを原則としている．また，曲がりなども修復して用いることを原則としている．

これは，前述したように，現状では，損傷を受けたリユース部材の耐力や変形能力の評価に関する研究が少ないため，β の値などを具体的に提示できないからである．損傷の程度に応じた耐力や変形能力を評価できれば（既存建物の力学性能を評価する方法は，耐震診断や耐震改修 [18] で広く用いられており，この知見を準用することなどは可能と考える），また，修復・補強方法（補強リブなどを取り付ける，溶接部の欠陥をガウジングして補修溶接する，冷間加工によって曲がりを修正する，など多くの方法がある）に応じた力学的性能を評価できれば，「b）損傷に留意した設計」を具体的に運用できる．しかし，現状では，設計者がその妥当性を根拠と共に示す，などが必要であり，これらは，わが国のリユース促進のための将来的な課題である．

以上のように，「b）損傷に留意した設計」では，終局耐力の低減係数 β，変形能力ランクの低減値，あるいは D_s の割増し値など，安全率に関係する数値を適切に設定する必要がある．構造設計では，「保有性能＞要求性能」を確認する．このとき，保有性能として構造物の抵抗力（強度）を用い，要求性能として荷重効果（外力）を用いて，「強度＞外力」の形式として安全性の要件を確認することが多いが，地震荷重が支配的な，わが国の設計体系では，安全率 α（＝保有性能 / 要求性能）に，構造物と外力の不確定性の両方が含まれる．したがって，これらの数値の適切な決定は，リユース部材を用いた構造物の耐荷性能，その他の構造物との比較，あるいは経済性などの社会的要因などから定まるものであり，これも将来的な課題である．

以下では，β など，安全率に影響する要因を記述する．

1）部分的な材質劣化や塑性化

材質は，ショートビード溶接やスタッド溶接による硬化，大入熱溶接や冷間加工（曲げ半径が小さいプレス加工など）による変形能力の低下，あるいは地震・火災などによる塑性変形や疲労，など，既存建物の施工・運用・解体時の影響によって，特に塑性変形能力が新材より低下していることがある．これらの影響を，耐力低減係数βおよび部材ランクの低減によって評価する．

例えば，冷間成形角形鋼管を柱に用いた場合[19]には，柱強度を0.9～0.7に低減して，現行の設計体系のなかに位置づけている※2.「b) 損傷に留意した設計」でも同様の取扱いは可能と考えられ，冷間加工の影響を受けている部材では，耐力低減係数β=0.9～0.7の程度としてよい．ところで，部材耐力を低減する方法（あるいは部材設計用応力を割り増す方法）は，損傷のある部材の塑性化を抑制するのに効果的であるが，例えば，ラーメン構造の梁について耐力の低減を行うと，柱と梁の実耐力比が変化して，柱降伏先行型の崩壊メカニズムが形成されやすくなり，架構の耐震性状が悪化する可能性がある．このような場合には，部材ランクを低減して，架構のD_sを割り増すような方法が適切なことがある．このように，βの値は，部材の種類あるいは架構形式などによって異なったものとなる．

ひどくさびたもの（おおむね10%以上の減厚）や，大きくきずついたもの（おおむね10%以上の長さに損傷がある部材）は，βを0.8～0.5とさらに小さくすることが必要であるが，$\beta<0.5$のような部材のリユースは慎重に考慮することが望まれる[20].

2）溶接欠陥があるとき

既存建物の溶接継目には欠陥が含まれていることがある．内部欠陥については超音波探傷検査（UT）などによりその健全性を確認する．検査の方法には全数検査と抜取り検査があるが，JASS6[13]で適用されている2回抜取検査（AOQL=3-6%，ここで，AOQLは平均出検品質限界）によってよい．この方法は，新築の構造の鉄骨の品質検査で通常用いられている方法であるが，リユース部材は輸送・運搬に適した大きさに解体・分解されるので，これと同等の条件と考えられるからである．ただし，ロット数が少ない場合や適切なロット構成ができない場合には，全数検査とする．不合格ロットは全数検査し，不合格欠陥は補修する．溶接部の補修は，鉄骨製作工場などで行うことが望まれる．

ところで，構造計算により十分な強度があることが確認された場合には，不合格欠陥を補修せずに，そのままリユースできる．例えば，設計図書で完全溶込み溶接部の指定があるにもかかわらず，隅肉溶接で溶接施工された柱梁接合部は，一般には補修するが，構造部材の肉厚が薄い（おおむね12mm以下）場合には，隅肉溶接でも接合部は十分な強度を有していることがあるなど，構造計算で確認することができるような場合をいう．十分な強度の確認は，保有耐力接合の条件が満足され

※2　日本建築センターの「冷間成形角形鋼管設計施工マニュアル」[19]では，簡便な設計方法によるときには，柱の設計用応力を1.1～1.4倍に割り増す方法を用いているが，これは耐力を低減すること（割増し係数の逆数）と同じ操作である．冷間成形角形鋼管（特にSTKR材）は部分的に伸び能力が低下している部材であり，幅厚比が大きくなると曲げによる局部座屈が生ずると逆載荷時に簡単に亀裂が発生して破断するなど，塑性変形能力や繰返し性状が劣っている．冷間成形角形鋼管設計施工マニュアルは，このような部材を現行設計のなかに位置づけているが，「b）損傷に留意した設計」についても同様の取扱いが可能と考えたものである．

ることや，崩壊機構を考慮して接合部が部材より先行降伏しないことを確かめる，などの方法による．

3）形状不整があるとき

リユース部材には，目視で確認できる程度の曲がり（部分的な塑性化），各種ピースの溶接による部分的な断面増加，孔あけによる断面減少，などの形状不整が存在する．

これを，形状不整などの欠点の存在を許容したまま性能を低減して「b）損傷に留意した設計」を適用する，あるいは適切な補修をして性能低減を小さくして「b）損傷に留意した設計」を適用する，あるいは新材同等として「c）弾塑性設計」を適用する方法が選択できる．

修復・補強は，①溶接孔埋め・プレス成形・グラインダー掛けなどの方法で加工・修正する，②プレート補強やリブ補強などにより，劣化部位の性能向上を行う，などの方法がある．

図 3.4.4 は，阪神淡路大震災で梁端部フランジに局部座屈が生じた被災建物（鉄骨造ラーメン構造）の補修として，端部フランジ間にプレートを溶接し，日の字断面に補強して継続使用した例である．この補強法の有効性は実験資料[22]などで確認されている．残留変形がある場合でも，このように，適切に補強することにより，劣化した構造性能の回復や向上を行うことができるが，その有効性が実験などで検証されていることが必要である．

図 3.4.5 は，冷間成形角形鋼管柱と H 形鋼梁の仕口部で梁フランジとダイアフラムに食い違いがある場合の補修溶接の例である[23]．

このように，多くの方法があるので，リユース部材では適切に修復・補強する詳細設計が重要である〔3.4.6 参照〕．

図 3. 4. 4　梁端部フランジに生じた局部座屈の補修例[21]

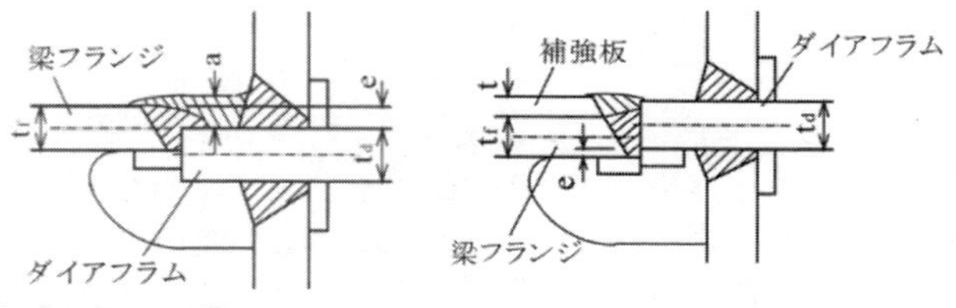

（a）補強肉盛溶接　　（b）補強板による補強

図 3. 4. 5　突合せ溶接部に食い違いやずれがある場合の補修方法の例[23]

（4）溶接性・降伏比 Y_R

リユース部材を用いた設計では，鋼材の溶接性（溶接の可否）は，特に詳細設計（リブ補強などを含む）をするときには重要である．

わが国には 1970～1990 年代に建設され，運用期間を過ぎた鋼構造建物が大量のストックとなっており，これをリユースできれば環境負荷抑制にメリットがある．また，当時，わが国で製造された鋼材（SS41 や SM50 が中心）は，高炉鋼が主であり，力学性能や施工性能（溶接性や製品精度など）は比較的良好である．なお，現在は，鉄スクラップから製造した電炉鋼が多用されている．

リユース部材を用いた設計では，鋼材の溶接性（溶接の可否）は，特に詳細設計（リブ補強などを含む）をするときには重要である．青木ら[24]は 1978 年から 1981 年の 4 年間の高炉 5 社の鋼材（SS41，SM41，SM50 など）の機械的性質や化学成分などを，主に鋼材検査証明書を基に調べているが，わが国で製造された多くの鋼材の炭素当量 C_{eq} は適正で，溶接継目に引張許容応力度が定義されていない SS50 などを除き，溶接性は良好であることを述べている．また，図 3.4.6 のように，当時の鋼材は，降伏点や引張強さが規格値を下回ることはほとんどない．ただし，降伏比 YR については，SN 規格（1997 年に導入された）以外の鋼材では保証されていないので注意が必要であり，図 3.4.6 でも，SS41 材の降伏比 YR は平均 69%であるが，90%を超える場合もあることを述べている．

これらは，保有耐力接合の条件に関係している．孔あけなどの断面欠損があるとき，降伏後の塑性変形能力を期待できるのは，次の (3.4.4) 式の保有耐力接合の条件を満たしているときである．H 形鋼を曲げ材として利用する場合には，片側フランジについて（3.4.4）式を検討することとなる．

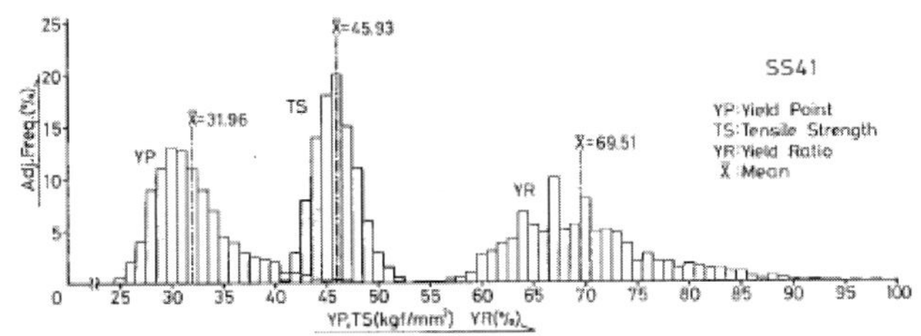

図 3. 4. 6　Histograms of Yield Point, Tensile Strength, and Yield Ratio for SS41[24]

$$A_e\ \sigma_u > \alpha\ A_g\ \sigma_y \quad \text{あるいは，} \quad \frac{A_e}{A_g} > \frac{\alpha\ \sigma_y}{\sigma_u} = \alpha\ Y_R \tag{3.4.4}$$

ここで，　A_e，A_g：部材の有効断面積と全断面積

σ_y，σ_u：鋼材の降伏点と引張強さ

Y_R：鋼材の降伏比

α：安全率（>1.0）

1960年代以降にわが国で製造された鋼材（SS41，SM41，SM50）や，1994年に導入されたSN規格の鋼材については，Y_R= 0.7～0.8程度として不都合はなく，α = 1.1程度（応力再配分が可能な程度のひずみ硬化係数と塑性変形能力を有する[25]と考えられる程度）とすると，$A_e／A_g$（有効断面積比率）がおおむね0.85以上なら，(3.4.4) 式によって一定の塑性変形能力があるとしてよい．したがって，孔あけなどによる断面減少がおおむね15%以下のリユース部材については，「a) 弾性設計」だけでなく，「b) 損傷に留意した設計」や「c) 弾塑性設計」も選択可能である．

3.4.4　環境評価

（1）環境評価の方針

部材のリユースの採用は，地球環境から見た環境負荷の抑制に有効なことが大きなメリットである．環境負荷としては，CO_2排出をはじめ，エネルギー消費，SO_X排出，NO_X排出，CH_4排出，N_2O排出などがある．本指針では，地球環境問題のうち，重要とされる地球温暖化に着目し，部材のリユースの効果を顕著に表すことができるCO_2排出量によって評価する〔2.2.2参照〕．なお，生活環境と生産環境の評価方法は今後の課題とし，本指針では言及しない．

本指針では，CO_2排出量の評価を行うにあたり，「建物のLCA指針」[26]（以下，LCA指針という）の考え方およびデータを参考にする．LCA指針では，建物全体のCO_2排出量を評価しているが，本指針では，鋼構造のリユースの環境負荷の抑制効果を評価するため，評価対象を構造躯体に特化する[※3]．

（2）環境評価の時期と評価内容

環境評価を行う時期は，基本計画時，構造設計・解体設計時および施工完了時とし，設計者が行う〔図3.4.7参照〕．

基本計画時の環境評価では，鋼構造のリユースの採用による環境負荷の抑制効果に対する目標設定を行い，目標達成の大まかな見込みをつけておく．

構造設計・解体設計時の環境評価では，基本計画時に設定した目標を目指し設計を行った結果，設計上，環境負荷の抑制効果がどの程度になるかを確認する．解体によって，リユース部材への修復が困難になった場合，リサイクルすることになり，CO_2排出量が増大することになる．解体設計時には，リユースを想定した丁寧な解体ができる工法の採用を検討する必要がある．

施工完了時の環境評価では，解体と施工を実施した結果，環境負荷の抑制が実際にはどの程度に

※3　LCA指針においては，「設計初期段階において，設計者が，自ら建物のライフサイクル全体を視野に入れた環境配慮設計の代替案を検討する際のLCA手法の一例を提示したものであり，構工法，設備システムなどの部分は大胆に簡略化した例となっている．ISO規格にも記載されているとおり，そもそも，LCAは適用目的に応じて分析すべき内容・範囲が異なるものである．本指針を一つの参考例として，利用者が，自らの適用目的に合致した改良を加えていただければ幸いである．」として位置づけている．

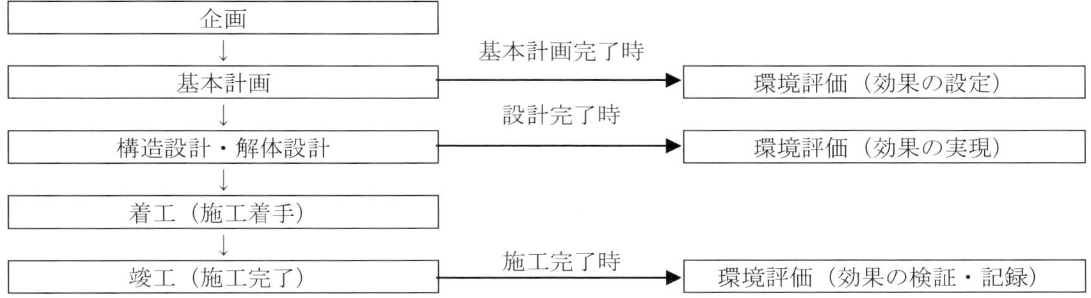

図 3.4.7　設計・施工フローと環境評価時期

なったかを検証し，建物履歴簿に記録として残す．この記録は，次回以降のリユース設計の参考にすることができる．

（3）CO_2 排出量削減に着目した環境評価方法

設計対象の建物の，構造躯体に使用される物量を躯体資材の種類ごとに求め，各種類別に（3.4.5）式によって CO_2 排出量を計算する．各種類別の CO_2 排出量の総量を構造躯体全体の CO_2 排出量とし評価する．

$$CO_2\text{排出量}=\text{延床面積あたり物量}\times CO_2\text{排出量原単位} \quad (3.4.5)$$

各躯体資材の CO_2 排出量原単位を表 3.4.2～3.4.4※4 に示す．鉄骨系材料の原単位は表 3.4.3，3.4.4 を用いる．新材は表 3.4.3，リユース部材は表 3.4.4 を用いる．

※4　表 3.4.2 は，LCA 指針の複合原単位のデータベースから，躯体資材のみを抜き出したものである．鉄骨は形鋼のみの値である．表 3.4.3 は，LCA 指針から引用した鉄骨系材料の国内の生産段階と流通段階を合計した原単位である．表 3.4.4 は，LCA 指針から引用した鉄骨系材料の国内の流通段階の原単位である．

表 3.4.2 LCA 指針による躯体資材の単位あたりの CO_2 排出量原単位

	仕様		環境負荷原単位	
杭・基礎	現場打 RC 杭（ﾎﾟﾙﾄﾗﾝﾄﾞ）	Fc24N/mm^2	376.1	kg-CO_2/m^3
	現場打 RC 杭（ﾎﾟﾙﾄﾗﾝﾄﾞ）	Fc27N/mm^2	403.0	kg-CO_2/m^3
	現場打 RC 杭（ﾎﾟﾙﾄﾗﾝﾄﾞ）	Fc30N/mm^2	432.8	kg-CO_2/m^3
	現場打 RC 杭（ﾎﾟﾙﾄﾗﾝﾄﾞ）	Fc36N/mm^2	405.4	kg-CO_2/m^3
	現場打 RC 杭（B 種高炉）	Fc24N/mm^2	325.9	kg-CO_2/m^3
	現場打 RC 杭（B 種高炉）	Fc27N/mm^2	349.1	kg-CO_2/m^3
	現場打 RC 杭（B 種高炉）	Fc30N/mm^2	374.5	kg-CO_2/m^3
	現場打 RC 杭（B 種高炉）	Fc36N/mm^2	354.7	kg-CO_2/m^3
	結晶化骨材ｺﾝｸﾘｰﾄ	Fc36N/mm^2	284.2	kg-CO_2/m^3
	現場打 RC 杭（B 種高炉-再生骨材）	Fc24N/mm^2	304.8	kg-CO_2/m^3
	PC コンクリート杭		1,160.9	kg-CO_2/m^3
コンクリート	ｺﾝｸﾘｰﾄ（ﾎﾟﾙﾄﾗﾝﾄﾞ）	Fc24N/mm^2	296.1	kg-CO_2/m^3
	ｺﾝｸﾘｰﾄ（ﾎﾟﾙﾄﾗﾝﾄﾞ）	Fc27N/mm^2	313.0	kg-CO_2/m^3
	ｺﾝｸﾘｰﾄ（ﾎﾟﾙﾄﾗﾝﾄﾞ）	Fc30N/mm^2	332.8	kg-CO_2/m^3
	ｺﾝｸﾘｰﾄ（ﾎﾟﾙﾄﾗﾝﾄﾞ）	Fc36N/mm^2	334.4	kg-CO_2/m^3
	ｺﾝｸﾘｰﾄ（ﾎﾟﾙﾄﾗﾝﾄﾞ）	Fc42N/mm^2	402.0	kg-CO_2/m^3
	ｺﾝｸﾘｰﾄ（ﾎﾟﾙﾄﾗﾝﾄﾞ）	Fc50N/mm^2	464.4	kg-CO_2/m^3
	ｺﾝｸﾘｰﾄ（ﾎﾟﾙﾄﾗﾝﾄﾞ-再生砕石）	Fc24N/mm^2	275.0	kg-CO_2/m^3
	ｺﾝｸﾘｰﾄ（B 種高炉）	Fc24N/mm^2	245.9	kg-CO_2/m^3
	ｺﾝｸﾘｰﾄ（B 種高炉）	Fc27N/mm^2	259.1	kg-CO_2/m^3
	ｺﾝｸﾘｰﾄ（B 種高炉）	Fc30N/mm^2	274.5	kg-CO_2/m^3
	ｺﾝｸﾘｰﾄ（B 種高炉）	Fc36N/mm^2	275.8	kg-CO_2/m^3
	ｺﾝｸﾘｰﾄ（B 種高炉）	Fc42N/mm^2	328.7	kg-CO_2/m^3
	ｺﾝｸﾘｰﾄ（B 種高炉）	Fc50N/mm^2	377.6	kg-CO_2/m^3
	結晶化骨材ｺﾝｸﾘｰﾄ	Fc24N/mm^2	182.2	kg-CO_2/m^3
	結晶化骨材ｺﾝｸﾘｰﾄ	Fc36N/mm^2	205.4	kg-CO_2/m^3
	結晶化骨材ｺﾝｸﾘｰﾄ	Fc42N/mm^2	246.3	kg-CO_2/m^3
	石炭灰人工骨材ｺﾝｸﾘｰﾄ	平均 Fc50N/mm^2	367.7	kg-CO_2/m^3
PC 躯体	PC コンクリート	Fc24N/mm^2	363.6	kg-CO_2/m^3
型枠・鉄筋・鉄骨	型枠		9.4	kg-CO_2/m^2
	鉄骨		1.5	kg-CO_2/kg
	雑鉄骨		1.5	kg-CO_2/kg
	鉄筋		0.7	kg-CO_2/kg
	耐火被覆（柱：ケイカル板）		9.1	kg-CO_2/m^2
	耐火被覆（梁:湿式）		2.6	kg-CO_2/m^2
	デッキプレート		25.4	kg-CO_2/m^2
	PC 鋼線		1.8	kg-CO_2/kg

表 3.4.3 鉄骨系材料の単位あたりの CO_2 排出量原単位

仕様	環境負荷原単位	
普通鋼形鋼	1.529	kg-CO_2/kg
普通鋼鋼管	1.666	kg-CO_2/kg
特殊鋼鋼管	2.720	kg-CO_2/kg
普通鋼冷間仕上鋼材	1.782	kg-CO_2/kg
特殊鋼冷間仕上鋼材	3.190	kg-CO_2/kg
特殊鋼熱間圧延鋼材	1.557	kg-CO_2/kg
めっき鋼材	1.761	kg-CO_2/kg
鋳鉄管	1.665	kg-CO_2/kg
鋳鉄品	3.280	kg-CO_2/kg

表 3.4.4 リユース部材とした鉄骨系材料の単位あたりの CO_2 排出量原単位

仕様	環境負荷原単位	
普通鋼形鋼	0.026	kg-CO_2/kg
普通鋼鋼管	0.038	kg-CO_2/kg
特殊鋼鋼管	0.060	kg-CO_2/kg
普通鋼冷間仕上鋼材	0.019	kg-CO_2/kg
特殊鋼冷間仕上鋼材	0.091	kg-CO_2/kg
特殊鋼熱間圧延鋼材	0.033	kg-CO_2/kg
めっき鋼材	0.031	kg-CO_2/kg
鋳鉄管	0.059	kg-CO_2/kg
鋳鉄品	0.040	kg-CO_2/kg

3.4.5 解　　体

（1）解体計画

既存建物からリユース部材を採取するための解体計画を行う場合，以下の項目に留意して丁寧な解体を行い，確実にリユース部材にすることによって，CO_2 排出量削減を目指す．なお，本項では，一般的に，主に解体現場で行う解体作業について示す．主に工場で行う解体作業については 3.4.6 に示す．

1）採取する鋼部材の範囲

2）解体中に鋼部材に生ずる物理的および化学的変化

鋼部材を採取する解体工程では，鋼部材に直接的に外力が作用する場合と間接的に外力が作用する場合がある．採取する鋼部材の範囲は，鋼部材を既存建物から採取する方法，鋼部材の輸送・運搬およびリユース部材を使用する建物の施工方法を考慮し，適切に設定する．

解体中に鋼部材に生ずる物理的および化学的変化に対しては，原則，以下の条件にて計画する．

a）解体中に鋼部材に生ずる物理的変形が弾性範囲内であること．

b）解体中に鋼部材に化学的変状を伴う場合，化学的変状部位と変状の程度を特定できること．

化学的変状は，熱によるもの，電気によるもの，化学薬品によるものなどである．物理的変形が弾性範囲を超える部位および化学的変状部位は，その程度を特定し，切除または 3.4.6 に従い，リユース部材を修復する．

（２）鋼部材に直接的に外力が作用する場合の留意点

本解体工程の例として，鋼部材を接合部以外の部分で切断する作業および鋼部材に接合された部材を分離する作業がある．鋼部材に接合された部材として，鋼部材，コンクリート部材，木材，耐火被覆材などがある．

1）鋼部材を接合部以外の部分で切断する作業

鋼部材を接合部以外の部分で切断する方法は，表 3.4.5，写真 3.4.4～3.4.9 に示すように，機械切断，溶断などがある．採用する切断方法が，3.4.5（１）に示す解体計画の条件を満足することを確認する．

2）鋼部材と鋼部材の接合部を分離する作業

鋼部材と鋼部材の接合方法には，溶接接合および機械式接合がある．機械式接合には，リベット接合およびボルト接合（支圧ボルト接合，高力ボルト摩擦接合など）がある．溶接接合部での分離作業の留意点は，3.4.5（２）1）と同じである．機械式接合部を分離する方法は，リベット接合については溶断，ボルト接合についてはボルトの逆回しと溶断との併用などがある〔写真 3.4.10, 3.4.11〕[27]．採用する切断方法が，3.4.5（１）に示す解体計画の条件を満足することを確認する．

表 3.4.5　鋼部材の切断方法の例

切断方法		適用範囲	鋼部材への影響
機械切断	ワイヤーソーイング※5	鋼板厚 800 mm まで張力による圧迫で変形．振動するものは切断不可．	・切断面にバリが発生する． ・切り終わりに部材が高温になり，一部黒く変色する． ・実績がないので検証が必要．
	アブレイシブウォータジェット※6	鋼板厚 300 mm 以下[28)]	・切り代が小さい． ・細かい切断加工が可能である． ・熱影響がない．
	鉄骨切断機（シャー）	鋼板厚 20 mm 以下[28)]	切断面近傍がひずみ，肩だれ，バリが発生する．
	圧砕機（ニブラ）	鋼板厚 10 mm 以下[28)]	切断面近傍がひずみ，肩だれ，バリが発生する．
溶断（熱切断，電気切断）	ガス（酸素・プロパン）	鋼板厚 4000 mm 以下[28)]	切断面から 1～3 mm の幅が熱影響を受ける．
	プラズマ（酸素・空気）	鋼板厚 75 mm 以下[28)]	高効率な切断が可能である．
	レーザー（CO_2 レーザー+酸素）	鋼板厚 40 mm 以下[28)] 現場作業は困難	高精度な切断が可能である．

写真 3.4.4　ワイヤーソーイング[32)]

写真 3.4.5　アブレイシブウォータジェット[33)]

※5　ワイヤーソーイングとは，スチールワイヤーに切削用ダイヤモンドのビーズを数珠状に押し通して，一定の間隔に固着したものを被切断物に巻きつけて，高速で回転させることにより切断する工法．鋼材，鉄筋コンクリート部材および鉄骨鉄筋コンクリート部材の切断などに用いられる．

※6　アブレイシブウォータジェットとは，ノズル内部で超高圧水により加速された研磨材を被切断物に衝突させ，衝突時に被切断物の表面を削り取りながら切断を進める工法．鋼材の切断などに用いられる．

写真 3.4.6　鉄骨切断機（シヤー）

写真 3.4.7　圧砕機（ニブラ）

写真 3.4.8　ガス切断

写真 3.4.9　レーザー切断

写真 3.4.10　インパクトレンチによるボルトの逆回し[27]

写真 3.4.11　ボルトのガス切断[27]

3）鋼部材とコンクリートを分離する作業

鋼部材とコンクリートが一体化されている例として，梁と床コンクリート，柱と壁コンクリート，柱脚の根巻きコンクリートなどがある．通常，鋼部材とコンクリートを一体化するために，頭付きスタッドなどのせん断伝達材が鋼部材に接合されている．表 3.4.6，写真 3.4.12～3.4.15 に鋼部材とコンクリート材を分離する主な方法を示す．両材の分離は，部材が接合されている場所で行う場合，あるいは両材を一体のまま，クレーンにて揚重できる重量・大きさで切り出し，別の場所で分離作業を行う場合がある[29)]，両材を一体のまま切り出す方法は，表 3.4.6 の鉄筋コンクリート（RC）部のみの切断あるいは鋼コンクリート複合部材の切断の方法を用いる．両材の分離は，コンクリートのはつり・除去の方法を用いる．丁寧な解体をするためには，両材の分離作業が容易な場所を選定することが望ましい．採用する切断方法が，3.4.5（1）に示す解体計画の条件を満足することを確認する．

表 3.4.6　鋼部材とコンクリートを分離する方法の例

	分離方法	適用範囲	鋼部材への影響
RC 部のみの切断	カッター（フラットソーイング）	コンクリート厚 800 mm 以下 鉄筋量 2%未満[30)]	コンクリート用のカッターでは鋼材は切れない．一般的に，鋼材はガス，コンクリートはダイヤモンドカッターで切る．
	ウォールソーイング	コンクリート厚 500 mm 以下 鉄筋量 2%未満[31)]	コンクリート用のカッターでは鋼材は切れない．一般的に，鋼材はガス，コンクリートはダイヤモンドカッターで切る．
	ワイヤーソーイング	ワイヤーの接触長は通常 10 m 未満 鉄筋量 2%未満[32)]	平滑な切断面． コンクリート厚が 500 mm より薄いとワイヤーが摩耗しやすい．
コンクリートのはつり・除去	ブレーカー	コンクリート厚 制限なし	ノミの先端が触れると鋼材や鉄筋に傷がつく．切断面の精度は小破片（200 mm 以下）程度．
	ウォータージェット	破砕能力の距離減衰に準ずる[33)]	鋼材の一部分に集中的にウォータージェットを噴射すると壊食[34)]が生じるが，鋼材や鉄筋の切断はできない．
鋼コンクリート複合部材の切断	ワイヤーソーイング	RC 部と同等	コンクリート用のワイヤーでは鋼材単体は切れないが，超高配筋ワイヤー（鉄筋量 6%程度可）を使えば SRC 部材の切断は可能．鋼部材や鉄筋の存在で断面が波打つ場合がある．実績がないので検証が必要．
	アブレイシブウォータージェット	部材厚 300 mm 程度以上	比較的平滑な切断面[35)] 理論上，切断可能だが，実績がないので検証が必要．

写真 3.4.12　カッター（フラットソーイング）[30]

写真 3.4.13　ワイヤーソーイング [32]

写真 3.4.14　ブレーカー

写真 3.4.15　ウォータージェット

4）鋼部材と耐火被覆材を分離する作業

鋼部材の耐火被覆材は，吹き付けて鋼材に付着させる工法，板状あるいは布状の材で鋼材を囲む工法，塗料を塗布する工法などがある．表 3.4.7 に各工法の耐火被覆を分離する場合の特徴を示す．採用する分離方法が，3.4.5（１）に示す解体計画の条件を満足することを確認する [47]．

（３）鋼部材に間接的に外力が作用する場合の留意点

鋼部材以外の部材を解体するときに発生する力，熱などが，鋼部材に間接的に作用する場合，あるいは解体時の応力の再配分によって鋼部材に過大な応力が生ずる場合に関して，3.4.5（１）に示す解体計画の条件を満足することを確認する．発破解体工法などが該当する．

表 3.4.7　鋼部材と耐火被覆材を分離する方法の例

耐火被覆材の取り付け方法	分離工法	鋼部材への影響
吹付け型	掻き落し	防錆塗装，酸化皮膜の削れが発生する（写真 3.4.16 参照）．
	ウォータージェット	鋼材への影響なし．
	薬剤塗布（有機酸）[36)	鋼材への影響なし．仕上げ磨き処理剤として使用可能．
囲み型（巻付け型，板張り型）	手払し	接着リベット部がやや変質する．
塗布型	けれん	防錆塗装，酸化皮膜の削れが発生する

注）耐火被覆材に石綿が含有している場合は，別途，飛散防止対策が必要である．

写真 3.4.16　掻き落し[47)]

3.4.6　解体後調査による品質再評価

（1）品質の再評価

解体し，直接的に部材の詳細調査が可能となったときに，解体前に想定した部材の品質評価が，妥当であったかどうかの再評価を行わなければならない．ここには解体時に生じる可能性のある採取材の損傷の評価も含まれる．

解体前の現地調査では，リユースを想定する鋼部材が仕上材により隠れていたり，耐火被覆材に覆われていたりすることから，全数を確認できず，抜取りによる調査になることが多い．部材の品質評価は全数調査が理想であるが，この評価ができるのは解体後となる．解体後，目視による品質確認と再評価は全数実施しなければならない．

カルテがなく，設計図書で規格材種が判断できない部材は，原則として非破壊試験または破壊試験を全数実施する．試験結果に基づき品質の再評価を行った結果，設計で想定した要求性能を満足すれば，リユース部材として適合すると判断する．

大きな変形，さび，ボルト孔による断面欠損などにより，設計で想定した要求性能を満足しないと再評価した場合でも，その部分を修復もしくは切断除去することにより，リユース利用の可能性が得られる．この場合，修復の後，品質の評価を再度行い，設計法の見直しを行った上で再設計する．

解体後，修復などを行っても，計画している建物に不要であると判断した場合は，リサイクルあるいはストックのルートに回す．

柱梁接合部などで，完全溶込み溶接接合部を含む部材をそのままリユースする場合は，溶接部について外観検査を全数実施するほか，抜き取りにて超音波探傷検査を実施する．

1）非破壊試験

3.4.1（2）2）b）ⅱ）に示す非破壊試験は，解体後の品質再評価のためにも同様に活用できる．研究段階であるが，溶接部の機械的性質を調べる方法として，スンプ法による組織観察の活用がある．スンプ法は，部材から試験片を採取せず，試験面の組織を適切な媒体に転写し，顕微鏡で観察する金属組織の観察手法である．T継手（板厚 25 mm）の突合せ溶接（レ形，開先角度 35°，ルート間隔 7 mm）に関して，入熱量（2.0~4.0 kJ/mm），パス間温度（250~450℃）の光学顕微鏡による直接観察，スンプ法による間接観察したミクロ組織を図 3.4.8 に示す．スンプ法では，鮮明度，解像度に欠けるところがあるものの，溶接条件により粒界フェライト分率が異なり，ミクロ組織に異常があれば，欠陥を概ね検出できる．また，YGW18 と YGW11 の識別，入熱量の増大に伴う組織変化も同様に観察でき，溶接金属に関して観察したミクロ組織とシャルピー吸収エネルギーは図 3.4.9, 3.4.10 に示すように相関関係があるとの報告がある[37~40]．しかしながら，現場作業での入熱，パス間温度などのばらつきの要因が多く，今後の検討課題である．

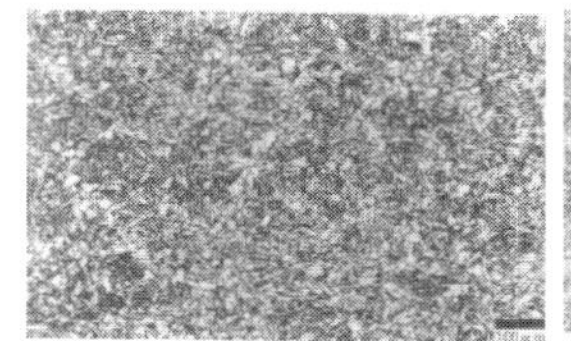
（光学顕微鏡）

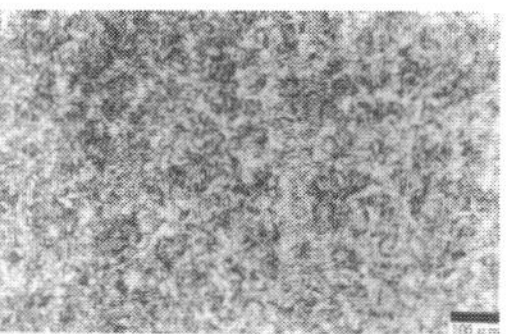
（スンプ法）

(a) 入熱量 2.0 kJ/mm，パス間温度 450℃ (YGW18)

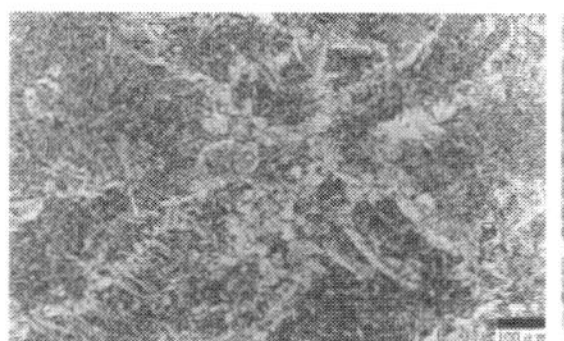
（光学顕微鏡）

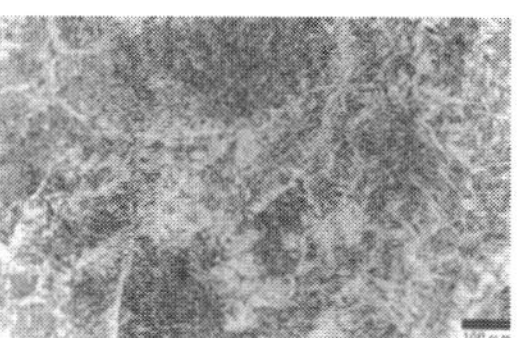
（スンプ法）

(b) 入熱量 3.0 kJ/mm，パス間温度 250℃(YGW11)

図 3. 4. 8 T 継手の組織観察 [39)]

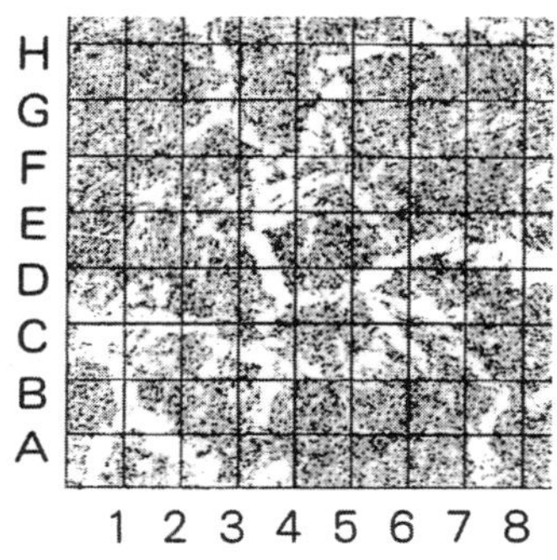

図 3. 4. 9 ミクロ組織の定量化 [39)]

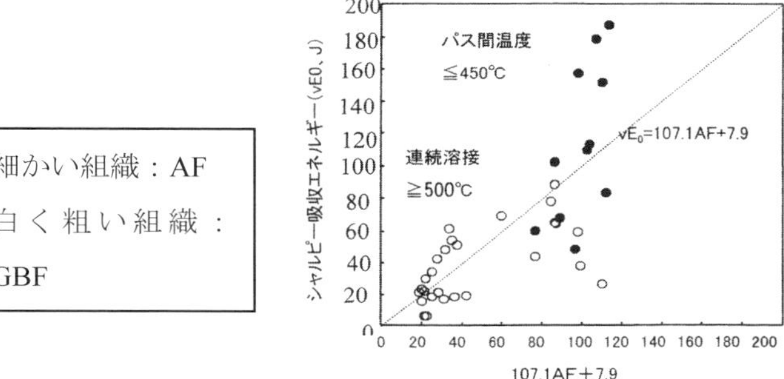

図 3. 4. 10 ミクロ組織からの靭性推定 [39)]

2) 破壊試験

非破壊試験によっても，材質に関する品質の再評価ができない場合は，リユース想定部材から試験片を採取し，引張試験，シャルピー衝撃試験，ビッカース硬さ試験，化学成分分析などを行い再評価する．

押し込み硬さ試験の一種であるビッカース硬さ試験は，対面角 136° のダイヤモンドの正四面角錐形の圧子を，一定の試験荷重で試料の試験体に押し込み，生じた永久くぼみの大きさを測定し，試験荷重を永久くぼみの表面積で除して求めるものであり，比較的精度良く測定できると考えられる．現在，建築鉄骨における溶接金属周辺の硬さについては，ビッカース硬さが多用されている．試験は，マクロ試験片を切り出して実施するため，解体後となる．

(2) リユース部材への修復

解体後に品質の再評価を行い，設計で想定した要求性能を満足しない部材ならびに計画建物に必要な加工を再度行う場合に除去しなければならない部位がある部材は，鉄骨製作工場などに移送し，修復，切断除去，補強，再加工などを実施する．修復にはコストもかかるため，環境面と経済面のバランスを考え，その手法を選定する．

1) 変形

塑性変形している部分は，常温あるいは加熱矯正・グラインダー掛けもしくはその部分を切断除去することにより，本会の「建築工事標準仕様書 JASS6 鉄骨工事」[13)]に示される鉄骨精度検査基準を満足させる.

常温あるいは加熱矯正は,「鉄骨工事技術指針　工場製作編」に則り行う.

切断除去する場合，寸法の変化に伴うモジュールへの影響を考慮しなければならない場合もある.

火災による白化や過荷重による部材の過大な変形などが認められない部材は，鉄骨精度検査基準を満足していれば，損傷に留意した設計または弾塑性設計ができる.「火災により加熱冷却された場合，鋼材は変態点温度（約 720℃）を超えると材質に変化が生じ，降伏点が不明瞭になり，600℃以上で引張強度に影響を与え，700℃で引張強度は約 90%に低減する」との報告がある[41)]. ただし，弾性設計を行う上で必要な F 値が設定できる場合は，切断せず，そのままリユースできる.

過荷重による部材の過大な変形を修復した部材は，弾性設計する．ただし，新しい技術により，より確実な損傷評価方法が提案されれば，損傷に留意した設計を行うことが望ましい.

2) さび

目視によりさびが発見された場合，ケレンやワイヤブラシにより研磨する.著しいさびは，その部分を切断除去する．さびの除去は行わずに，マイクロメーターによる板厚計測から有効断面を算定して利用する方法もある.

3) ボルト孔

リユース部材のボルト孔を，継手あるいは仕口接合部としてそのまま利用することは，理想のリユース部材の姿である．接合部は標準化されたものもある[42)]が，現状では全てが標準化されているわけではない．そのまま利用できない場合，ボルト孔は切断除去するか，溶接による孔埋めをする. ボルト孔をそのまま使用する場合，すべり係数を確保しうるよう再処理する．溶接による孔埋めについては，ボルト孔を溶接によって孔埋めした試験体について，弾性範囲で新材と同様の傾向を示すことを確認した研究[4)]がある．ただし，現状，溶接による孔埋めの採用は経済性を考慮し検討する必要がある.

4) ガセットプレート，2 次部材・仕上材の取付け用金物など

部材に取り付いているガセットプレート，2 次部材・仕上材の取付け用金物などは，新設する部材と干渉しない場合，切断せず残すことができる．ただし，塑性ヒンジが形成される部分にこれらを残置したまま使用する場合は，その影響を適切に評価し設計する必要がある.

5) スタッド

鋼部材とコンクリート部材との間のせん断伝達のために，スタッド（頭付きスタッド）が多く用いられている．スタッドを介してコンクリートと一体化している鋼部材は，3.4.5（2）3）に示す方法による丁寧な解体を行う．スタッドは必ずしも除去する必要はなく，新設する部材や仕上材などと干渉しない場合，残すことができる．スタッドを除去する場合はグラインダーにより仕上げ，ノッチが生じないようにする.

スタッドはアークスタッド溶接法により，短時間に大電流を流して鋼部材に溶接される．このた

め，熱影響部は硬化し，当該部分を対象とした引張試験では，応力－ひずみ関係に現われる降伏棚は低下する傾向にあるが，H形断面の梁部材としての破壊性状や復元力特性は，新材とほとんど同じ傾向を示す[43),44)]．ただし，計画する建物において，スタッドを除去した部分が柱梁接合部の近傍に位置する場合や柱梁接合部の溶接線と重なる場合は，その影響を考慮し設計する．

H形断面の鋼梁部材が床スラブと接合された合成梁が，正曲げを受ける場合，中立軸位置が上フランジ付近となるため，下フランジには大きな引張力が作用する．したがって，スタッドの溶接されたフランジ上面を，下側にして使用する場合は，スタッドの熱影響に十分留意し，弾性設計にとどめることが望ましい．一方，スタッドの溶接された上フランジ面を，そのまま上側にして使用する場合は，柱梁接合部近傍を除き，上フランジに作用する引張力は小さいため，既存のスタッドを除去し，元のスタッド位置をずらして設置することが有効である．

6) さび止め

鋼材は大気環境で発せいし，断面が減少するため，防せい措置として鋼部材にさび止め塗装を施している．既往の調査[45)]では，「既存建物においてさび止め塗装を施した鋼部材は，部分的にさびが生じても，塗膜厚さが確保されていれば減肉にはいたっていなかった．」との報告がある．このことから，さび止め塗装は，使用環境，使用期間を考慮し，塗膜厚さを設計・施工・維持管理すれば有効であるといえる．

耐火被覆材の接着する面は，さび止め塗装を施さない[46)]場合が多く，さび止め塗装は主に露出部に用いられている．工事現場での外部への飛散防止を目的として，外周部には塗装される場合もある．

リユース部材として使用する場合，元のさび止めを除去する場合と残置する場合がある．リユース部材として要求される防せいの品質は新材と同様である．外観，塗り重ねる場合の下層塗料の乾燥状態，塗膜厚さについて検査を行い，不十分な場合は以下に示す方法にて修復する[47)]．

① 素地調整面や下層の塗料が透けて見える場合は増し塗りする．

② 塗膜に，目立つ凹凸や流れがある場合は，サンドペーパーで平滑にして再塗装する．

③ 膜のふくれや割れは，その部分を剥離してから再塗装する．

④ 塗膜厚さが不足した場合は増し塗りする．

一方，維持管理が困難な部材やさびやすい環境に置かれる部材について，防せい処理として溶融亜鉛めっきを施す場合がある．めっきが施されていた部材で，新材と同等の品質が確保できている場合は，そのままリユースすることができる．リユース部材として要求される品質は新材と同様であり，同様の外観検査[48)]を行う．また，付着量，密着性の検査を行うことが望ましい．めっきの付着量は，2種55の場合，付着量550 g/m^{2}以上，平均めっき膜厚76 μm以上に適合させる．磁力式測定装置を用いて，製品のめっき皮膜厚さを測定し，その皮膜厚さから換算によって付着量を求める，磁力式厚さ試験が有効である．めっきが施されていない部分や，きずがあり，それらが修復する必要がある場合，再めっきもしくは高濃度亜鉛末塗料を塗布する．また，リユース部材に新たにめっきを施す場合の加工は，新材と同等に行う．めっきする作業は，JIS 認定工場において行い，その作業標準は JIS H 8641:2007 に従う．

7）耐火被覆

耐火被覆には吹付け型，巻付け型，板張り型などの工法がある．工法に応じて 3.4.5（2）4）に示す方法により分離する．分離により生じたきずなどは，電動式研削機や研磨機などにより修復する．

巻付け型や板張り型の一部で用いられる固定ピン接合部の局所的な硬さは，固くなるが，シャルピー衝撃値，引張強さ，硬さなどの物性に与える影響は無視できることが報告されている[49]．

3.4.7　施　　工

既存建物が解体され，既存建物に使用されていた部材の品質再評価が終了すると，新たな建物に使用する部材について，既存建物からの調達か，あるいは新たに調達するか明確となる．

どちらからの調達であっても，（1）に示す鉄骨製作や（3）に示す施工は，通常の新築と同様である．部材に対しては今後のリユースに備え，（2）に示すように部材の情報管理を行わなければならない．

（1）鉄骨製作

既存建物からリユースする部材も，新たに調達する部材も，通常の新築の際と同様に，設計図書に従い加工や組立てなどを行う．

この時，構造設計者は，鉄骨製作管理技術者へ，鉄骨製作にかかわる事項は設計図書にて確実に伝える．例えば，既存建物からリユースする部材の溶接性の有無など品質評価内容や，再度のリユースに備え，解体の容易性に配慮した特殊な組立て方法などの事項が挙げられる．

（2）建物に使用した部材の情報管理

既存建物からリユースする部材も，新たに調達する部材も，リユースを想定した建物に用いる部材（リユース部材）には，再度の利用に備えてカルテを添付することを原則とする．カルテは，部材の素性を把握するためのもので，その情報は部材と帯同させる．リユースの際の品質評価において重要な判断材料となる．

本指針で対象としている，既存建物の解体後の部材を，保管場所を介さずに直接次の現場へ搬入する場合は，構造設計者の指示の基，適切なタイミングで適切な者が，カルテの更新を確実に行わなければならない．

カルテは，1）に示す情報を備える．記録方法は，現在は 2）に詳述するように種々考えられるが，情報を利用する際に確実に生かせるようにする必要がある．あらかじめカルテの備わった部材について，品質評価を行ったリユース部材は，3）に示すようにカルテの情報を更新して確実に最新の情報が反映されていなければならない．

1）カルテの内容

カルテには以下の項目について記録されている必要がある [2)]．既存建物の部材についてリユース先が決まっている場合，保管場所を介さずに解体場所から次の建設地へ移動する際の混同防止や，その次の再度の利用に備え，以下の情報は部材に帯同させる必要がある．

①構造設計に必要な基本情報（形状・寸法，材種・機械的性質）

②保管・流通に必要な情報（識別番号）

③特記事項（履歴情報（基本情報に影響する内容），解体方法など）

2）記録方法

カルテに記録する内容について，1）の①から③のすべての情報を部材に直接持たせる方法と，②のみの情報を部材に持たせて①と③の情報を別途保管し，必要な時に保管先へ参照・照会する方法がある [2)]．後者の場合，別途保管する情報として，鉄骨製作図や構造竣工図を例に挙げることができる．

記録媒体は，部材に直接記入したりシールを添付したりする方法や，バーコードやICタグ（電子タグ）を利用する方法もある [2)]．部材に付されたカルテは，部材の被覆材などを剥がし解体後に確実に目にすることができる．しかし，本章で示したように，既存建物の解体前に部材の品質確認・評価を行う時には，カルテの記録媒体の種類によっては，カルテを確認することができない場合がある．解体後の調査における品質確認の際には，必ずカルテを確認するが，被覆材などの介在物があっても部材情報を正確に読み取ることができる媒体であると，解体前調査においてより効率的となる．

部材に情報を持たせる手法はさまざまに考えられるが，さまざまなケースを想定し，部材の素性を知りたい者がいつの時代でも知ることができるようにすることが求められる．

記録媒体の一例として，ICタグの例を付5に示す．

3）記録内容の更新

既存建物の解体前調査で行った部材品質推定の評価内容と，解体後に行う品質の再評価の結果を踏まえ，カルテが備わっていない場合は新たに備え，備わっている場合は必要に応じてカルテの更新を行う．

部材の使用期間中に，過荷重や火災履歴などの影響を受けた場合は，部材の品質性能に影響する．こうした影響などを受けて，当初と品質が異なった場合は，カルテの 1）①の情報を新しい情報に更新しなければならない．部材の品質に影響する過荷重や火災履歴などの情報は，③の履歴情報として記録する．

（3）施工

カルテの備わったリユース部材を，通常の新築の際と同様に，設計図書に従い施工する．

この時，構造設計者は，鉄骨制作管理技術者へ，施工にかかわる事項は設計図書にて確実に伝える．例えば，再度のリユースに備え，解体の容易性に配慮した特殊な施工方法を要する場合などが挙げられる．この時，施行者から，有意義で現実的な提案に対しては，積極的に評価し導入していくことは重要である．

3.4.8　施工後の環境評価と情報管理

施工後，リユース部材を用いた新たな建物に対して，環境評価を行う．また，再度の部材のリユースのための情報管理を行う．

（1）施工後の環境評価

施工完了後，リユース部材を用いて新たに建設された建物について，3.4.4 に詳述されている環境評価を行い，地球環境問題対策の効果が得られているか検証する．

（2）情報管理

1）再度の部材のリユースに備えた情報管理

竣工後は，再度，部材のリユースができるよう，情報管理を行わなければならない．

施工完了時点で管理する情報は，最終の設計図書のほか，建物の履歴情報を記録する建物履歴簿を準備する．建物履歴簿には，上述の環境評価の記録や，施工において配慮した事柄，例えば，今後の解体を想定した施工方法を図ったことや，施工時に考えられた特殊な解体方法などが挙げられる．これらの情報がある場合は，必ず記録しておく必要がある．

建物を使用する段階になったら，引き続き，部材のリユースに係わる内容は記録を取り続ける．例えば，増改築や被災，補修履歴などが挙げられる．記録は，建物に常駐している建物安全管理者（資格を保有しなくても良い．建築主が兼ねることもできる）が行う[2)]．

なお，近年，設計・施工者が活用を始めているBIM[50)]の情報は，計画から設計，施工，維持管理まで一貫した情報管理が行われるとされており，今後は，2）に紹介するように，利用していくことも考えられる．

2）今後の利用が見込まれるBIM

鋼構造物のリユース設計を行うためには，設計者が，リユース部材に関する情報を，部材がリサイクルされるまで，新材同様に常に知ることができることが理想である．新材の情報は，材料および部材製作者が提示する部材の形状および鋼材検査証明書などから判断できる．しかし，リユース部材の形状，性能などは，建物使用，施工，解体，ストックなどの鋼構造物のライフサイクルにわたって，自然および人から外力を受け，時々刻々変化する．また，新材に比べ，資源投入から部材として使用するまでの期間が長く，部材に関わる者が多い．部材の情報管理の主目的は，設計時にリユース部材の形状，性能などを，計測あるいは試験などを行わず，管理している情報から得ることである．形状，性能などに影響を及ぼす外力が多いこと，長期間にわたる情報であることおよび情報を扱う関係者が多いことは，誤った情報を伝え，設計者の判断を誤らせる可能性が高くなる．BIMは，以上のリユース部材の情報に関する課題を解決する手段として期待できる．すなわち，BIMの特長を，リユース設計の立場からみると次のようにいえる．

a）3次元の形状情報に加え，建物の属性情報をもつことができる．よって，カルテ，設計図書，構造竣工図，鉄骨製作図，建物履歴簿の情報を同時に扱うことができる．

b）設計，部材製作，施工，維持管理，解体の鋼構造物のライフサイクルわたる情報を，全ての関係者が同一のコンピュータシステムの中で扱うことができる．よって，カルテの記録・更新を効率よく行うことができる．また，関係者間での情報不整合が減り，設計者の判断を誤らせる情報の伝達を防止できる．

c）情報がコンピュータで扱えるため，多くの情報を短時間で分析できる．よって，設計者がリユース部材に関する判断を迅速に行える．

参考文献

1) 日本建築学会：期限付き建築物設計指針，2013
2) 日本建築学会：建築部材のリユースマニュアル・同解説，2009
3) 日本鉄鋼連盟：建築構造用高強度780 N/mm² 鋼材（H-SA700）鋼材規格および溶接施工要領, 2012
4) 藤田正則，前田親範，岩田衛：建築鋼構造のリユースシステムに関する研究　リユース材の構造性能，日本建築学会環境系論文集，第600号，pp.83-89，2006.2
5) 吹田啓一郎，赤沢資貴，山田祥平：1969 年に建設された隅肉溶接による既存鉄骨骨組の耐震性能，日本建築学会構造系論文集，第612号，pp.215-222，2007.2
6) 吹田啓一郎，佐藤有希，長田暢浩：1980 年代初頭に建設された既存鉄骨建物の溶接品質と現有耐震性能，日本建築学会構造系論文集，第586号，pp.179-185，2004.12
7) Xiandeng Hou; Bradley T. Jones. Inductively Coupled Plasma/Optical Emission Spectrometry, Encyclopedia of Analytical Chemistry, R.A. Meyers (Ed.), John Wiley & Sons Ltd, Chichester, pp. 9468–9485, 2000
8) JFE テクノリサーチ：オンサイト分析，鋼構造ジャーナル，2009.11
9) 藤田正則，増田知也，山本正幸，岩田衛：リユースを想定した鋼構造部材の性能評価 -材質の推定例-，日本建築学会技術報告集，第20 巻，第44 号，pp.45-48，2014.2
10) 反発式簡易硬さ計による鋼板および溶接部の硬さ実証実験報告書：鉄骨建設業協会，2007
11) 鈴木至，中込忠男，護雅典，笠原基弘，服部和徳，北原敏希，井上朋子：簡易硬度計による建築鉄骨溶接部の引張強さ推定に関する実験的研究，構造工学論文集 Vol.53B，2007.3
12) 日本鋼構造協会：建築鉄骨溶接継手の内質検査ガイドライン，JSS IV12-2014，2014
13) 日本建築学会：建築工事標準仕様書　JASS 6　鉄骨工事，2007
14) 日本建築学会：鋼構造設計規準 －許容応力度設計法－，2008
15) 方杖ダンパー構造システム研究会：方杖ダンパー接合システム，GBRC 性能証明，第05-08 号，2005.9
16) 日本建築学会：鋼構造限界状態設計指針・同解説，2010
17) 国土交通省住宅局建築指導課　監修，建築物の構造関係技術基準解説書編集委員会編集：建築物の構造関係技術基準解説書，全国官報販売協同組合，2007
18) 日本建築防災協会・耐震改修支援センター，耐震改修促進法のための既存鉄骨造建築部の耐震診断および耐震改修指針・同解説，2012
19) 日本建築センター：冷間成形角形鋼管設計施工マニュアル，2008
20) 張寅琢，安井和生，松尾彰，沢田樹一郎，高松隆夫，玉井宏章，中山昭夫：瀬戸内海に面した鉄骨構造建物の腐食実態調査報告，日本建築学会大会学術講演梗概集，C-1（構造Ⅲ），pp.621-622，2005.7

21) 北川勝，花島晃，藤田佳広，丸岡義臣，山本豊弘，小室紘和：阪神大震災による被害建築物の補修・補強，JSSC　No.20，日本鋼構造協会，1996.7
22) 松本健，森健士郎，伊藤拓海，崔彰訓：局部座屈と亀裂が生じたH形鋼部材の補修方法と補修後の構造性能に関する実験的研究，日本建築学会技術報告集，第20巻，44号，pp.139-142，2014.2
23) 建築研究所　監修: 突合せ継手の食い違い仕口のずれの検査・補強マニュアル，告示第1464号対応マニュアル，第1版第2刷補正版，2010
24) 青木博文，村田耕司：構造用鋼材の降伏点，引張強さおよび降伏比に関する統計的調査，日本建築学会論文報告集，第335号，pp.157-168，1984.1
25) Lay, M.G.：Role of Strain-Hardening in Plastic Design, Proc. ASCE, Vol. 91, ST3, 1965.6
26) 日本建築学会：建物のLCA指針－温暖化・資源消費・廃棄物対策のための評価ツール－，2013
27) 藤田正則，田中繁樹，岩田衛：建築構造物のリユースシステムに関する研究　低層鉄骨造の丁寧な解体，日本建築学会環境系論文集，第604号，pp.109-114，2006.6
28) 松山欽一：熱切断，今なにをどう使うか，溶接技術，pp.44-6，1996
29) 水谷亮ほか：特集:高層ビル解体を可能にする新しい工法・機械，建設機械 ，2013.4
30) 日本コンクリート切断穿孔業協会：施工計画の手引き フラットソーイング工法（第14版），2013
31) 日本コンクリート切断穿孔業協会：施工計画の手引き ウォールソーイング工法（第14版），2013
32) 日本コンクリート切断穿孔業協会：施工計画の手引き ワイヤーソーイング工法（第6版），2013
33) 日本ウォータージェット施工協会：ウォータージェット工法ー計画・施工の手引きー，2009
34) 小林陵二，新井隆景，丹治和宏：ウォータージェットの局所構造と金属材料の壊食機構，日本機械学会論文集（B編），第56巻，第521号，pp.67-73，1990.1
35) 解体工法研究会編：新・解体工法と積算，経済調査会，2003
36) 布施幸則, 川口正人: 有機酸による吹付けアスベスト除去技術の開発 その3　有機酸注入方法の検討，日本建築学会大会学術講演梗概集，A-1，pp.291-292，2011.8
37) 向井昭義，志村保美，岡本晴彦，大北茂：鉄骨溶接品質の管理検査方法の提案 その1　セミ非破壊試験法の溶接部への適用性，鋼構造論文集，第7巻，第27号，pp.1-8，2000.9
38) 糟谷正，市川和利，大北茂，堀川浩甫，森田耕次：鉄骨溶接品質の管理検査方法の提案 その2　溶接部の機械的特性の評価，鋼構造論文集，第7巻，第27号，pp.9-19，2000.9
39) 建築鉄骨溶接特別研究会：建築鉄骨における実用的な入熱・パス間温度の管理手法，2002.11
40) 鋼材倶楽部：鉄骨溶接部品質管理検査法作成WG報告書，1999
41) 日本建築学会：構造材料の耐火性ガイドブック，2009
42) 建設省住宅局建築指導課監修：SCSS-H97 鉄骨構造標準接合部　H形鋼編[SI単位標準版]，2002
43) JIS B 1198 附属書 A（規定）スタッドの溶接後の性能及び試験方法，2011
44) 藤田正則，文蔵亮介，岩田衛：建築鋼構造のリユースシステムに関する研究－リユース材の加工とその性能評価，日本建築学会環境系論文集，第620号，pp.97-102，2007.10
45) 藤田正則，村井正敏，岩田衛：建築鋼構造のリユースシステムに関する研究－既存ストックにおけるリユース材の等級，日本建築学会環境系論文集，第669号，pp.1025-1031，2011.11
46) 公共建築協会：建築工事監理指針　平成25年版（上巻），2013
47) 日本建築学会：鉄骨工事技術指針　工場製作編，2007
48) 藤田正則，渋谷敦，岩田衛：耐火被覆を有する建築鋼部材のリユースに関する施工実験，日本建築学会技術報告集，第39号，pp.795-799，2012.6
49) 大貫寿文，近藤照夫：巻付け系耐火被覆用固定ピンが鉄骨の物性に与える影響，日本建築学会関東支部研究報告集，pp.73-76，2005.3
50) 国営施第15号：官庁営繕事業におけるBIMモデルの作成及び利用に関するガイドライン，2014

4章　リユースを想定した設計のための要素技術

4.1　要素技術の概要

1章で述べたように，部材のリユースのための条件として，1）リユース部材の品質が明確になっていること，2）リユース部材を使用した設計法が確立されていること，3）部材の施工・解体が容易であること，がある．これらの条件を全て満たせばリユース部材として適用しやすいといえるが，一部しか満たしていない場合においても，ここで示す要素技術を用いて部材のリユースが可能となる．4章で示す要素技術の例は，研究段階のものと，すでに実施されているものと混在しているが，材料・部材・接合法・架構・設計法・工法など，さまざまな分野を含んでいる．

4.2.1に示す高強度鋼を利用した中低層建物は，鋼材の弾性変形限界が大きいことなどの長所を生かしたもので，大地震による損傷を受けにくく，建物・部材の長寿命化を図ることができるため，弾性設計とすることができる．組立材をボルト接合にすることで，解体・分離が容易になり，リユースを想定した新しい建物の設計に利用できる技術である．

4.2.2に示す杭の回転貫入工法は，無排土で施工できるため，地球環境に配慮した技術である．施工および解体が容易であり，杭をリユースできるとともに施工・解体時の騒音・振動・粉塵の発生を抑制できる．4.2.3に示す損傷制御構造は，リユース部材の品質のうち，F値のみが判明している場合や過荷重の経験がある場合など，弾性設計，損傷に留意した設計，弾塑性設計へ応用できる技術である．この技術を用いて，解体が容易で部材のリユースが可能な，さまざま接合法が開発されている．4.2.4に示す鋼と木質材料の複合構造部材は，地球環境に配慮して木質材料を使用し，リユースを想定して解体・分離が容易なものとなっている．4.2.5に示す部材の選定法は，既存建物から採取した部材をリユースする設計に応用できる技術である．4.3.1に示す薄板軽量形鋼や鉄骨パネルを用いたユニットは，ユニットどうしをボルト接合としているため，解体・分離が容易な工法である．4.3.2に示すコンクリート材料を用いた柱梁接合は，解体時にプレートを引き抜くことで容易に着脱できる工法である．

上記で述べた要素技術に関して，4.2では地球環境や生活環境の配慮の観点から，鋼構造のリユースの効用である資源の保全と環境負荷の抑制技術の例を示す．4.3では建築生産環境に関わるリユースの効用を生かし，施工および解体時の建物の生産性を向上させる要素技術の例を示す．

今後，これらの要素技術が応用・展開され，資源の保全と環境負荷の抑制，さらに，施工および解体時のみならず，維持管理や改修など，建物のライフサイクル全体にわたる生産性の向上が期待される.

4.2　資源の保全と環境負荷の抑制技術

4.2.1　中低層建物への高強度鋼の利用

近年，通常の 2 倍以上の強度を有する，780 N/mm² 級の建築用鋼材が市場に提供されている[1]．従来の高強度鋼と比較して，製材方法のエネルギー効率と経済性に優れるため，超高層建物や長大橋などの特殊用途に限らず，より広く建築構造に高強度鋼の恩恵を広める役割を期待されている．高強度の優位性は，必要鋼材の量を低減できることに加え，耐震性能を向上することで建築構造の寿命を延ばせることにある．780 N/mm² 級鋼を利用する技術の一例として，ごく稀に起きる大地震に対しても主構造を無損傷に保ち，居住空間の揺れを最小限に抑える構造が提案されている[2]．図 4.2.1 に示すこの構造は，780 N/mm² 級鋼の特性を生かして，剛性が高い外殻構造と，剛性が低く，居住空間を提供するボディを構築し，両者を制振ダンパーで連結する．試作建物に対して振動実験が実施され，外殻構造とボディの剛性の違いを利用して，強い地震に対してもほとんど振動しない居住空間を実現できること，外殻構造を分解して部材をリユースできることなどが実証された[3]．

ところで，780 N/mm² 級鋼のような高強度鋼材は溶接でなく，可能な限りボルト接合で構造を構成することが望ましい．上記の外殻構造の場合，冷間成形で製作した溝形鋼と山形鋼を，特殊な高力ボルト摩擦接合で組み合わせた工法を採用し，溶接を一切使用しない．ボルト接合は組立てと解体を容易にするので，リユースの観点からも望ましい．

図 4.2.2 に示す組立柱材は，780 N/mm² 級鋼をごく一般的な中低層建物に利用する方法として考案された[4]．平鋼として供給される 780 N/mm² 級鋼を切断し曲げ加工することでフランジ要素とウェブ要素を製作し，それらをボルトで組み立てる．合計 4 枚の鋼板で構成される形状は，断面性能に優れる閉断面と製作・加工性に優れる開断面の長所を併せ持つ．接合部以外ではボルトを工場で本締めするが，接合部のボルトは複数用途に用いるため，現場で本締めする．断面欠損を最小限に抑えるためにボルトに高強度の F14T を用いる．この組立柱材は，見かけの上は 20 世紀前半に使用さ

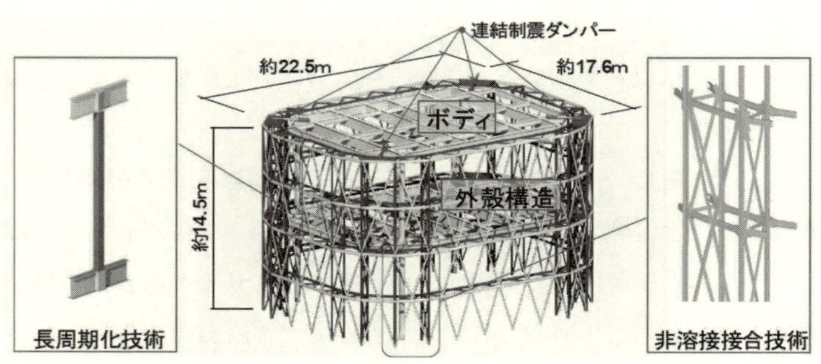

図 4.2.1　780 N/mm² 級鋼を利用した高減衰構造システム[2]

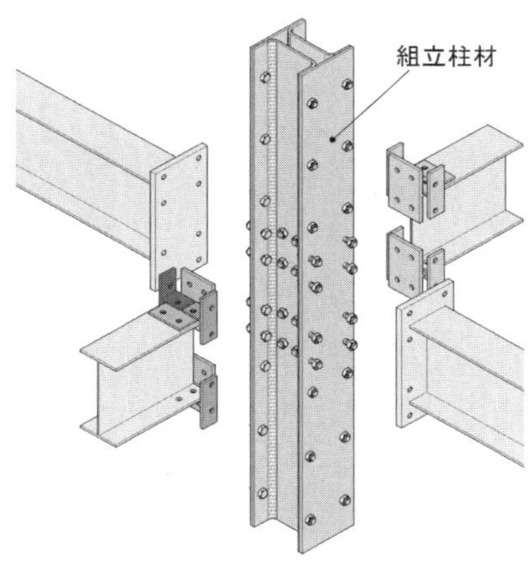

図 4.2.2　780 N/mm² 級鋼を利用した組立

れた鉄骨部材に類似するが，接合にリベットでなく高力ボルトを使用して要素を摩擦接合する点，現代の耐震構造に利用できる点において大きく異なる．圧延鋼を用いず鋼板で柱材を製作し，接合に高強度鋼溶接を用いずボルトを用いる構法は，リユース性と環境性を追求した選択である．

組立柱材を利用する構造形式の概念を図 4.2.3 に示す．4.2.3 で述べる損傷制御構造の考えを採用し，地震入力エネルギーの消費を梁や制振部材に期待する．組立柱材は，普通鋼による柱の 2 倍以上も弾性変形限界が大きいので，地震による損傷を受けない．したがって，建物の寿命が尽きた後に柱を取り出し，必要に応じて鋼板要素に分解しリユースに供することができる．780 N/mm² 級鋼が高強度な分だけ部材が小さく，ボルトを外すだけで簡単に分解でき，分解すればストックしやすく転用の使い勝手が増えることなどは，リユースに優位である．

図 4.2.4 に，想定される柱梁接合部の組立て過程 [5)] を示す．図（a）に典型的な柱寸法を示す．組立柱材は 9 mm 平鋼で構成され，幅とせいはともに 220 mm で，普通鋼 SS400 の H-350×350×12×19 や□-350×350×30 と同程度の曲げ強度を有する．溝形鋼は角部を外径 $3t$ = 27 mm（内径 $2t$ = 18 mm，t は平鋼の厚さ）に冷間成形する．柱要素の結合に高力ボルト F14T-M16 を用い，接合部以外

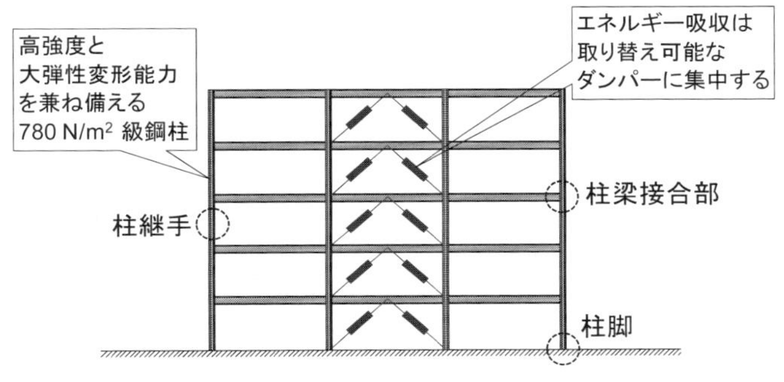

図 4.2.3　組立柱材を利用した構造

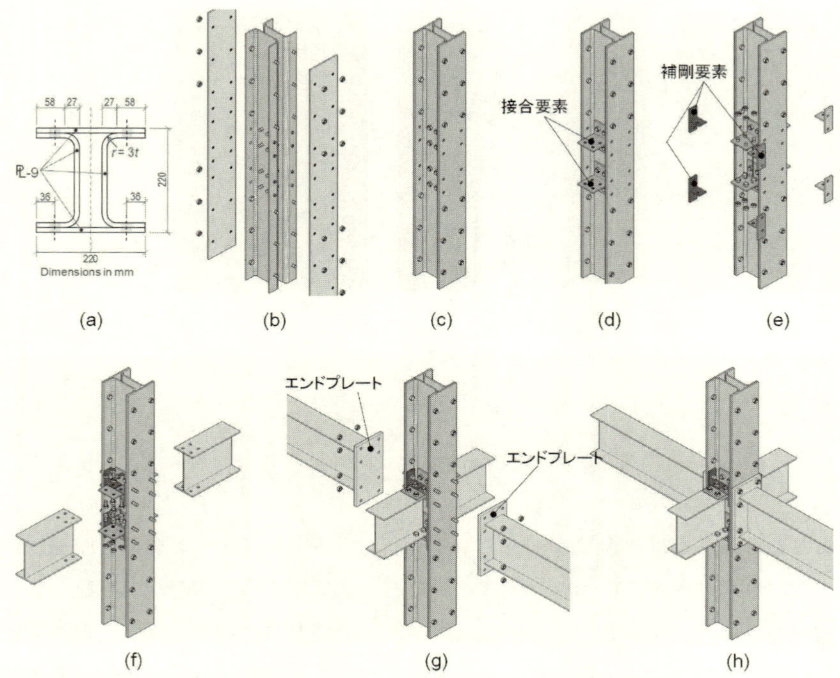

図 4. 2. 4　試験体の組立て過程：(a) 断面寸法；(b) 平鋼と溝形鋼の組合せ；(c) 組立柱の完成；(d) 直交梁の接合要素の取付け；(e) 接合部補剛要素の取付け；(f) 直交梁の取付け；(g) エンドプレートの取付け；(h) 接合部の完成.

では 120 mm 間隔でボルトを配する．図 (b) と (c) に，工場で実施される柱の組立てを示す．のちの施工を考慮して，接合部位のボルトは本締めしない．図 (d) と (e) に示す接合要素や補剛要素の取付けまでは，工場で実行可能である．図 (f) から (h) に示す梁の取付けは，現場で実行する．組立て効率をあげるために，接合部で同一のボルトに柱要素どうしの結合，接合要素の取付け，補剛要素の取付け，梁材の接合と複数の役割を兼ねさせる．

組立柱材の構造性能については，曲げ剛性がボルト孔による断面欠損の影響を受けないこと，高い降伏強度に応じて弾性変形限界が極めて大きいこと，終局耐力がフランジ部の局部変形または断面欠損部の破断により定まる傾向などが確認されている[4)]．写真 4.2.1 に，漸増繰返し載荷実験で観察された破壊形態を示す．写真 (a) は，ボルト間隔が大きい例で，圧縮側の外縁鋼板が曲げ座屈したことで耐力が低下した．鋼板の曲げ座屈を制御するために，小さな間隔で鋼板と溝形鋼をボルトで結合する必要がある．写真 (b) は，柱材が曲げ降伏したあとでフランジが大きく局部変形して耐力が劣化した例，写真 (c) は，引張側で鋼板と溝形鋼の欠損断面が破断した例である．欠損断面における引張フランジの降伏と前後して圧縮フランジの局部変形が進行した場合は写真 (b) の破壊形態に至り，圧縮フランジが耐力を保持した場合は写真 (c) の破壊形態に至った．

図 4.2.3 の構造体を実現するためには，材と梁の接合，柱脚と基礎の接合，柱の継手などの接合詳

細を解決しなければならない．組立柱材には，局所的に作用する引張力や圧縮力によって変形しやすいという弱点がある[5]ので，適切な補剛を施さなければならない．図 4.2.2 や図 4.2.4 に示す柱梁接合部は，この弱点を克服する詳細である．梁端に溶接したエンドプレートを介してボルトで梁と柱を接合し，梁フランジ位置に合わせて柱を補剛する．ここでは，小型の T 字形鋼（普通鋼）を 2 つ繋げて補剛要素とし，この補剛材を設置する上で，柱のウェブに接合する直交梁を利用する．写真 4.2.2 に，十字型試験体に層間変形角 0.08 rad. まで繰り返し載荷した後の柱梁接合部の破壊状況を，2 例示す[5]．写真（a）は補剛要素がない場合，写真（b）は補剛要素を付けた場合である．補剛要素がない場合は，梁のみならず柱とエンドプレートにも局部変形を生じた．補剛要素がある場合は，塑性変形が梁だけに集中し，柱はパネル部分を含めて弾性にとどまった．T 字形鋼の補剛材とエンドプレートの補剛効果で，懸念された柱の局所変形も回避でき，接合部全体としては大変形領域まで極めて安定した履歴を示した．

このように，ボルトによる組立材は圧延成形材と異なった挙動を示すので，剛性や耐力，許容応力度の評価方法も圧延成形材とは異なることに注意が必要である．

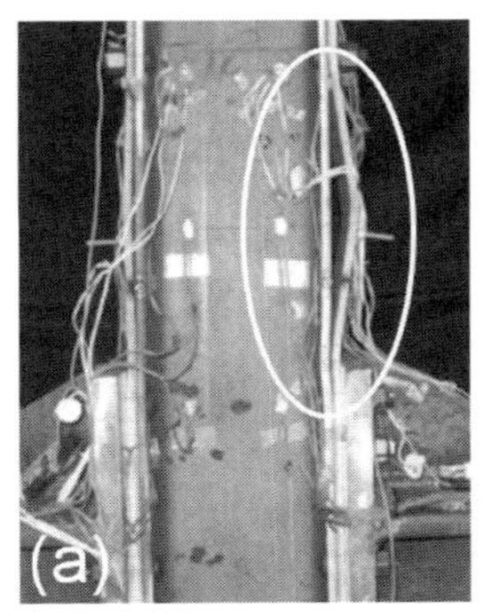

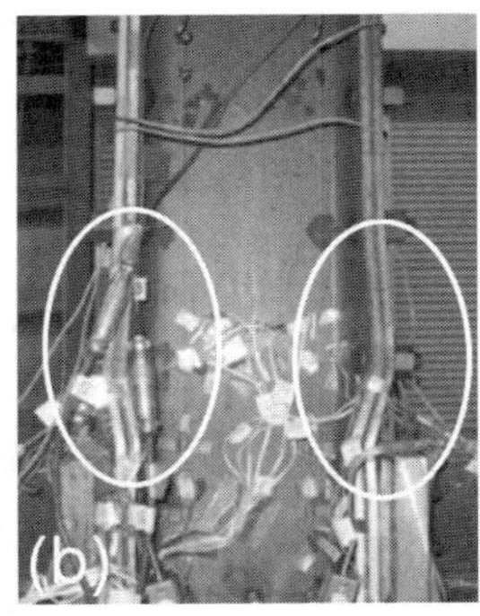

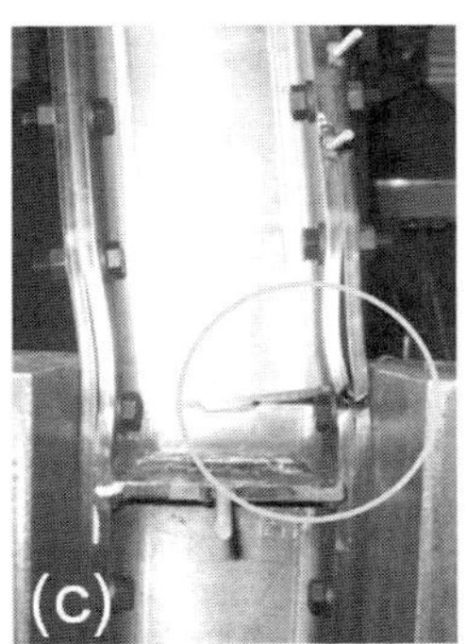

写真 4.2.1　組立柱材の曲げ破壊：(a) 平鋼の曲げ座屈；(b) 局部変形；(c) 引張フランジの破断[4]

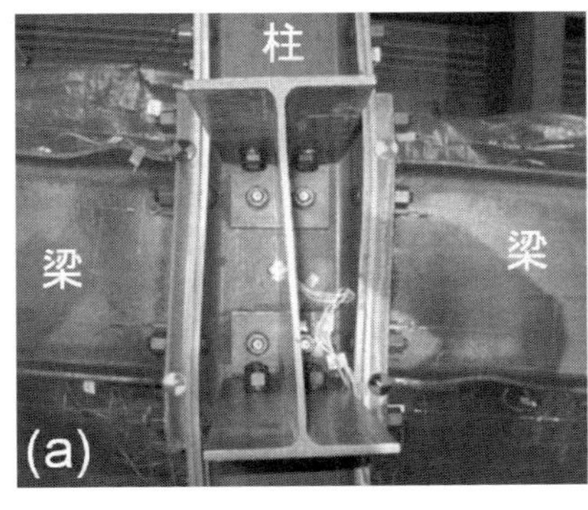

写真 4.2.2　柱梁接合部の破壊形態：(a) 補剛要素がない場合；(b) 補剛要素がある場合[5]

4.2.2　杭のリユース

（1）回転貫入工法

資源の保全とエネルギー消費の抑制を図る環境負荷抑制技術の一つとして，リユース可能な回転貫入工法（以下，本工法という）を用いた鋼管杭を採りあげ，その特徴とリユースの事例を示す．

本工法は，鋼管の先端に管径よりも大きな羽根を取り付けた部材（以下，本杭という）を，地中へ回転して所定の支持層まで杭を打設する工法であり，一般の住宅から高層建物まで，さまざまな基礎に利用されている．回転貫入工法は，基礎杭としてだけではなく，住宅などの小規模建物の地盤補強材として利用されているものもある．本杭は，靭性の高い鋼管部材であることに加え，先端羽根による大きな支持力と引抜き抵抗力を有している．これらの性能を生かすことにより，杭本数を減らすことや杭径を小さくすることが可能で，基礎をコンパクトにして数量を減らすことが可能である．さらに，本工法は，木ねじと同じ要領で，逆回転すると杭が引き抜けるため，一度利用した杭を，供用後に撤去して別の構造物に容易にリユースすることができる．

1）製造方法

本工法の鋼管には，スパイラル鋼管を主としたJIS A 5525（鋼管杭），電縫鋼管を主としたJIS G 3444（一般構造用鋼管）または，それらの相当品を使用する．先端羽根には，JIS G 3101（一般構造用圧延鋼材），JIS G 3106（溶接構造用圧延鋼材），JIS G 5102（溶接構造用鋳鋼品）または，それら

写真提供
右：JFEスチール株式会社
左：新日鉄住金エンジニアリング株式会社

写真 4.2.3　先端羽根の例

写真 4.2.4 全旋回機の例

写真 4.2.5 小型杭打機の例

（写真提供　新日鉄住金エンジニアリング株式会社）

の相当品を使用する．

製作精度や材料強度などの品質管理は，JIS 規格に準拠して行う．JIS 規格にないものは，各工法の製作マニュアルによる．保管にあたっては，材料が変形しないよう角材上などで適切に養生し，さびが発生する前に，早期に施工することが望ましい．

2）施工法

本工法は，先端羽根を設けた杭を回転させることで生じる推進力を利用して，所定の支持層まで杭を貫入する．杭打機には，写真 4.2.4 に示す杭径 φ 600～1600 mm の大径杭を施工する全回転型オールケーシング掘削機（以下，全旋回機という）と，写真 4.2.5 に示す小径杭を施工する小型のリーダー式杭打機（以下，小型杭打機という）がある．全旋回機を用いる場合は，杭打機の移動と反力ウエイトの役割でクローラクレーンを用いるが，プラント設備や残土仮置き場所などは不要なため，場所打ち杭に比べ小スペースで施工することができる．小型杭打機を用いる場合は，狭あい地への対応に加え，建屋内などの高さ制限のある場所にも対応できる．また，低振動，低騒音で施工できることに加え，建設残土が発生しないため，汚染土がある場合に場外処分する土量を大幅に削減でき，水やセメントを用いないため，水源を汚染することなく施工することができる．よって，本工法は環境負荷を抑制する対策工法としても用いられている．

本工法は，施工時に発生するトルクや 1 回転あたりの貫入量から推定される先端貫入抵抗値が，実際の地盤の強度（N 値）と相関を示すことが確認されており，土質柱状図や試験杭での結果を基に，トルクなどの計測データを利用して，支持層への到達を確認し，杭の打止め管理を行う．

3）杭の撤去と撤去後の地盤への処置

杭を撤去する場合，まずは，使用する機械に応じて，杭を回転できるように杭頭部を露出させる．杭を正逆回転して杭周面の地盤と縁切りしてから，逆回転して引き上げる．杭が長い場合は，リユースを考慮し丁寧にガス切断しながら撤去する．杭を撤去してできる空隙は，埋め戻す必要がある．表層地盤をすき取った発生土で埋め戻す方法，購入土で埋め戻す方法，セメント改良土や流動化処理土で埋め戻す方法などがあり，現地盤の性状や要求される強度，近接構造物などにより，適切な方法を選択する．

（2）鋼管杭のリユース

1）リユースする材料の健全性

鋼管杭のリユースにあたっては，地中から撤去した材料の健全性を適正に診断し，残存する耐久性などを考慮して，利用方法を計画する必要がある．また，いったん撤去した杭をリユースするためには，継杭の現場溶接部や杭頭部など，撤去時にガス切断した箇所や変形した箇所を除去し，付属品を再加工する必要がある．

材料の健全性を診断する方法としては，新規に製造する際の製作要領に準じて，外観検査および寸法測定による変形の確認，供試体を採取し機械的性質を確認することが考えられる．また，本杭

写真 4.2.6 仮設鉄塔撤去後の逆転引抜き状況

写真 4.2.7 仮設鉄塔撤去後引抜き時の羽根状況

写真 4.2.8 補強杭としてリユースした例

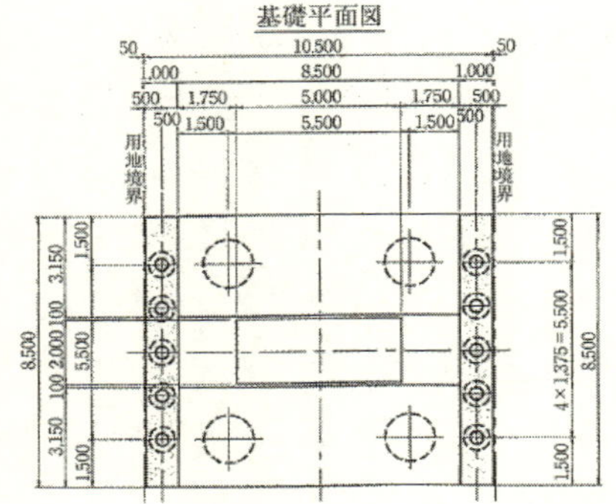

図 4.2.5 補強杭配置図 [41)]

（写真提供　新日鉄住金エンジニアリング株式会社）

は，一般に 50 年の耐久性を期待し，1 mm の腐食しろを考慮して設計されている．そのため，板厚を測定することで，残存する耐久性を設定することが可能である．

2）リユースの事例

a）仮設鉄塔へのリユース

台風により倒壊した電力幹線の復旧対策として，載荷試験杭を仮設鉄塔基礎にリユースした事例である〔写真 4.2.6〕．新しい送電鉄塔を構築するまでの期間，安定的に電力の供給を行うため，仮設鉄塔を早期に建設することを要請されたが，上部工の荷重が大きく，外径 φ900～1100 mm の杭が必要で，一般には 3 か月程度の製作期間を要するものであった．そこで，載荷試験杭として使用した後，試験用として保管していた材料をリユースしたものである．新設の鉄塔が完成したところで仮設鉄塔を撤去し，杭を引き抜いた．杭に異常はなく健全であった〔写真 4.2.7〕．

b）補強杭へのリユース

2011 年東日本大震災により被災した橋脚基礎の復旧対策として，仮設利用した杭を基礎の補強杭にリユースした事例である〔写真 4.2.8〕．まずは，傾斜した橋脚を健全な位置に押し戻す目的で，油圧ジャッキにより水平に載荷するための反力杭として，杭径 φ400 mm の杭を仮設利用した．水平載荷により正規の位置に橋脚基礎を戻した後，反力杭をいったん撤去した。そして，撤去した杭を現場で加工し，前述の橋脚基礎の補強杭としてリユースした〔図 4.2.5〕.

c）仮設防護壁支柱基礎のリユース

仮設防護壁の支柱基礎として，本杭を繰り返し利用した事例である．鉄道の近接作業を線路沿いに移動しながら行うために，仮設防護壁も移動させる必要があった。本事例は，仮設防護壁の支柱基礎を繰返しリユースし，移動作業に対応したものである．仮設防護壁の支柱基礎は，支柱が杭の内空部に直接差し込めるように，杭径はやや大きめのϕ600 mm とし，先端が閉塞されたタイプを利用した．高さの制約があったことに加え，リユースする前提であったことから，本杭の継手はネジ継手が適用されている．

4.2.3　損傷制御構造とその要素技術

損傷制御構造[6]とは，大地震動に対して主架構をおおむね弾性応答に収めて，エネルギー吸収部材（制振ダンパー）の塑性変形により地震入力エネルギーを吸収しようとするものである．これにより，大地震動後でも主架構はほとんど損傷せず，制振ダンパーの補強または取替えのみで継続使用が可能となる．

1995 年兵庫県南部地震における鋼構造建物被害では，梁端接合部の溶接部破断や露出柱脚の損傷などの接合部の損傷が多く見られ，その後，それらを防止・軽減する研究が進められた．さらに，2011 年東日本大震災に至る度重なる地震被害経験から，地震被害軽減や地震後の機能維持のための損傷制御構造[6]，応答制御構造[7]，地球環境に配慮したリユースなどに向けた新たな接合部と構造部材や構造システムに関する，そして安定した施工品質の確保に関する多くの研究[8, 9]が著しく進展している．

損傷制御構造のうちの制振構造は，強震動や強風に対する応答を受動的あるいは能動的に制御する構造をいう．受動的な制御には，一般に変位依存（金属系，摩擦系）や速度依存（粘性系，粘弾性系）の制振ダンパーが使用される．強震動を受けた際，柱や梁からなる主架構はほぼ弾性範囲にとどめられるため，地震動による構造物への入力エネルギーは一時的に主架構と制振ダンパーで受け取られ，最終的には制振ダンパーによりほとんど吸収される．主架構内に分散配置される制振ダンパーは何らかの履歴特性を持ち，それらの履歴吸収エネルギーが主架構の水平変形を抑制する．

本項では，損傷制御構造（または応答制御構造）の一つである制振鋼構造[10]に関する要素技術，すなわち新たに提案された接合部・構造部材・構造システムを概説し，また，解体が容易で部材のリユースが可能となるように考案された接合部などの要素技術を紹介する．これらの 2 つの要素技術を組み合わせることにより，建物供用期間中における部材の塑性化を抑制することができる．また同時に，塑性化を経験していないリユース部材を供給できる機会を増やすことができる．なお，広義の損傷制御構造には免震構造が含まれるが，本項では対象としない．

図 4.2.6 は，被接合部材と接合要素の間に耐力差をつけることで，損傷を許容する部位と損傷させない部位を区別した柱梁接合部[11, 12]である．梁は柱を貫通する長い高強度ボルトにより圧着接合さ

れ，梁端圧着面で離間を伴う回転を許容し，柱，梁，接合ボルトは弾性にとどめ，地震後の残留変形を最小化することを意図したセルフセンタリング機構，あるいは制振部材を取り付ける主架構の柱，梁部材を損傷させずに梁端の回転能力を高めるため，梁下フランジで高力ボルト接合したスプリットティのティウェブに長孔の断面欠損部を設けてその部分だけ塑性化させる塑性化スプリットティ梁端接合などがある．

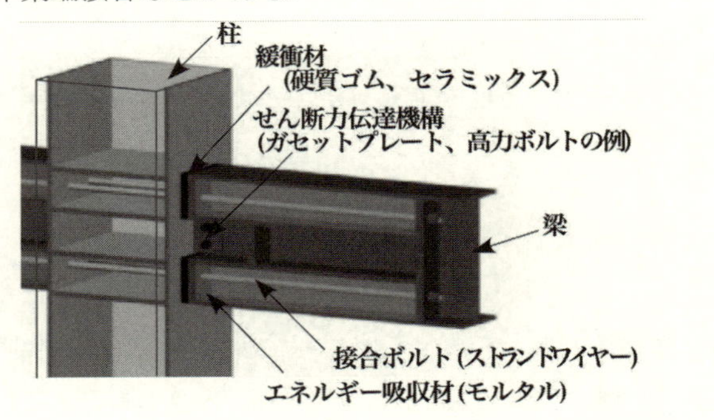

(a) セルフセンタリング[11)]

(b) 塑性化スプリットティ[12)]

図 4.2.6 損傷制御機構を有する柱梁接合部

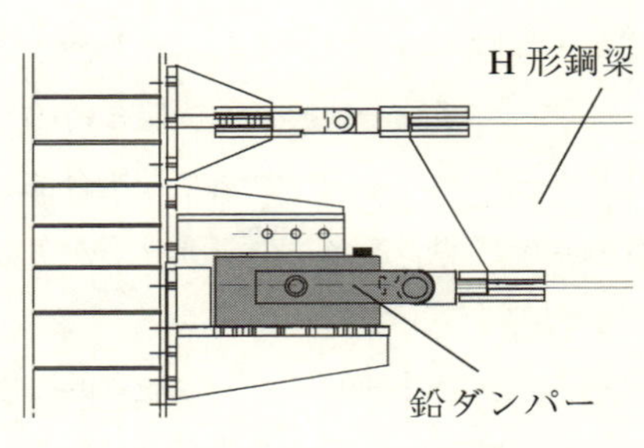

(a) 鉛ダンパー付き梁端接合[8),13)]

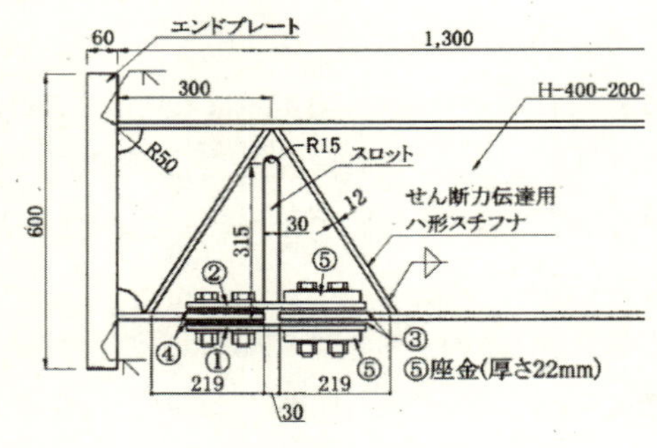

(b) 摩擦ダンパー付き梁端接合[14)]

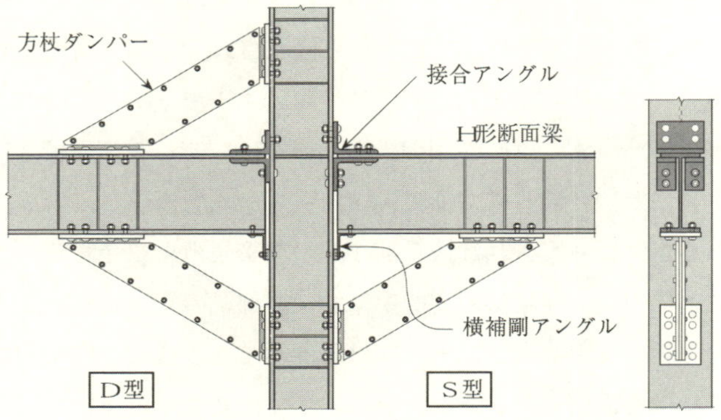

(c) 方杖ダンパー接合[8),15)]

図 4.2.7 エネルギー吸収要素を持つ柱梁接合部

図4.2.7は，エネルギー吸収要素を組み込み，柱，梁の部材を弾性範囲にとどめて，エネルギー吸収要素だけに塑性変形を許容しようとする柱梁接合部[13)~15)]である．梁端に鉛ダンパーを組み込んで主架構を無損傷に保つことを意図した鉛ダンパー付き梁端接合，梁下フランジに高力ボルト接合された摩擦ダンパーを設け，剛塑性型の履歴を得ることを意図した摩擦ダンパー付き梁端接合，あるいは座屈拘束ブレースを方杖として用い，梁端上フランジだけをダブルアングルでピン接合とし，同時に現場接合は，高力ボルト接合として安定した施工品質を確保することを意図した方杖ダンパー接合を用いた構造システムなどがある．

主架構の柱脚は終局時に大きな回転能力を要求されるが，図4.2.8は，損傷を制御することあるいはエネルギー吸収能力を高めることを意図した柱脚[16),17)]である．アンカーボルト定着部に楔装置を設置し，アンカーボルトとベースプレートが常に緊結された状態に保つ機構を取り付け，スリップ型履歴を改善してアンカーボルトの塑性化によるエネルギー吸収能力を高めたノンスリップ型露出柱脚[16)]，最下層柱脚ベースプレートを上部構造の降伏に先行して意図的に浮上り降伏させ，強震時のロッキング振動による柱脚浮上りを許容する構造に用いる浮上り降伏型ベースプレート[17)]などがある．その他，柱脚に座屈拘束型履歴ダンパーを取り付けて軸力に対してトラス弦材の座屈を妨止する機能を持たせた柱脚[18)]，あるいは回転変形が生じてもPC鋼棒による引き戻しにより残留回転量を最小化するセルフセンタリング機構を有する柱脚[19)]などがある．

図4.3.2〔4.3.2（1）参照〕は，解体が容易で部材のリユースが可能となるように考案された制振

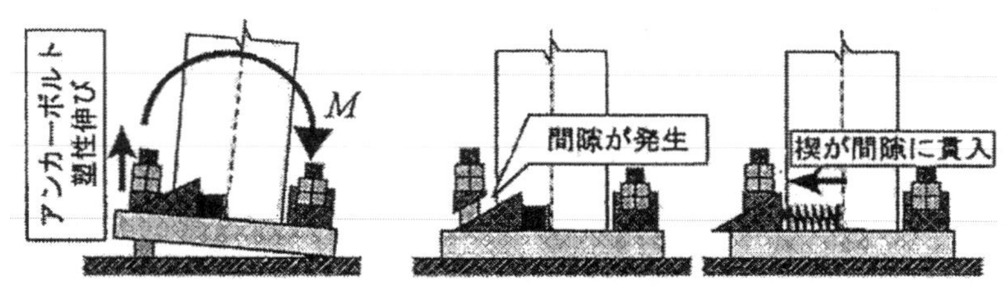

（a）ノンスリップ型露出柱脚[16)]

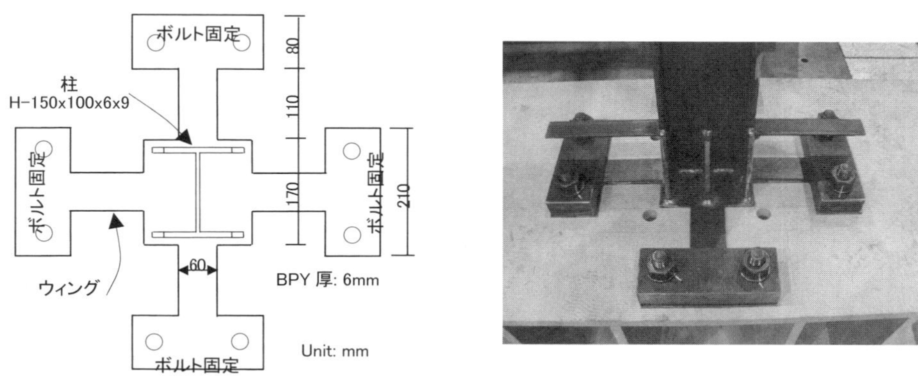

（b）浮上り降伏型ベースプレート[17)]

図4.2.8　損傷制御機構を持つ柱脚

構造などにも適用できる接合部である．鋼管柱の継手に設けられたエレクションピースに継手パネルを高力ボルト接合し，柱との間隙にモルタルを充填して剛接合とするリングソケット柱継手，あるいは上下に分割された柱端部に溶接されたダイアフラムどうしを柱梁接合部の中央位置で接触させ，外側から別のリングパネル鋼管をかぶせ，柱との間隙にモルタルを充填して剛接合とするリングパネル柱梁接合部などがある．

座屈拘束ブレース[例えば20), 21)]は，図 4.2.9 に示すように，芯鋼材の周囲を拘束材で覆う座屈拘束部と柱や梁との接合部で構成され，強震動時に主架構に先立って小さな変形で軸降伏して地震入力エネルギーを吸収し，架構の応答変形を抑制して主架構の損傷を低減する履歴型の制振ダンパーとして鋼構造建物に広く使用されており，さまざまな形式の座屈拘束方法や設計法が提案・研究され実

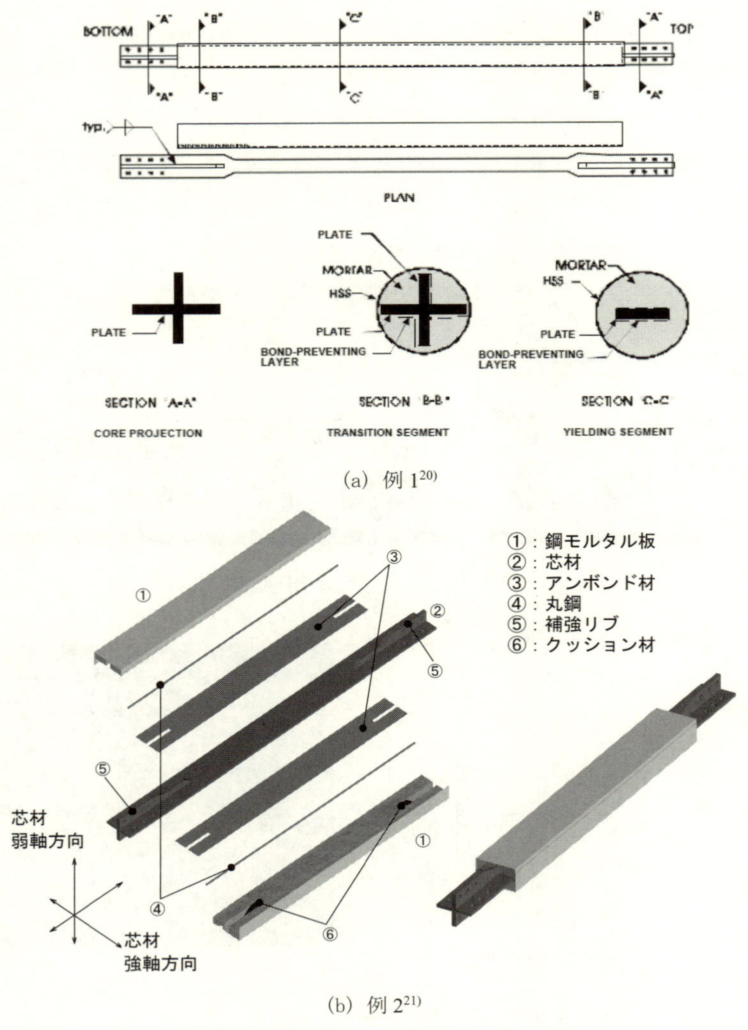

(a) 例 1[20)]

(b) 例 2[21)]

図 4.2.9　座屈拘束ブレース（制振ダンパー）

用化されている[22]．座屈拘束ブレースは，座屈拘束材が芯鋼材の横移動を材軸方向に連続的に拘束して芯鋼材の圧縮曲げ座屈を防止するため，圧縮耐力と引張耐力がほぼ等しいという利点を持つと同時に，座屈を伴う通常のブレースに比べて安定した履歴特性を示し，かつ極めて大きな履歴エネルギー吸収能力を発揮する．

せん断パネル[10)]は，図 4.2.10 に示すように，パネルと 4 辺を囲むフランジ・エンドプレートおよびパネル面外補剛材（スチフナ）から構成され，せん断降伏して地震入力エネルギーを吸収する履歴型の制振ダンパーである．一般に，ブレース，間柱または支持部を介して架構内に設置される．せん断パネルは，パネルの塑性化に伴って安定した履歴特性を示すとともに，極めて大きな履歴エネルギー吸収能力を有する．適度なパネル補剛をすることによって，そのせん断剛性を変化させることなく塑性変形能力を調節できる特徴があり，また，地震後の修復交換を比較的容易に行える．

図 4.2.11 は，構造全体の長寿命化を目指したサステナブルビル構造システム[23)]であり，社会ニーズの変化などにより解体しなければならない場合にも部材のリユースを可能とすること，また，リ

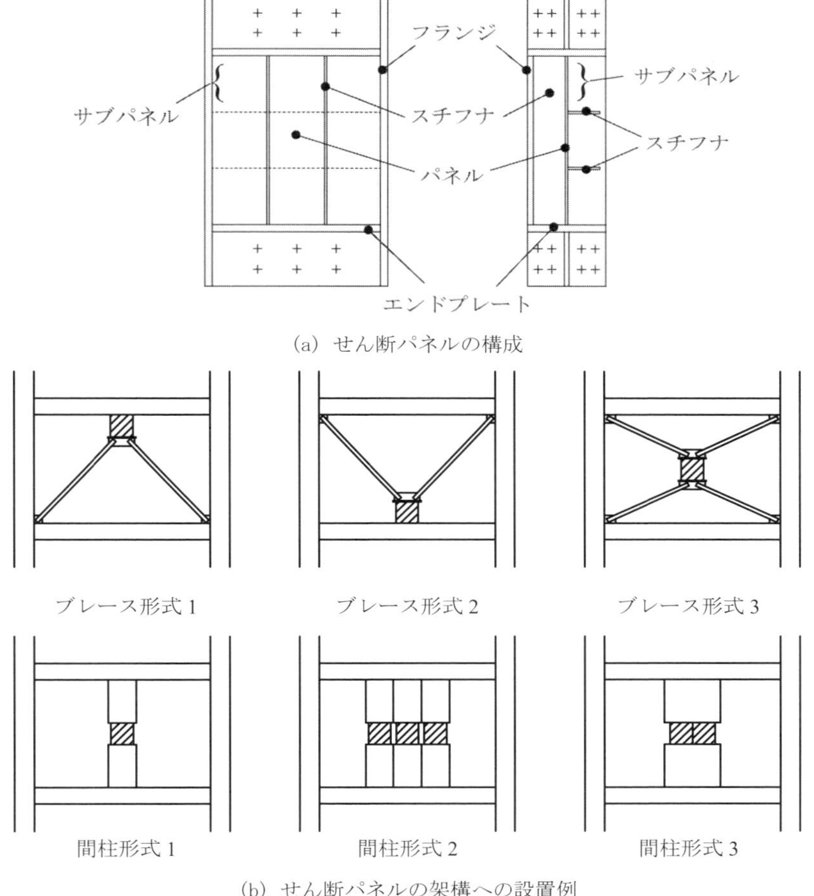

(a) せん断パネルの構成

(b) せん断パネルの架構への設置例

図 4.2.10　せん断パネル（制振ダンパー）[10)]

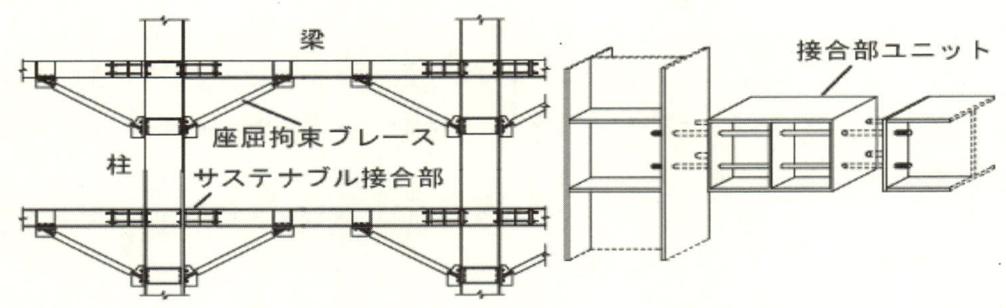

図 4.2.11　サステナブルビル構造システム[23)]

ユース材を使用することも想定している．このシステムは，方杖状に配置した座屈拘束ブレースを制振ダンパーとして大地震動による地震エネルギーを吸収することで主架構を弾性範囲にとどめ，損傷した制振ダンパーのみを交換・修復して建物の継続使用を図っている．

4.2.4　鋼と木質材料の複合構造部材

鋼構造の長寿命化技術として前述した損傷制御構造があるが，鋼構造のリユースを想定すると，部材の施工・解体が容易であることが望ましい．その事例として，鋼と木質材料の複合構造部材が提案されている[24)~26)]．

（1）曲げ系の複合構造部材

曲げ系の複合構造部材の例を図 4.2.12 に示す[27),28)]．複合構造部材は，梁において圧延H形鋼，柱において角形鋼管を用い，その周囲に木質材料を取り付けたもので，鋼材のリユースを想定して鋼と木質材料を接触接合としている．この複合構造部材は，鋼と木質材料のヤング係数比を考慮した等価断面積比に応じて曲げに対して抵抗することで，鋼の塑性変形性能を期待している．部材どうしの接合方法に関して，鋼どうしがボルト接合であり，その周囲を覆うための継手用のカバー取付部品を角形鋼管や圧延H形鋼のサイズ体系に合わせて準備しておき，現場での取付け・取外しが容易になるように標準化するものとしている．木質材料には，地球環境に配慮する観点から，日本の森林に大量に存在する国産のスギの間伐材を使用する．間伐材は，通常の材より節が多く，不均質

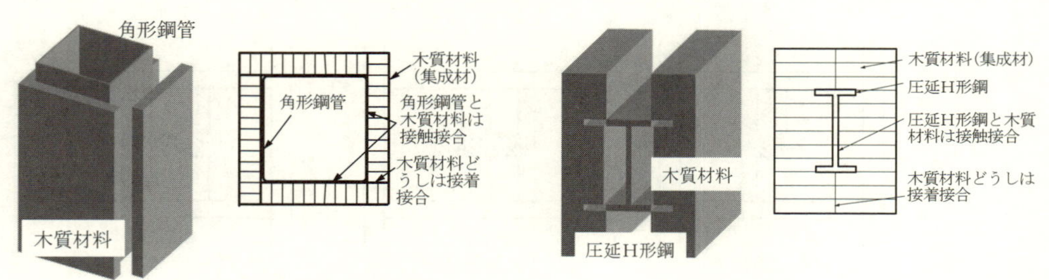

(a) 角形鋼管と木質材料(柱断面)　　(b) 圧延H形鋼と木質材料(梁断面)

図 4.2.12　鋼木質複合部材[27)]

な材料であるが，間伐材を集成材として使用することによりこれを緩和できるからである．木質材料をできるだけ多く使用して森林再生に貢献することを第一に考え，同時に構造物としての機能性と安全性を損なうことのない構造システムとしている．このような複合構造部材を純ラーメン構造に使用する場合，鋼と木質材料の一体化の程度が異なるため，柱と梁の接合部を剛接合とすることが難しい．これに対応するために，架構には制振部材として座屈拘束ブレースを用いた損傷制御構造により，柱梁接合部の半剛接合を可能にしている〔図 4.2.13～4.2.14〕．柱梁接合部や部材継手を含む部位は，剛接合ではなく，半剛接合とすることで座屈拘束ブレースのエネルギー吸収効率を向上させ，主架構の損傷を抑えることができる．また，この架構には，座屈拘束ブレースを方杖状に配置しているため，開口部を大きく取れる利点がある．

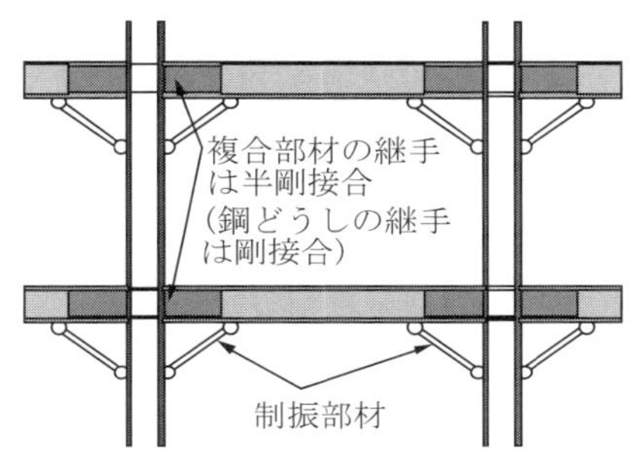

図 4.2.13　鋼木質複合構造

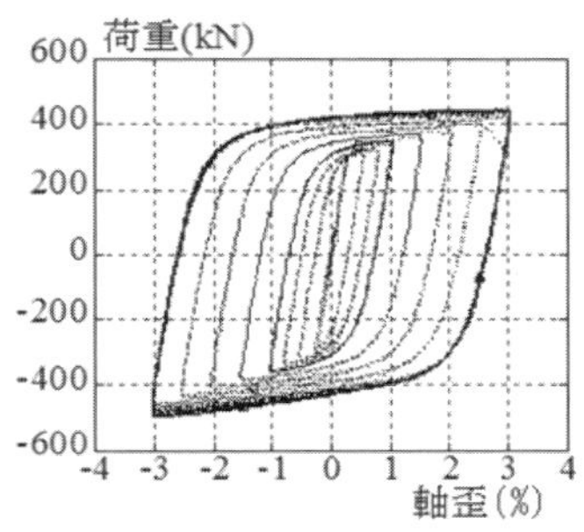

図 4.2.14　座屈拘束ブレースの復元力特性の例

(a) 載荷状況

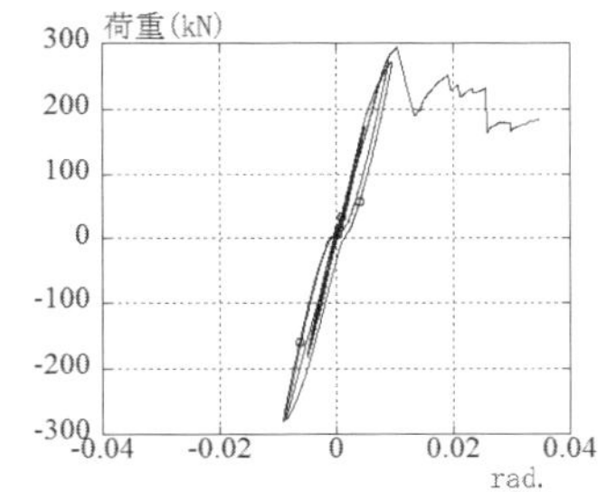

(c) 荷重変形曲線

(b) 木質材料の引張破壊

(d) 試験終了後の解体状況

図 4.2.15　曲げ系部材の実験 [29), 30)]

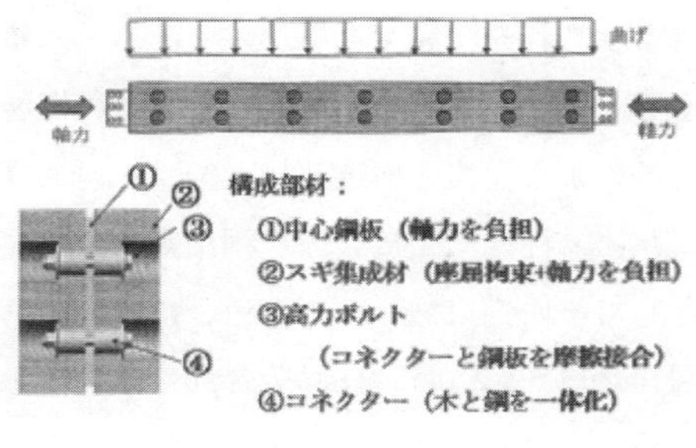

図 4.2.16　軸力系の鋼木質複合部材 [24)]

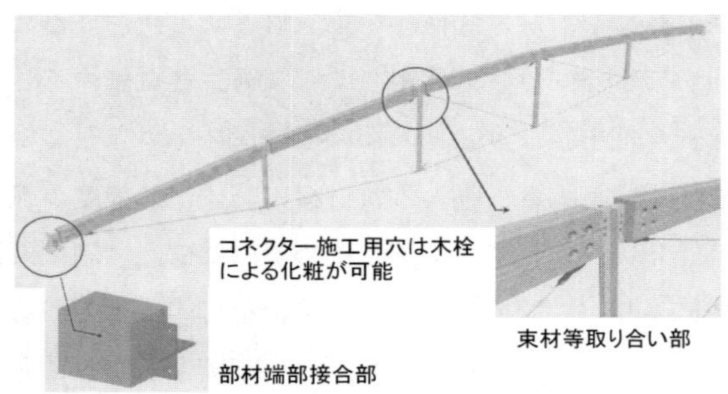

図 4.2.17　張弦梁とした屋根構造 [24)]

2 点載荷 4 点曲げ試験（支持間隔：3 m）の試験体（断面：365 mm×190 mm，鋼材：H-175×90×5×8）の載荷状況および荷重変形曲線，試験終了後の解体状況を図 4.2.15 に示す [29),30)]．複合構造部材は変形角 1/100 rad.で木質材料の引張側の破壊時に最大耐力となるが，以降，急激な耐力低下は生じず，1/50 rad.まで鋼による塑性変形能力を有している．複合構造部材の鋼材は，試験終了後に木質材料を取り外した後の残留変形を観察すると，横座屈が生じておらず，座屈補剛が機能している．また，鋼と木質材料が接触接合なので，試験終了後の鋼と木質材料の解体・分離が容易となっている．

（2）軸力系の複合構造部材

軸力系の複合構造部材の例を図 4.2.16 に示す [24),31),32)]．複合構造部材は，中心の鋼板を両側からスギ集成材で挟み込み，鋼板と集成材をコネクタで一体化している．スギ集成材は鋼板の弱軸方向の座屈補剛の役割を担うとともに，鋼板とスギ集成材のヤング係数比を考慮した等価断面積比に応じて軸力を負担するものとしている．鋼材とスギ集成材は，摩擦接合型コネクタで接合しているため，鋼板と木質材料の分離が比較的容易である．

摩擦接合型コネクタは厚肉パイプとし，その端面が鋼板と一体化しているため，初期すべりは生じない．部材軸圧縮試験によると，鋼板とスギ集成材を一体とした弾性剛性に等しい初期剛性で弾性挙動した後に最大耐力に達しており，鋼板の負担軸力は 60%程度で，鋼材と木質材料のヤング係数比を考慮した等価断面積比の負担割合となっている．なお，部材端部は鋼板のみで，接合部は高力ボルト摩擦接合により接合されている．軸力系の複合構造部材を，屋根構造に使用した模式図を図 4.2.17 に示す [24)]．この例では，ロッドやケーブルの引張材と複合構造部材を組み合わせた張弦梁としている．

4.2.5　リユース部材の選定法

リユース部材には，既存建物から解体され採取された部材，既存建物から採取予定の部材がある．現段階では，リユースを想定せずに，設計・施工された既存建物から採取されるものがほとんどである．丁寧な解体方法によって採取された部材は，設計監理フローで示したように品質確認・評価の後，所定の長さとするための切断，溶接などを行う．さらに，おのおのの部材にガセットプレート，スチフナ，母屋取付金物などがある場合には，それらの切除，グラインダー仕上げなどの加工を行う．本項では，低層建物の鉄骨造から採取された部材を，新規の中層建物の鉄骨造へ割り当てる方法の一例を示す[33]．線形計画法を利用して部材の組合せパターンとその選択回数を決定するために，最適化問題を構成している．リユース部材を選定するにあたっては，断面寸法と部材長さが同じ材料と製品をおのおのグループ化する．設計者が要求する製品グループはその材料グループの情報を基に選定する．溶接なしの場合と溶接ありの場合の部材の選定法の例を図 4.2.18 に示す．端材を少なくするように，溶接なしの場合には切出し方法を，溶接 1 回の場合には部材の繋ぎ方を選定する．これらの組合せの選択回数を決定し，製品とする．

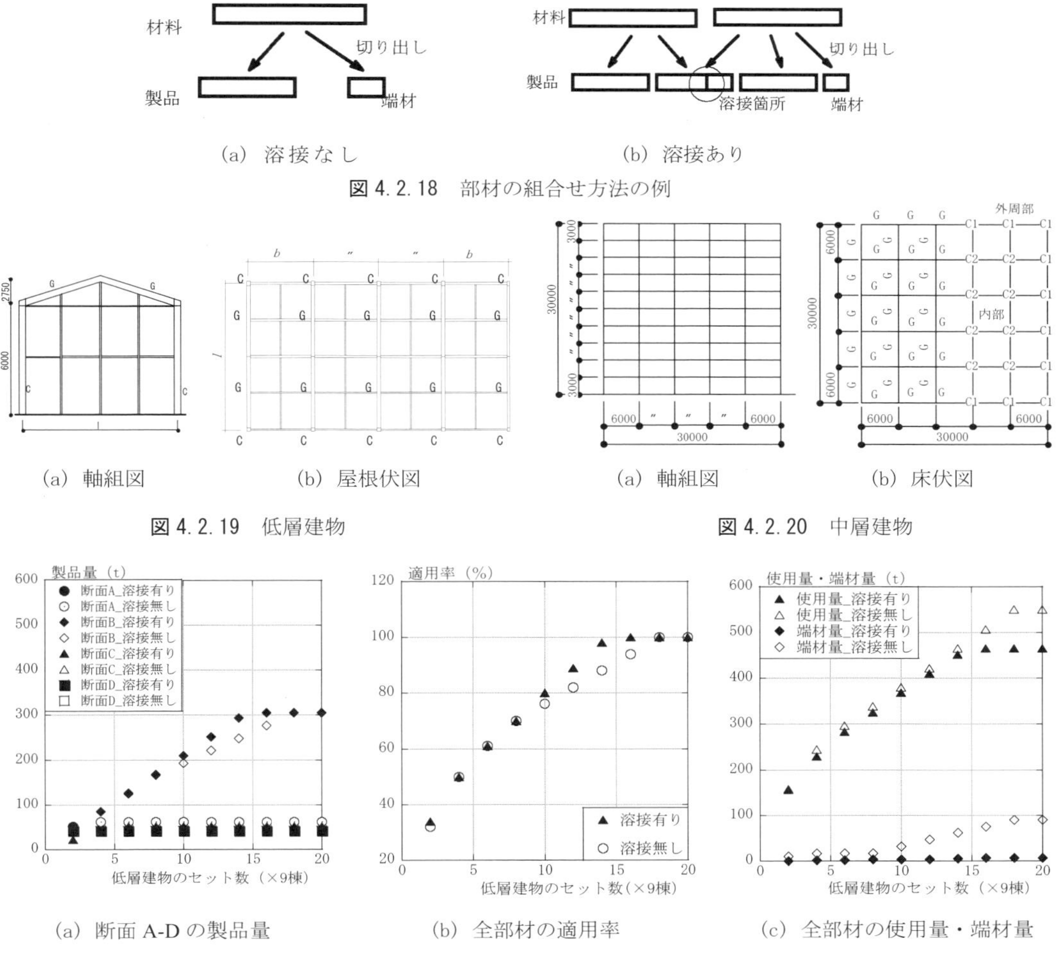

(a) 溶接なし　(b) 溶接あり

図 4.2.18　部材の組合せ方法の例

(a) 軸組図　(b) 屋根伏図

図 4.2.19　低層建物

(a) 軸組図　(b) 床伏図

図 4.2.20　中層建物

(a) 断面 A-D の製品量　(b) 全部材の適用率　(c) 全部材の使用量・端材量

注 * 断面 A : H-700×300×13×24　断面 B : H-588×300×12×20
断面 C : H-450×200×9×14　断面 D :H-440×300×11×18

図 4.2.21 リユース部材の割当て結果の例

既存建物から新規建物への部材の割当てのシミュレーションにあたっては，各対象モデルの溶接ありおよび溶接なしの場合に対して，最大となる製品量とその時の最小となる使用量を算定する．低層建物は，9 種類の標準化された山形のラーメン構造で，おのおののフレームピッチ（b = 6 m，7 m，8 m）に対してスパン（l = 15 m，20 m，30 m）の計 9 種類である〔図 4.2.19〕．中層建物は 10 階建のラーメン構造である〔図 4.2.20〕．標準化された 9N 棟（N は 1 以上の整数）の低層建物のセット数をパラメータとする．製品量とは割り当てた製品の総重量であり，適用率とは対象建物の必要製品量に対して割り当てた製品量の割合である．端材量とは切断されて残った 1 m 未満の部材を合計したものである．使用量とは，製品を加工するのに使用される材料の総重量である．

低層建物から採取されたリユース部材を中層建物に割り当てた場合，各セット数と製品量，使用量，適用率の関係をおのおの図 4.2.21 に示す．リユース部材が最大限使用された時，中層建物の溶接ありおよび溶接なしでは，おのおの 16×9 棟，18×9 棟で必要製品の全てをリユース部材により割り当てられ，各断面の製品量と使用量の上限は，最大限の製品で，かつ使用量が最小となる組合せが選定されている．溶接あり（1 回）の適用率が 100%に達した段階で，端材量の使用量に対する割合は溶接あり，溶接なしにおいておのおの 1%，15%程度である．2×9 棟において断面 A，6～16×9 棟において断面 B，4×9 棟において断面 C の製品を割り当てる際に，溶接なしの製品量は溶接ありのそれより少ない．これは，溶接なしの場合，ブラケットに該当する短い部材を割り当てることで端材量を抑えることができるものの，全ての短い部材の割当てが終了すると，以降，端材量が増えるためである．このように，線形計画法を利用して最適な部材の組合せパターンとその選択回数を決定することができる．

4.3　生産性向上技術

4.3.1　ユニットのリユース

リユース部材には，施工や解体の容易性に配慮した設計を行うことで，柱・梁やその接合を行った部材だけではなく，仕上げや他の構造材までを含め「ユニット」としてリユースも行われている．ここでは，部材の複合化を進め空間を構成した部材を 1 つの単位としてリユースを行う場合，パネル（面）とした複合化を行ってリユースを行う場合，梁材ではあるが鋼製梁と RC フーチングを組み合わせることで施工や解体容易性を向上させている場合の 3 つの例を示す．供給フローや事例の詳細については，付 1.3 を参照されたい．

（1）薄板軽量形鋼を用いたユニット化

リユースに取り組んでいる住宅に，ユニット住宅システムがある．この住宅システムは写真 4.3.1 に示すように，長期耐久性を有する高耐食溶融めっき鋼板などの鉄骨による柱と梁をフレーム状に組み合わせた空間ユニットを，複数組み合わせることで，1 つの住宅の空間を構成するものである．

この鉄骨フレームユニットどうしは，写真4.3.2に示すようにボルト締結を行っている．ボルト締結を行うため，解体する際にも容易に建物から，鉄骨フレームユニット単位ごとで取り外すことが可能になっている．

これらの鉄骨フレームユニットには，写真4.3.3に示すように個々の住宅プランに合わせて，外壁や間仕切りのパネルの取付けや，キッチンなどの各種住設備などが組み込まれている．住宅空間を，「一定規模の部品群（ユニット）により構成される空間単位」の組合せにより構成することで，建築地での「分離容易性」が高く，リユースを行いやすくなっている．

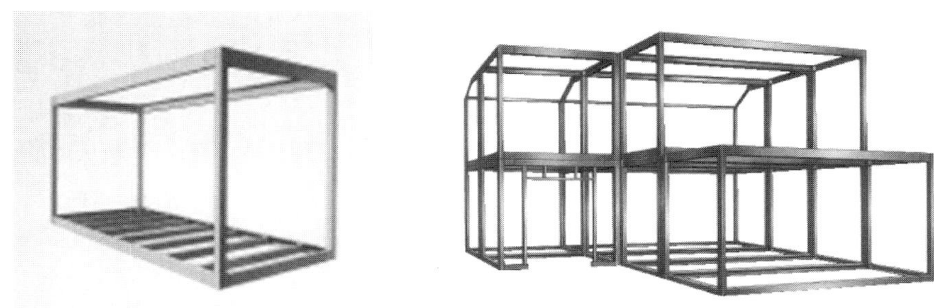

写真4.3.1　鉄骨フレームユニットと構造部イメージ

写真4.3.2　鉄骨締結部

写真4.3.3　外壁パネルや間仕切りパネルが取り付けられた鉄骨フレームユニット

（2）鉄骨パネルユニット

ロードサイドビジネスとして発展してきた流通店舗業界は，スクラップ・アンド・ビルドの繰返しによって多店舗展開を図ってきた．さまざまな理由から，部材が寿命に達する前に不要となってしまった建物を，図 4.3.1 に示すように，スクラップするのではなく，新たな土地に再生・移設することを可能にしたものが環境対応型店舗である．

環境対応型店舗においては，「外壁パネル」「屋根パネル」「鋼製基礎」と建物の部位ごとにユニット化を行っている．下記に「外壁パネル」「屋根パネル」の詳細を，「鋼製基礎」に関しては，次項に詳細を示す．

1）外壁パネル＝柱・外壁・建具一体型のパネル工法

外壁パネルは，写真 4.3.4 に示すような，柱・外壁・建具を一体化した外壁パネルを工場生産している．施工現場では，鋼製の基礎梁の上に接合ボルトで取り付けていくことで，鉄骨骨組と外壁仕上げを同時に施工でき，工期の短縮に繋がっている．解体時もパネル単位で躯体を分割することが容易に行える．パネル間の目地部分には，取付け・取外しが容易な乾式目地工法を用いている．

2）屋根パネル＝折板屋根をパネル化した工法

屋根パネルは，写真 4.3.5 に示すように，母屋材とタイトフレームをあらかじめ工場で溶接しておき，現場で折板を取り付け，パネル化する．折板まで取り付けて工場でパネル化する場合もある．屋根パネルは小屋梁にボルトで締結する．乾式で接合しているため，解体時もパネルとして分解，運搬することができる．また，シート防水屋根パネルもあり，外断熱仕様にも対応できる．

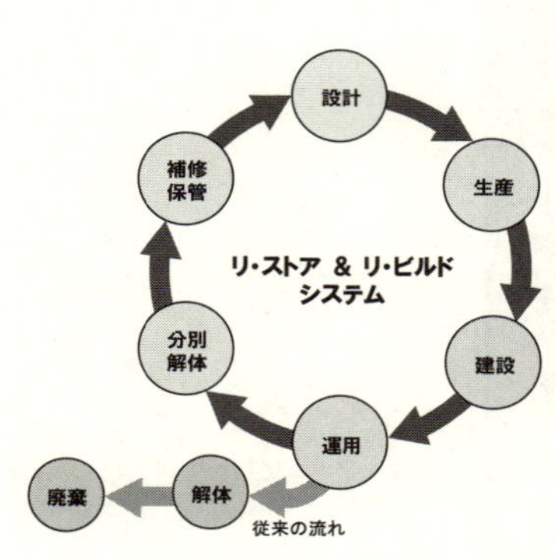

図 4.3.1　環境対応型店舗概要

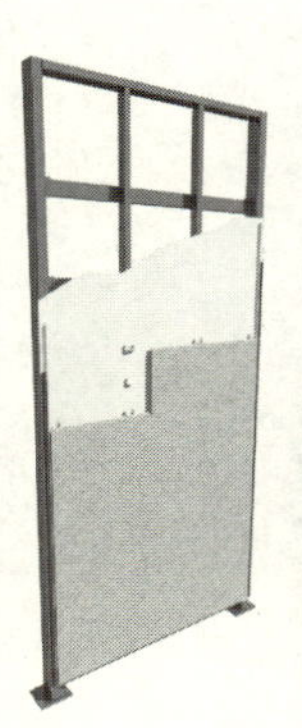

写真 4.3.4　外壁パネル施工状況

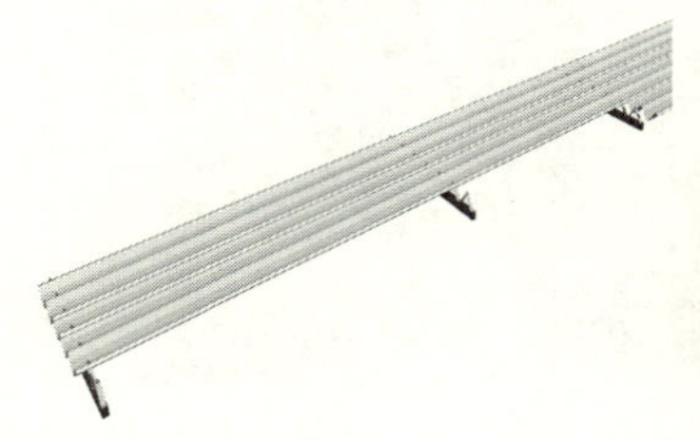

写真 4.3.5　屋根パネル施工状況

写真 4.3.6　鋼製基礎ユニットイメージおよび施工状況

（3）鋼製基礎ユニット

基礎構造は写真 4.3.6 に示すように，RC 造の基礎フーチングと鋼製の基礎梁を組み合わせた構造としている．フーチングは施工現場でコンクリートを打設して構築し，解体後の運搬が可能な大きさに分割するための目地を設けている．鋼製梁とフーチングは接合ボルトで取り合い，解体・分割・移設が容易に行える．鋼製梁には溶融亜鉛メッキを施しており，長期間地中にあっても腐食しないようにしている．

4.3.2　コンクリート材料による着脱可能接合

鋼構造をリユースする場合，リユース部材の接合に関する設計自由度は，新材に比べ低下する可能性がある．従来のボルト接合，溶接接合に加え，新たな接合を適用することによって，リユース部材の接合に関する設計自由度を増大させることができる．また，リユース部材の精度は，新材に比べ低下する可能性がある．形状自由度が高いコンクリート材料を活用することによって，リユース部材の精度低下を補うことができる．本項では，コンクリート材料を利用した接合および同接合を用いた鋼構造について述べる．なお，本項で述べた接合を用いて，リユースを想定した建物を設計した例を付 1.4 に示す．

（1）コンクリート材料を用いた柱・梁接合部（リングパネル構法）

本接合部は，柱梁接合部に接合用鋼管を配置し，その 2 重鋼管内にモルタルまたはコンクリートを充填し接合する充填接合構法である〔図 4.3.2〕[34]．図 4.3.3 に本接合構法の応力伝達機構を示す．柱の軸力は，上部鋼管柱の端部プレートから内ダイアフラムを介して，下部鋼管柱の端部プレート，そして下部鋼管柱に伝達される．地震時に柱に作用したモーメントに対して，てこ作用による水平

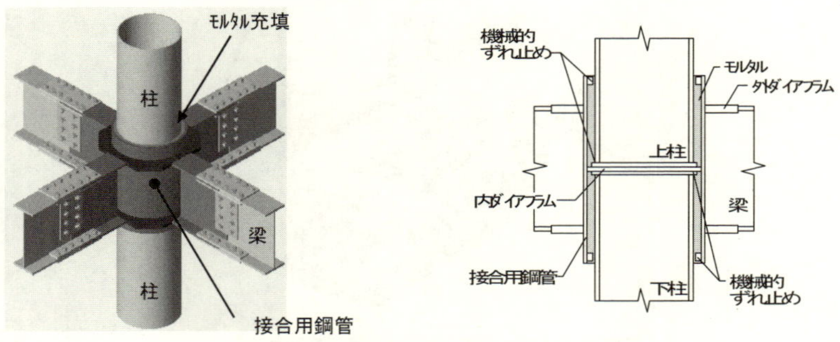

図 4.3.2　リングパネル構法 [34)]

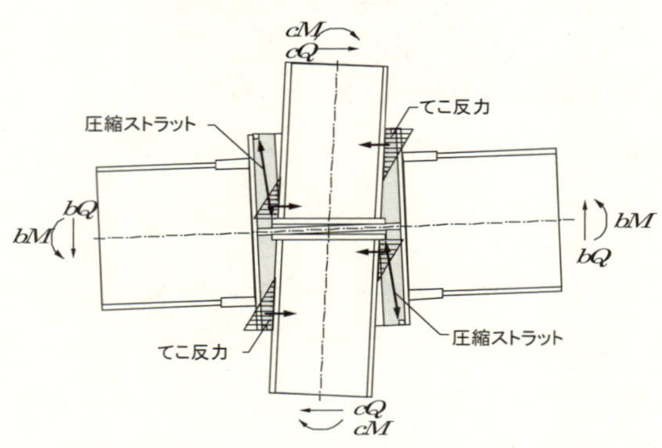

図 4.3.3　リングパネル構法の応力伝達機構 [34)]

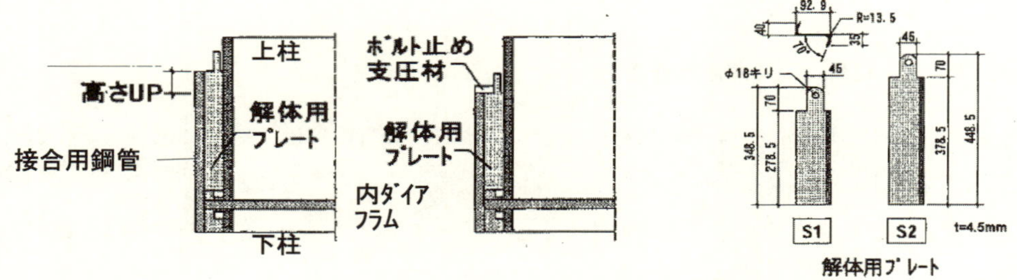

図 4.3.4　リングパネル構法の解体用部材の構成 [35)]

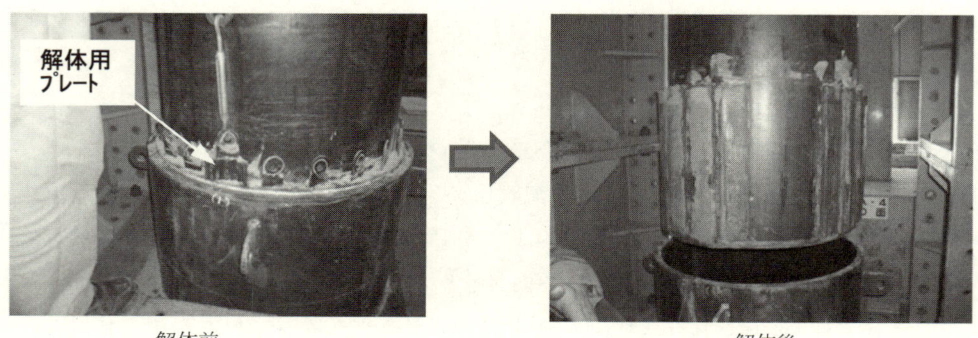

解体前　　　　解体後

写真 4.3.7　リングパネル構法の解体状況 [35)]

力（てこ反力）と，柱外面と接合用鋼管内面に配置された機械的ずれ止め間に生ずる圧縮ストラットの鉛直成分により抵抗する．

鋼管柱をリユースする場合は，充填モルタルを打設する前に，解体用プレートを上柱と接合用鋼管間にほぼ一定間隔に複数枚挿入しておく〔図 4.3.4〕．現場にて解体する時には，解体用プレートを引き抜くことによって鋼管柱と接合鋼管間のモルタルに空隙を生成させ，鋼管柱と接合鋼管を分離する〔写真 4.3.7〕[35]．

（2）コンクリート材料を用いたフル・プレキャストスラブ－鋼梁接合

本接合部は，図 4.3.5 に示すように，フル・プレキャストスラブ※1 の四隅において，コンクリートにあらかじめ埋め込まれた中空の角形鋼管と鋼梁に取り付けた高力ボルトとを，充填モルタルを用いて固定することによって，スラブと梁とを一体化したものである[36]．組立て時は，鋼梁フランジに高力ボルトを通し，フランジの両側からナットで締めこむ〔写真 4.3.8（a)〕．次に，スラブ四隅の角形鋼管内に高力ボルトが収まるようにスラブを配置する〔写真 4.3.8（b)〕．最後に，鋼管内に無収縮モルタルを打設することによってスラブを固定する〔写真 4.3.8（c)〕．解体時は，鋼梁フランジ下側のナットを外すことによりスラブを容易に取り外すことができる〔写真 4.3.8（d)〕．地震時のスラブ自重および積載荷重による慣性力は，スラブ四隅のボルトのせん断抵抗により鋼梁に伝達される．

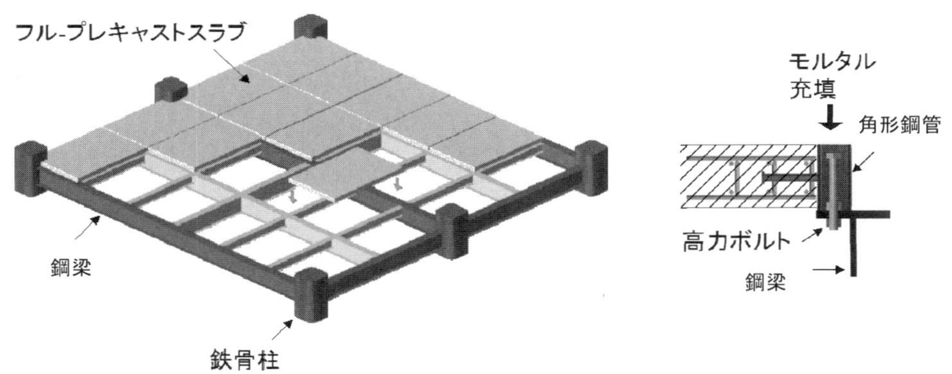

図 4.3.5　フル・プレキャストスラブ－鋼梁接合[36]

※1 フル・プレキャストスラブとは，現場で組立て・設置を行うために，工場または現場内工場であらかじめ製造されたコンクリート製スラブで，現場での接合部以外のほぼ全てのコンクリートを打設したもの．

(a) 高力ボルトの設置図

(b) スラブの設置

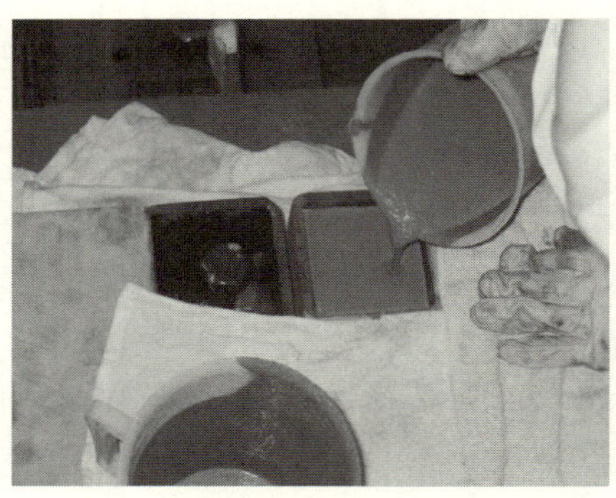

(c) モルタルの充填

(d)　高力ボルトのナット外し

写真 4.3.8　フル・プレキャストスラブの解体状況 [36)]

4.3.3　組立て・解体時の省力化

鋼構造物をリユースする場合，従来に比べ，接合部の解体を容易にする必要がある．解体を容易にすると，組立ても容易にすることが可能である．接合部の組立てと解体を容易にすることによって，機械を利用した接合または分解作業が可能になり，組立て時と解体時の省力化が期待できる．また，将来の自動化施工の要素技術として期待できる [37)]．本項では，既往の機械による組立てを想定した接合部を，リユースを可能にする接合部に改良する技術案を説明する．

（1）機械による組み立てを想定した接合部

写真 4.3.9，4.3.10 は，機械を利用した鋼構造物の建方システムの例である [38)]．本システムは，鋼部材の搬送を，コンピュータを利用して管理し，搬送の自動化を実現しようとするものである．搬送の自動化を実現するためには，搬送効率を向上させる必要がある．搬送効率の向上のために接合部に求められる要求性能は，組立てを短時間で行い，搬送機械を早く次の作業に使用できるようにすることである．本システムでは，柱－柱継手および柱－梁接合部の仮組立てを短時間で行えるよ

うにし，仮組立て後，早期に搬送機械を移動できるようにしている．図 4.3.6，写真 4.3.9 に柱－柱継手（溶接接合）を示す．柱は角形鋼管を使用し，下部柱にはガイドプレートを設けることによって仮組立て時間の短縮を図っている．図 4.3.7，写真 4.3.10 に梁端接合部（フランジは溶接接合，ウェブは高力ボルト接合）を示す．柱側に梁を受けるプレートとガイドプレートを設けることによって仮組立て時間の短縮を図っている．

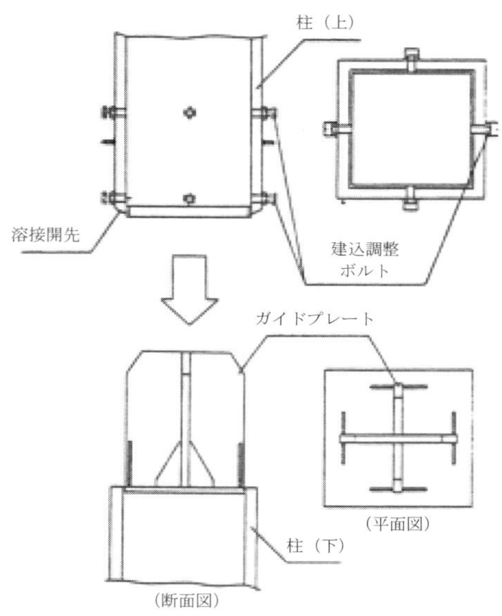

図 4.3.6　機械利用を想定した柱－柱継手[38)]

写真 4.3.9　柱－柱継手の仮組立て状況[38)]

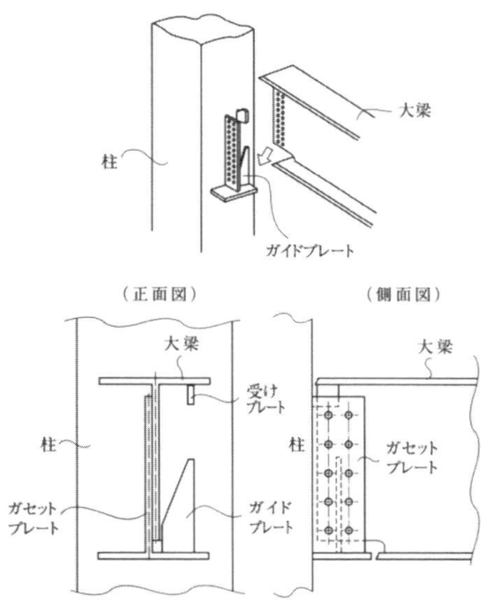

図 4.3.7　機械利用を想定した柱－梁接合部[38)]

写真 4.3.10　柱－梁接合部の仮組立て状況[38)]

（2）柱－柱継手のリユースのための改良

図 4.3.8, 写真 4.3.11 に改良した柱－柱継手の例 (構造実験用の試験体) を示す [39]. 角形断面柱を，接合プレートを介して, 高力ボルトにて接合する継手である. 以下, No.2 の継手について説明する. 下部柱の内面に接合プレートを溶接している．継手部において，スキンプレートのメタルタッチによる応力伝達が生じないように，上下柱のスキンプレート間には 5 mm のギャップを設けている. 継手部は着脱可能なトルシア型高力ボルト〔写真 4.3.12〕による 1 面せん断により応力が伝達される．組立て時には，柱内部からボルトを差し込むため，スキンプレートの 1 面に施工用のハンドホールを設けている. 組立て時は，接合プレートが 4.3.3（1）の例のガイドプレートの役割も果たす. 4.3.3（1）の例は溶接接合であることから，リユースするためには，溶断などによる解体と修復作業を伴う．一方，本項の例は，着脱可能なボルトを使用し，解体および修復の作業を低減できる.

（3）柱－梁接合部のリユースのための改良

図 4.3.9 に改良した柱－梁接合部を示す [40]．鋼管柱に外ダイアフラムを溶接し，外ダイアフラムに 2 本の H 形鋼ブラケットを溶接する．2 本の H 形鋼ブラケットの下フランジ間には梁受けプレートを溶接する．2 本の H 形鋼ブラケット間に鋼梁（大梁）を挿入し，横補強筋（主にスラブ）を配してコンクリートを打設する．大梁に下からせん断力が作用した場合は，図 4.3.10（a）に示すように，ブラケット間の充填コンクリートは，大梁ののみ込み部分のフランジ内側を押さえこむ．ブラケット部の断面内の力の釣合いは，図 4.3.10（b）に示すように，大梁に作用するせん断力 P がコンクリートの圧縮力を介して，ブラケットの外側に引張力 $Q_b/2$ として伝達すると仮定する. 組立て時には，溶接作業およびボルト締め付け作業に代えて，コンクリート打設作業のみとなり，省力化を図ることができる. 充填コンクリートを打設する前に，4.3.2（1）で示す解体用プレートと同様なプレートをブラケットと大梁間にほぼ一定間隔に複数枚挿入しておく．現場にて解体する時には，解体用プレートを引き抜くことによって，ブラケットと大梁間のコンクリートに空隙を生成させ，容易に柱と大梁を分離することが可能である．また，梁端部はボルト孔や開先加工などの加工を施す必要がないため，修復作業の低減およびリユース時の設計自由度の向上を図ることができる.

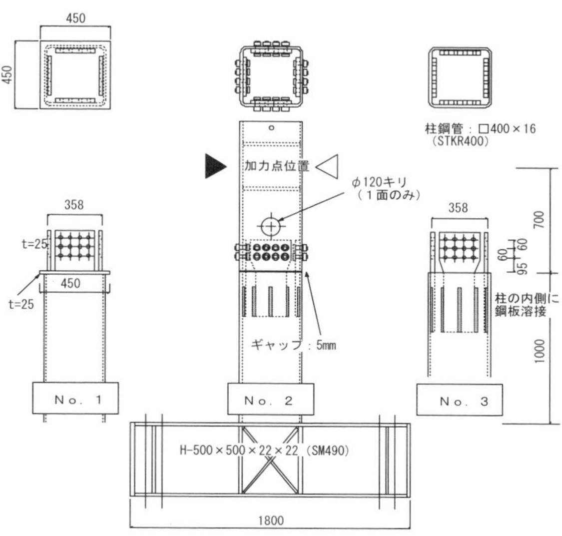

図 4. 3. 8　リユースを想定した柱－柱継手 [39)]

写真 4. 3. 11　リユースを想定した柱－柱継手 [39)]

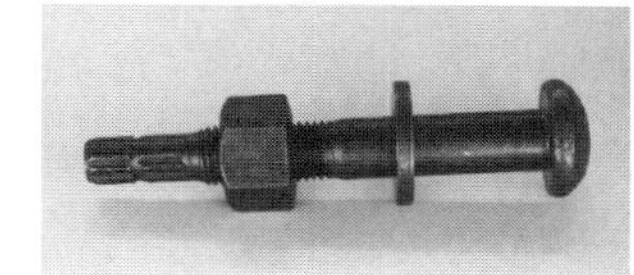

写真 4. 3. 12　着脱可能なトルシア型高力ボルト [39)]

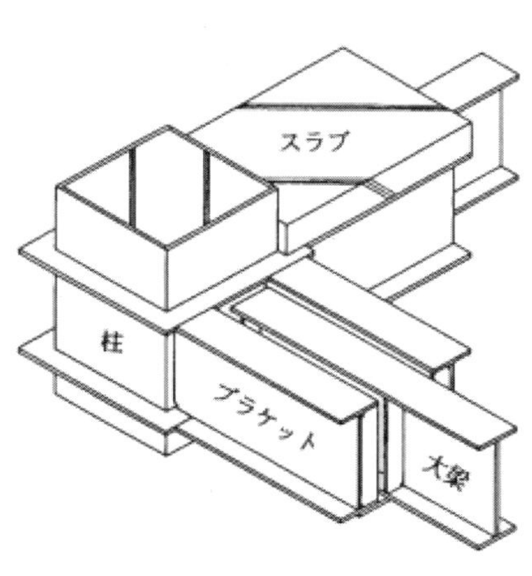

図 4. 3. 9　リユースを想定した柱梁接合部 [40)]

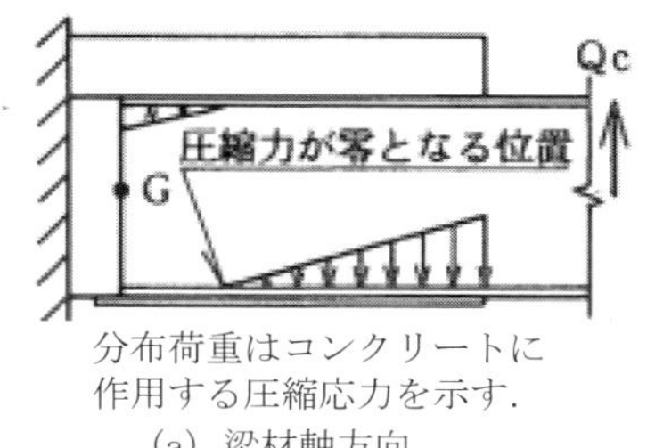

分布荷重はコンクリートに作用する圧縮応力を示す.

(a) 梁材軸方向

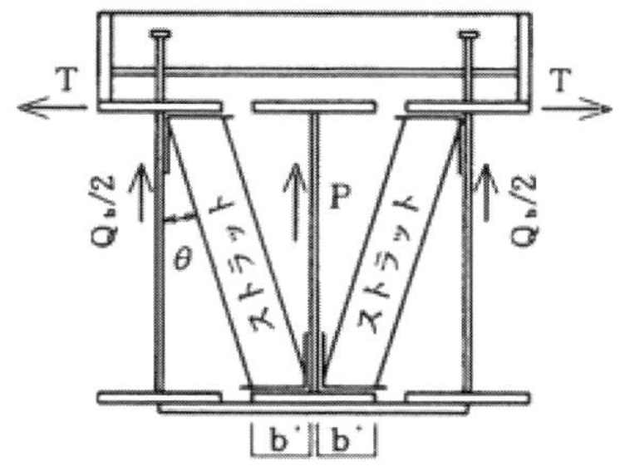

(b) 梁断面方向

図 4. 3. 10　柱梁接合部の応力伝達機構 [40)]

参 考 文 献

1) 日本鉄鋼連盟：建築構造用高強度 780N/mm^2 鋼材（H-SA700）鋼材規格および溶接施工要領, 2012.11
2) 大畑勝人，宮崎賢一，山崎賢二，嶺脇重雄，油川真広，高梨晃一：800N/mm^2 級鋼を用いた高減衰架構システムの開発（その 1）開発の概要と実大試験建屋による検証実験，日本建築学会大会学術講演梗概集，C-1，構造Ⅲ，2009.8
3) 嶺脇重雄，宮崎賢一，米田春美，大畑勝人：800N/mm^2 級鋼を用いた高減衰架構システムの開発（その 4）実証建物の振動性状把握試験，日本建築学会大会学術講演梗概集，C-1，構造Ⅲ，2009.8
4) 林和宏，岡崎太一郎，林旭川，中島正愛：H-SA700 鋼を用いたボルトによる組立柱部材の曲げ性能，鋼構造論文集，日本鋼構造協会，第 19 巻，第 76 号，pp.25-35，2012.12
5) 林旭川，岡崎太一郎，鍾育霖，林和宏，榎本龍介，中島正愛：Beam-to-column connections for bolted built-up columns made of H-SA700 steel, Part 3 Analysis of the results，日本建築学会大会学術講演梗概集，C-1，構造Ⅲ，2012.9
6) 和田章，清水敬三，川合広樹，岩田衛，安部重孝：建築物の損傷制御設計，丸善，1998
7) 日本構造技術者協会：応答制御構造設計法，彰国社，2000.12
8) 吹田啓一郎: 新しい鋼構造接合部開発の最近の動向，鋼構造による新構造システム開発の現状と今後の展望，日本建築学会大会構造部門（鋼構造）パネルディスカッション資料，pp. 4-15，2009.8
9) 緑川光正：阪神・淡路大震災を振り返り，来たる大地震に備える－建築振動研究に課せられたもの－⑤地震応答と耐震設計（その１）上部構造，日本建築学会振動シンポジウム，建築会館ホール，2011.3
10) 日本建築学会：鋼構造制振設計指針，2014
11) 渡邊忠博，山田大彦，小幡昭彦，滝沢一馬：弾性関節接合工法を用いた鋼構造骨組に関する実験的研究，構造工学論文集，Vol. 49B，pp. 533-538，2003.3
12) 吉敷祥一，山田哲，竹内徹，鈴木一弁，岡田健，和田章：損傷を梁端下フランジの接合要素に限定する新しい鋼構造骨組（その 1 ウェブ塑性化スプリットティを用いた柱梁接合部の実験），日本建築学会構造系論文集，第 575 号，pp. 113-120，2004.1
13) 甲津功夫，木時亮，水谷聡志，吹田啓一郎：鉛ダンパー組込み梁継手を有する鋼構造架構の動的応答性状に関する実験的研究，日本建築学会構造系論文集，第 584 号，pp. 161-168，2004.10
14) 吉岡智和，大久保全陸：梁端下端フランジに高力ボルト摩擦すべりダンパーを設置した H 形鋼梁の曲げせん断実験，日本建築学会構造系論文集，第 573 号，pp. 177-184，2003.11
15) 吹田啓一郎，井上一朗，竹内一郎，宇野暢芳：座屈拘束された方杖ダンパーによる柱梁高力ボルト接合構造の力学挙動，日本建築学会構造系論文集，第 571 号，pp. 153-160，2003.9
16) 高松隆夫，鍋木弘和，中村慎太郎：改良型復元力特性を有する鉄骨露出柱脚に関する研究，鋼構造年次論文報告集，日本鋼構造協会，第 11 号，pp. 563-570，2003.11
17) 緑川光正，堀泰健，石原直，小豆畑達哉，草刈崇圭，麻里哲広: ベースプレート降伏により柱脚浮き上がりを許容した鉄骨造縮小模型架構の 3 次元振動台地震応答実験，日本建築学会構造系論文集，第 75 巻，第 647 号，pp. 213-221，2010.1
18) 竹内徹，津曲敬，渡辺秀司，小河利行，熊谷知彦：弾塑性制振柱脚を用いた高層トラス架構の耐震性能，日本建築学会構造系論文集，第 607 号，pp. 175-185，2006.9
19) 池永昌容，長江拓也，中島正愛，吹田啓一郎：残留変形低減をめざしたセルフセンタリング柱脚の開発と載荷実験，日本建築学会構造系論文集，第 612 号，pp. 223-230，2007.2
20) Joint AISC-SEAOC Task Group: Recommended Provisions for Buckling-restrained Braced Frames，Seismology and Structural Standards Committee，Structural Engineers Association of Northern California，2001.10
21) 緑川光正，佐々木大輔，麻里哲広，村井正敏，岩田衛: 鋼モルタル板を用いた座屈拘束ブレースの実験的研究―クリアランスの圧縮耐力への影響と圧縮軸力に応じた座屈モード数の評価―，日本建築学会構造系論文集，第 75 巻，第 653 号，pp. 1361-1368，2010.7
22) 井上一朗：座屈拘束ブレースと接合部，鋼構造制振技術の現状と設計指針への期待－鋼構造における制振のこれから，日本建築学会大会構造部門（鋼構造）パネルディスカッション資料，pp. 8-17，2006.9
23) 島有希子，古川純也，加藤貴志，前田親範，岩田衛:サステナブル構造システムの設計法の提案，日本建築学会構造系論文集，第 640 号，pp. 1179-1185，2009.6
24) 日本鋼構造協会：鋼・木質ハイブリッド構造の設計施工技術資料，2012.3

25) 松本芳紀，山田孝一郎，上嶋賢治：鋼板補強木造ばりの挙動に関する理論的研究　その１　鋼板補強木造ばりの弾性挙動，日本建築学会構造系論文集，第 430 号，pp.19-29，1991.12
26) 松本芳紀，山田孝一郎，上嶋賢治：鋼板補強木造ばりの挙動に関する理論的研究　その２　鋼板補強木造ばりの弾塑性解析，日本建築学会構造系論文集，第 436 号，pp.115-124，1992.6
27) 藤田正則，宿輪桃花，大越友樹，村井正敏，岩田衛：鋼と木質材料の複合構造システムの構法成立の可能性，日本建築学会環境系論文集，第 691 号，pp.725-731，2013.9
28) 大越友樹，藤田正則，小田大貴，岩田衛：座屈拘束方杖ブレースを有する鋼木質複合構造の設計法の提案，日本建築学会構造系論文集，第 700 号，pp.847-855，2014.6
29) 大越友樹，藤田正則，村井正敏，岩田衛：鋼木質複合構造の曲げ実験，日本建築学会技術報告集，第 43 号，pp.967-970，2013.10
30) 藤田正則，大越友樹，岩田衛：鋼と木質材料の複合構造に関する研究 その１　接触接合梁の曲げ実験，日本建築学会大会学術講演梗概集，C-1，構造Ⅲ，pp.929-930, 2013.8
31) 坂田弘安，上角充広，富本淳，中村泰教：摩擦接合型コネクタを用いたスギ- 鋼板ハイブリッド部材の軸方向特性，日本建築学会構造系論文集，第 627 号，pp.811-817，2008.5
32) 堀井健史，坂田弘安，竹内徹，鈴木達人，中村博志：シアリング接合を用いた杉集成材と鋼板によるハイブリッド部材の力学的挙動に関する実験研究，日本建築学会構造系論文集，第 584 号，pp125-132，2004.10
33) 藤田正則，山下拓三，関戸宏幸，小河利行，岩田衛：建築鋼構造のリユースシステムに関する研究 -リユース材の適用シミュレーション-，日本建築学会環境系論文集，第 612 号，pp.111-116，2007.2
34) 石井大吾，田中剛：鋼管内充填コンクリートの支圧耐力評価－鋼構造充填接合構法による接合部の力学的挙動に関する研究（その 1），日本建築学会構造系論文集，第 630 号，pp.1385-1391, 2008.8
35) 石井大吾，坂本眞一，塚越英夫，辰巳佳裕：リユース型リングパネル構法の開発，日本建築学会学術講演梗概集，C-1，構造Ⅲ，　pp.527-528, 2002.9
36) 西村拓也，坂本眞一，立石寧俊，椚隆：脱着可能なフル・プレキャストスラブを適用した鉄骨架構の構造性能，日本建築学会構造系論文集，第 602 号，pp.233-241，2006.4
37) 元持斉，嘉納成男：建築工事における自動化施工に関する研究 ：既応の自動化施工システムのねらいとする効果と要素技術，日本建築学会関東支部研究報告集，pp.637-640, 1998.2
38) 前田純一郎：“全天候型ビル自動施工システムの開発”，清水建設研究報告，第 61 号，pp.1-10, 1995.4
39) 寺田岳彦，椚隆，坂本眞一，兼光知巳，石井大吾：部材リユースを考慮した箱形断面柱の継手の力学性能および施工性，日本建築学会大会学術講演梗概集，C-1，構造Ⅲ，pp.629-630, 2004.7
40) 塚越英夫：コンクリート充填型 U 型ブラケットの応力伝達機構，日本建築学会構造系論文集，第 453 号，pp.181-188，1993.11
41) 岩本博，米澤豊司：つくばエクスプレス線利根川東高架橋の被害と復旧，基礎工，vol.40, No.4, pp.74-77, 2012.4

付　　録

付1　事　　例

1.1　パビリオン鉄骨を工場にリユース

リユースを想定していた事例として，「2005年日本国際博覧会（愛知万博）」パビリオンの鉄骨を工場にリユースした事例を紹介する．愛知万博は「環境博」といわれ，環境への配慮に非常に重点が置かれた．博覧会協会が「モジュール」と名づけた18 m角の空間ユニットを最大5ユニットまで提供し，参加国はファサードや内部のデザインに個性を発揮するシステムとしている．このモジュール方式は，博覧会の閉幕後の3R（リデュース，リユース，リサイクル）を目指したものである．上記の環境配慮の意図を受けて，万博終了後に，建築主は6つのパビリオン鉄骨をリユースした工場の設計・施工を実施している．工場は，パビリオン鉄骨を最大限リユースするために，外装受け胴縁部材を含む既存鉄骨を1 m離し，ほぼ元のまま移築・連結されている．

元建物は，9 mグリッドで構成され，軒高10 m，柱はH-200×200～H-300×300（SS400），屋根面の梁は18 mスパン部にはH-582×300（SS400），9 mスパン部にはH-350×175（SS400）を採用し，外周面にブレースを配置したブレース構造である．

（1）設計フロー

この事例を3.3の設計監理フローに当てはめた場合，付図1.1のようなる．既存のパビリオン鉄骨には，カルテは存在していないが，構造図と構造計算書はある．また，火災経験と過荷重経験がないことを万博の記録により確認している．部材の規格は構造図と構造計算書によって確認し，F値は材質に基づいて新築と同様に設定している．建築基準法における設計ルートは「ルート2」で，構造形式はブレース構造，パビリオン単独でも全体でも構造的に成立するよう設計している．

解体は，設計前に実施しているが，高力ボルトを外す丁寧な解体を実施している．解体後の鉄骨は，目視検査を実施し曲がりなどがないことを確認してリユースしている．外壁用胴縁（軽量形鋼）についてもリユースしているが，これらは，外壁面が既存時より減ることから，曲りのない状態の良いものを選択している．鋼材規格証明書は，鉄骨製作工場に保管されており完了検査を合格している．

元建物
建物名称：愛知万博パビリオン6棟
構造･規模：鉄骨造1階
竣 工 年 月: 2005年3月

リユース部材を使用した建物
建 物 名 称: T社　工場
構造･規模：鉄骨造1階
竣 工 年 月: 2007年4月

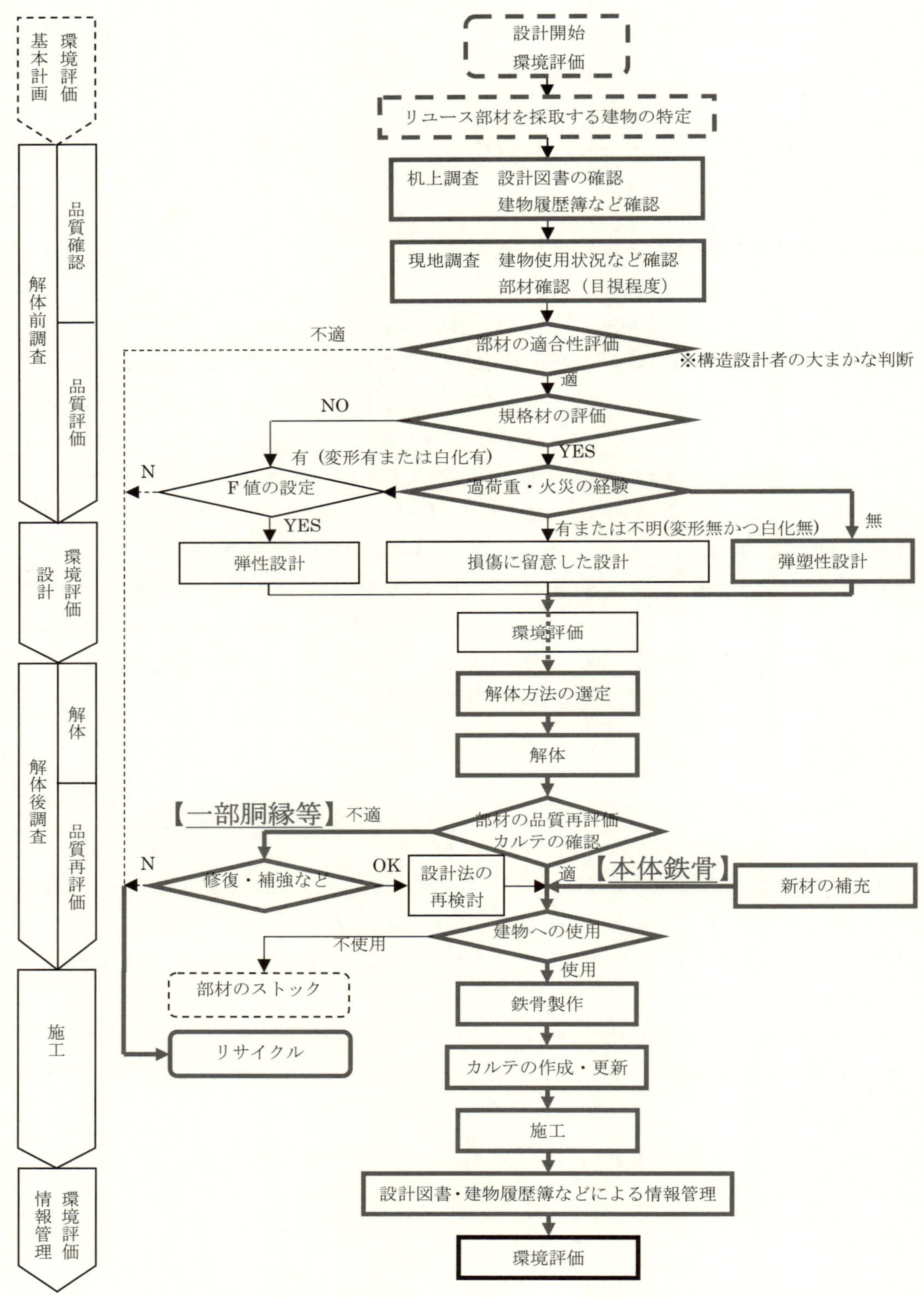

付図 1.1　愛知万博パビリオンを工場にリユースした事例の設計監理フロー

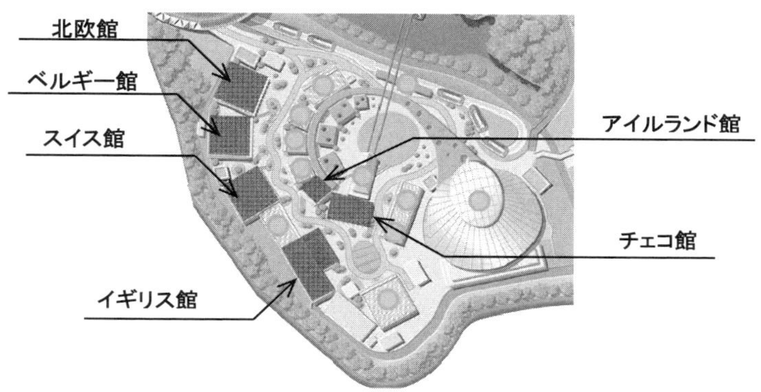

付図 1.2　愛知万博 元建物　配置図　（グローバルコモン4）

(a)　アイルランド館

(b)　スイス館

(c)　イギリス館

(d)　チェコ館

(e)　ベルギー館

(f)　北欧館

付写真 1.1　愛知万博でのリユース前建物の外観

（2）設計上の工夫

この事例では，元建物のパビリオン鉄骨を90%以上という高い割合で，リユース部材として工場建屋に使用している．その要因としては，建築主がパビリオン鉄骨を購入し，リユースを条件として設計していることがあげられる．そのため，パビリオンをそのまま配置することを基本方針とし，内部にブレースが出ることや，天井走行クレーンが，パビリオンごとに分割され利用に大きな制約を課すことを，建築主も了解して設計が進められている〔付図 1.3, 付写真 1.3 参照〕.

次に，新材を用いた天井走行クレーンの支持部材や，周辺下屋部分は，パビリオン鉄骨より独立して柱を設け，自立する計画としており，パビリオン鉄骨の負担が増加することがないため，部材をそのままリユースしている．また，パビリオン鉄骨は1 m 離して配置し，その間を設備の配線・配管のルートとして利用するとともに，基礎施工や鉄骨建方を容易にするなど，これらは部材のリユースを用いた設計のポイントとなっている〔付図 1.3, 付写真 1.4 参照〕.

細部については，パビリオンの屋根勾配（1/50）をそのまま利用しているため，左右のユニットの大きさの違いにより尾根部分に約 200 mm の段差を設けた設計としている〔付写真 1.2 参照〕. また，鉄骨の胴縁受けピースは，機能上支障のある下部のみ切断し，上部は残している〔付写真 1.5 参照〕.

付写真 1.2　T 社　工場外観

付写真 1.3　T 社　工場内観

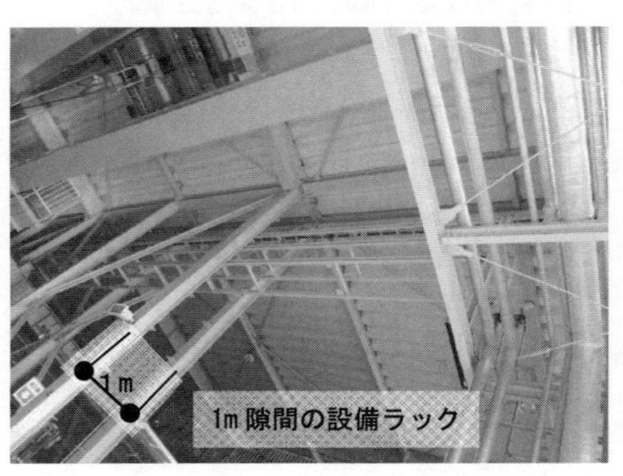

付写真 1.4　1 m 隙間の設備ラック

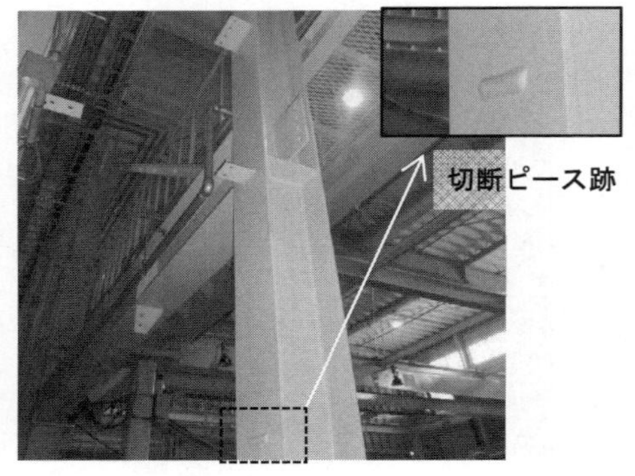

付写真 1.5　胴縁受けピース

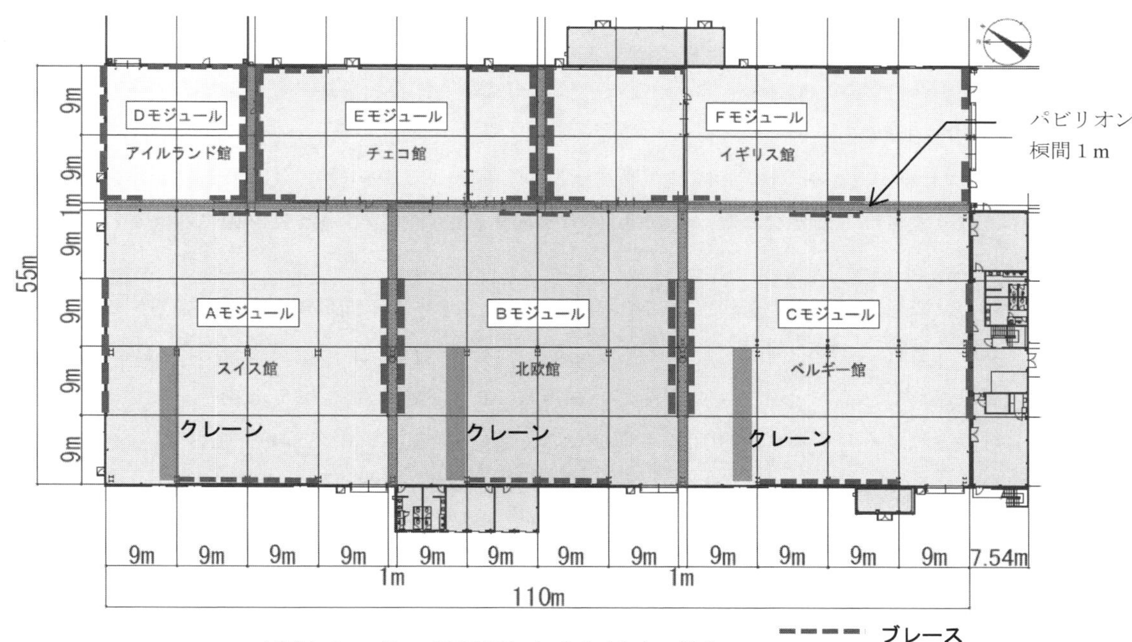

付図 1.3　T 社　工場平面およびパビリオン構成

（3）　環境評価

今回の事例での環境評価を以下に示す．付図 1.4 は，全ての鉄骨部材を新設部材で構築すると仮定した場合およびリユースを活用した場合の CO_2 排出量を計算し比較したものである．リユースを活用した場合，新設部材による構築に比べ CO_2 排出量を 85%（722 t）削減でき，リユースの実施が環境負荷削減に対して非常に有効であることがわかる．

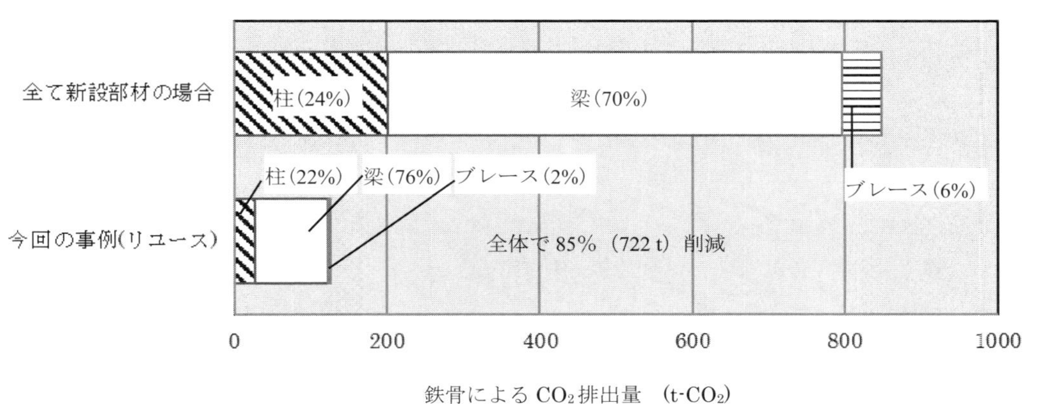

付図 1.4　鉄骨による CO_2 排出量の比較

1.2　体育館を縮小してリユース

リユースを想定していない事例として，横浜市に建つ体育館を2スパン縮小して東京に移築した事例を紹介する．

K社スポーツセンター体育館は，厚生施設の用途として1991年に建設されたが，再開発のために取り壊されることなった．その際，体育館の更新を計画していたK学園に移築されることとなった．

移築に際しては，敷地形状に合わせて，2スパン分小さい平面形状とされている．鉄骨は全てリユースされ，外壁の押出しセメント成形板もリユースされている．基礎部分と内装部分は，全て新設されている．元建物は，付図1.7，付写真1.6に示すように4.35 mを基本モジュールとして計画され，その9スパン約40 mを張弦梁（上弦材H-500×200（SS41），弦材42～60 φ　KST-Ⅲ）にて，架設されている．柱はH-200×200～H-250×250（SS41）を1.2 m間隔の2本組で用いられ，外周面にブレースを配置された構造となっている．また，元建物は耐火構造の必要ない用途地域であったため，鉄骨柱・梁には耐火被覆は施されていなかったが，移築後は耐火構造とする必要があり，耐火被覆が施されている．

この事例を3.3の設計監理フローに当てはめた場合，付図1.6のようになる．

既存の体育館には，カルテは存在していないが，構造図と構造計算書はある．また，火災経験や，過荷重経験がないことは確認されている．部材の規格は構造図と構造計算書から確認されており，F値は材質に基づいて新築と同様に設定されている．建築基準法における設計ルートは「ルート2」で，ブレース付きラーメン構造として，2スパン小さい状態での設計が実施されている〔付図1.8，付写真1.7〕.

解体は，移築が決まった後に実施され，張弦梁部分は，1本の梁の状態で地上に降ろし，地上にて張力の解放などを行う，丁寧な解体が実施されている．解体後の鉄骨は，目視検査を実施し，曲りなどがないことを確認されリユースされている．

許認可にあたっては，鋼材規格証明書は存在していなかったが，元建物の完了検査証により，鉄骨材質は元建物建設時に材料確認が行われた，という判断がなされている．

元建物

建 物 名 称：K社スポーツセンター体育館
構造・規模：鉄骨造1階
延 床 面 積：1,483 m²
竣 工 年 月：1991年8月

リユース部材を使用した建物

建 物 名 称: K学園　体育館
構造・規模：鉄骨造1階
延 床 面 積: 1,089 m²
竣 工 年 月: 2000年3月

今回の事例での環境評価を以下に示す．付図 1.5 は，全ての鉄骨部材を新設部材で構築すると仮定した場合およびリユースを活用した場合の CO_2 排出量を計算し比較したものである．リユースを活用した場合，新設部材による構築に比べ CO_2 排出量を 97%（180 t）削減でき，リユースの実施が環境負荷削減に対して非常に有効であることがわかる．

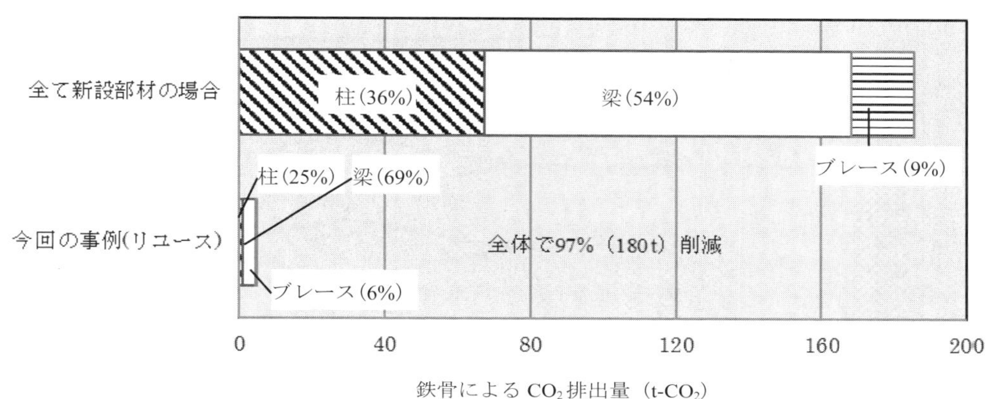

付図 1.5　鉄骨による CO_2 排出量の比較

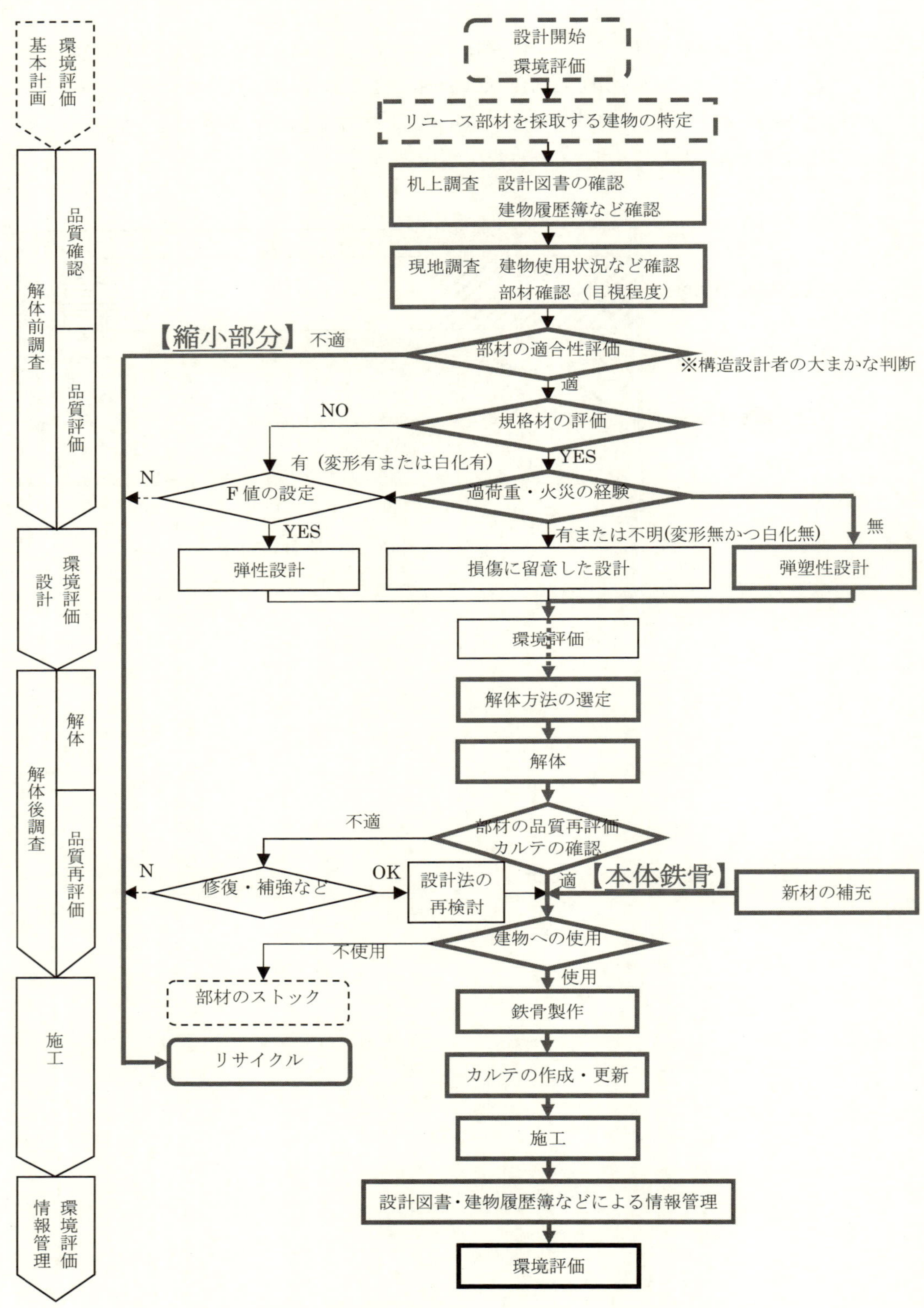

付図 1.6　体育館を 2 スパン縮小して移築した事例の設計フロー

付写真 1.6　K 社スポーツセンター体育館（元建物）（撮影者　堀内広治/新写真工房）

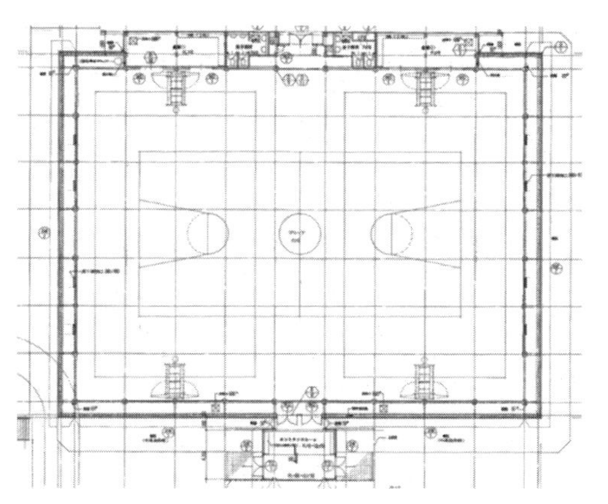

（a）平面図

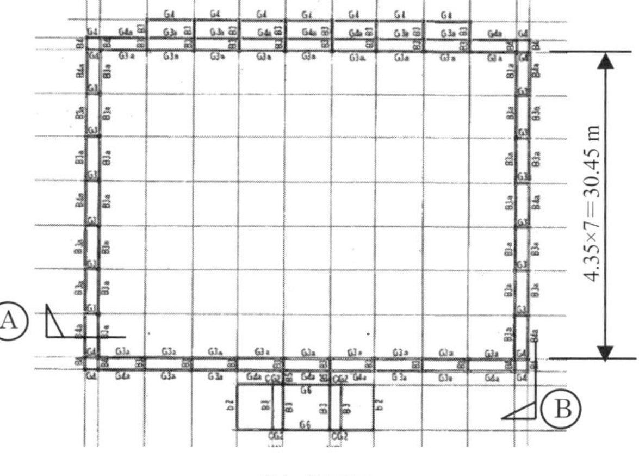

（b）梁伏図

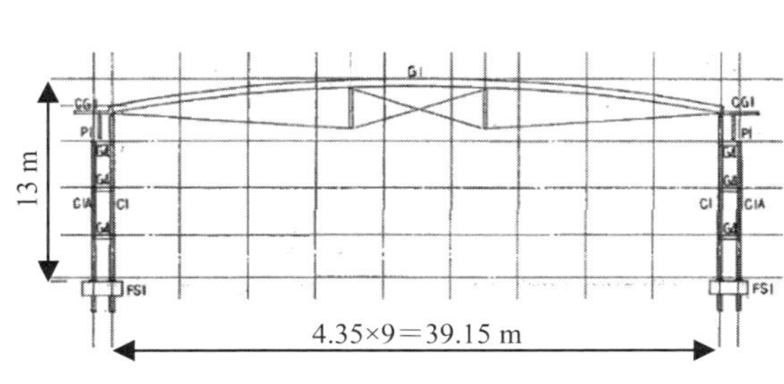

（c）A 通り軸組図

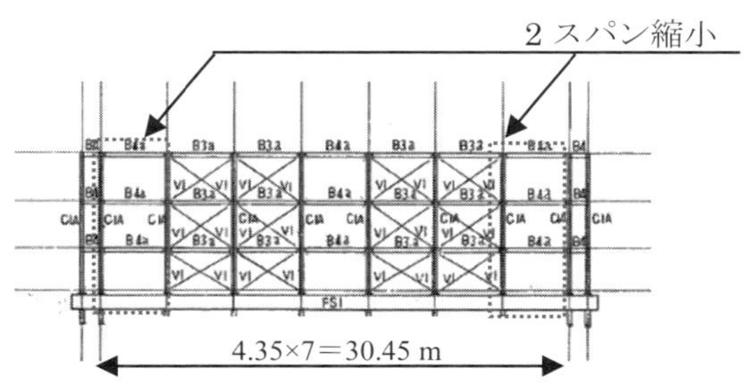

（d）B 通り軸組図

付図 1.7　K 社スポーツセンター体育館

付写真 1.7　K 学園　体育館

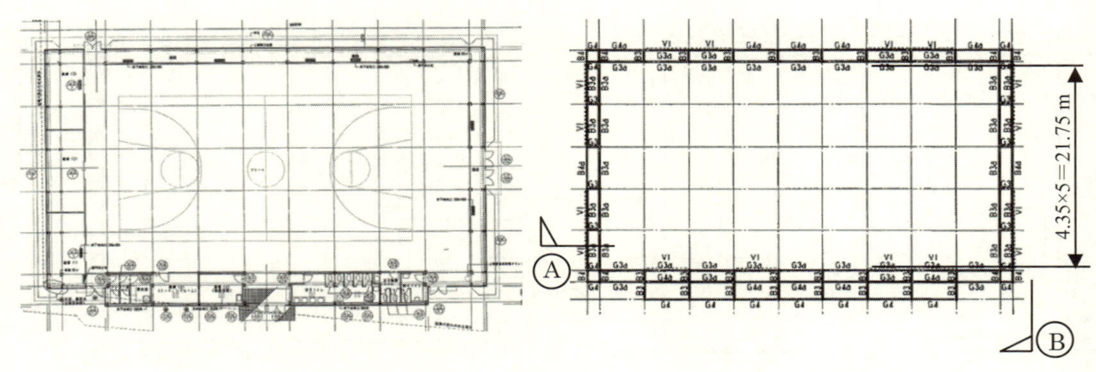

(a) 平面図

(b) 梁伏図

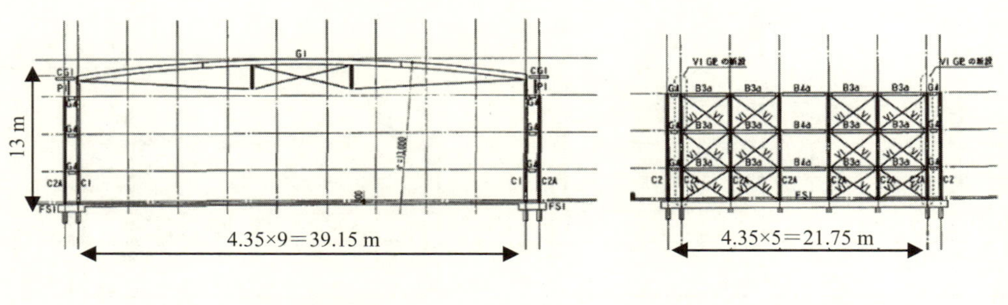

(c) A 通り軸組図

(d) B 通り軸組図

付図 1.8　K 学園　体育館

1.3　住宅・小規模店舗のリユース

本項では，「4.3.1　ユニットのリユース」に記述している事例の詳細を示す．

（1）住宅の事例

住宅がさまざまな理由で解体される際に，ユニット住宅システムにおいて，リユースを行うシステムに「再築システムの家」[1)]が実施されている．このシステムは4.3.1に記述している生産技術を用いたシステムであり，下記の①～⑤に示すフローにて供給されている〔付写真1.8〕．

この事例を3.3の設計監理フローに当てはめた場合，付図1.9のようになる．

①解体：　鉄骨フレームユニットの間の仕上継ぎ部材を外し，緊結しているボルトを外すことで，鉄骨フレームユニット単位に分離，解体する．

②輸送：　鉄骨フレームユニット単位でトラックにて工場に輸送する．

③改修：　工場にて，仕上材を外して鉄骨構造体のみの状態にして，部材の劣化診断などの各種検査を行い，防せい塗装，補修，交換を行う．点検・補修が完了した鉄骨フレームユニットに，最新の外壁や窓，または設備を施工する．

④再輸送：新たな建設地に向け，鉄骨フレームユニット単位でトラックにて輸送する．

⑤再建築：新たな建設地で，鉄骨フレームユニットを組み合わせ，戸建て住宅を建築する．

付写真1.8　再築システムの家　概要

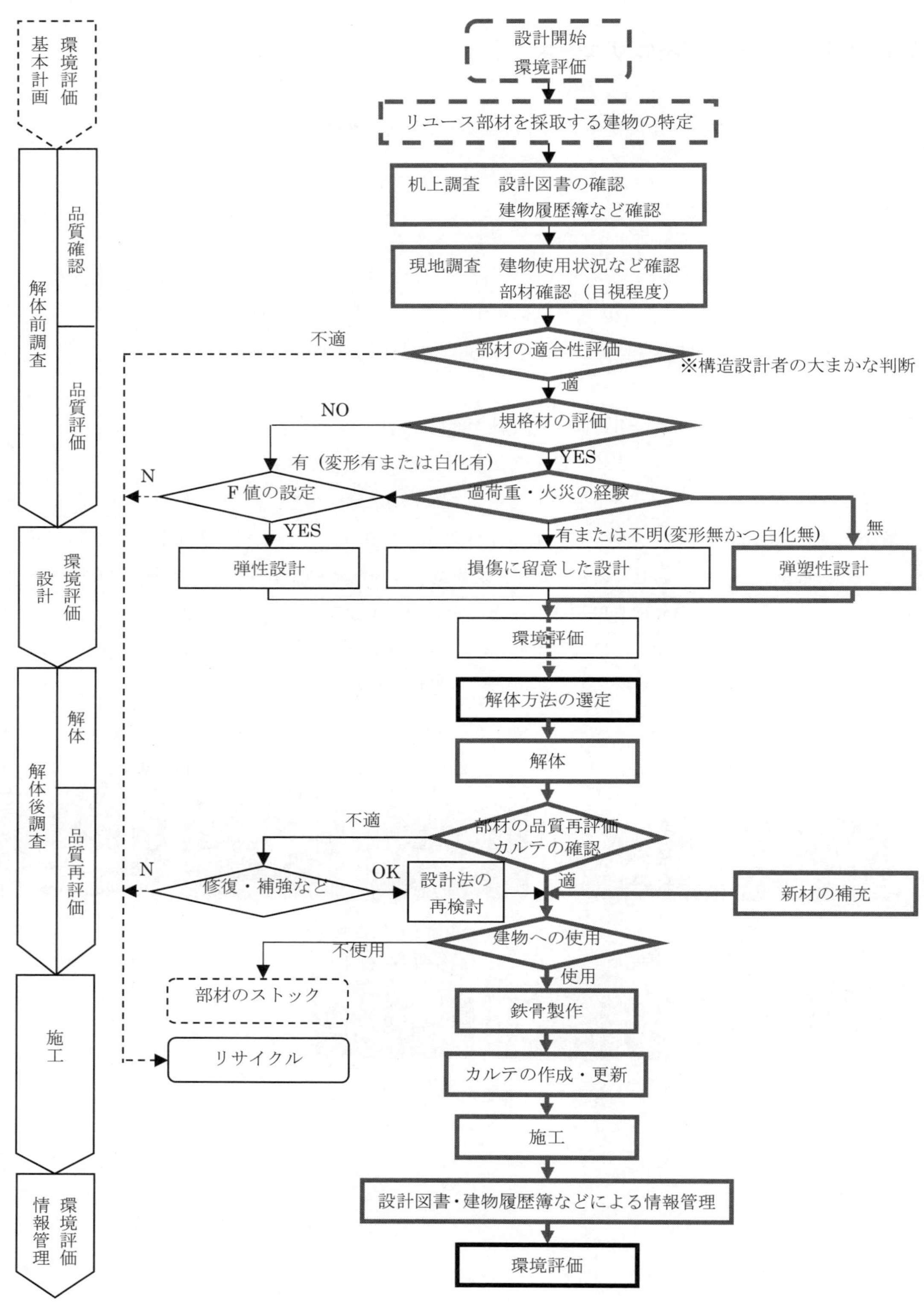

付図 1.9　再築の家システムの事例の設計フロー

実際に行われた再築システムの家の4つの事例を付写真1.9に示す．建設後の建物を構成している鉄骨フレームユニットは，全てリユースされたものである．

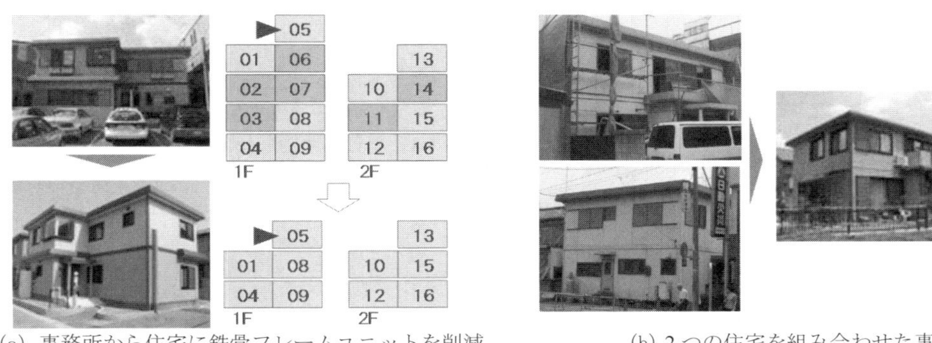

(a) 事務所から住宅に鉄骨フレームユニットを削減した事例

(b) 2つの住宅を組み合わせた事例

(c) 鉄骨フレームユニットの配置，数を変更した事例①

(d) 鉄骨フレームユニットの配置，数を変更した事例②

付写真 1.9　再築システムの家の事例

住宅における構成材の再利用による使用エネルギー低減効果に関して，住宅の複数サイクルにおけるエネルギー使用量を，モデルにて評価[2)]している．

新築を2回繰り返すこと，すなわちリユース率0%を基準値として，鋼部材の70%をリユースした場合，リユースを行った際の建替えで住宅の2世代にわたる，部材製造に関するエネルギー使用量[3)]，生産プロセス，解体・廃棄プロセスのエネルギー使用総量を積み上げて比較試算を行っている．なお，構成材の再利用による効果を比較するため，住宅の使用，すなわち生活時のエネルギー使用量は除いている．

新築を2回繰り返すことと一部にリユース部材を用いた場合とを比較すると，部材製造に関するエネルギー使用量が大きな割合を示しており，部材製造のエネルギー使用量の削減に大きな効果が期待できることが示されている〔付図1.10〕．2サイクル目だけで比較すると，鉄骨をリユースすることによりエネルギー量で約15%程度，CO_2排出量で16%程度の削減，1サイクル目と2サイクル目の合計で比較すると，鉄骨をリユースすることによりエネルギー量で7%程度，CO_2排出量で8%程度を削減できる結果が示されている．

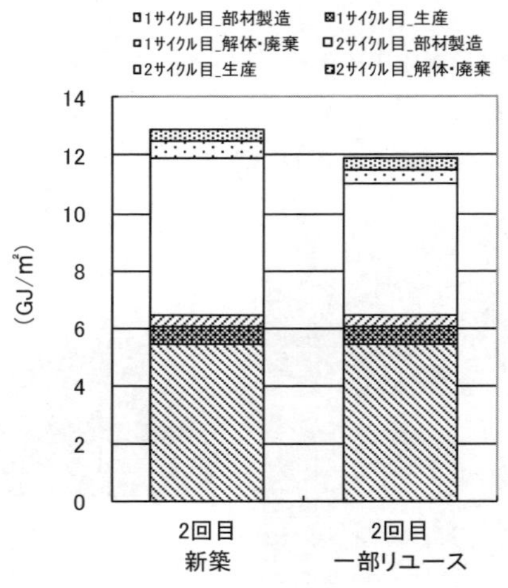

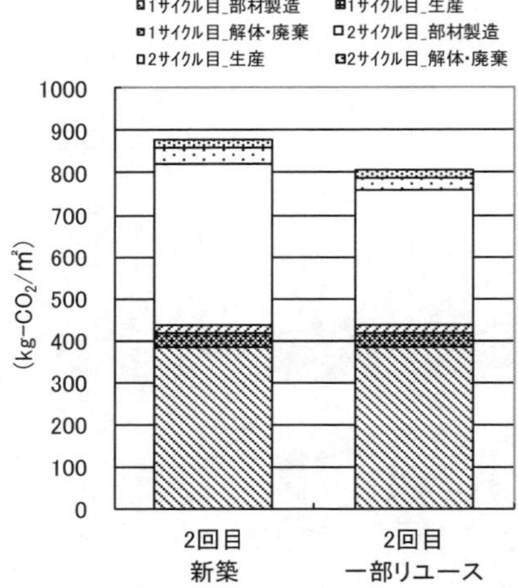

付図 1.10　2 世代における住宅におけるエネルギー使用量および CO_2 排出量の比較

(住宅使用時のエネルギー使用量および CO_2 排出量は除く) ※1

（2）小規模店舗の事例

さまざまな理由から，部材が寿命に達する前に不要となってしまった建物を，スクラップにするのではなく，新たな土地に再生・移設すればよいという考えに基づいて開発されたのが環境対応型店舗[4)]であり，付表 1.1 に示す配慮を行っている.

小規模店舗の実例として，付写真 1.10 および付図 1.11 に示す建物 1 棟全てを使った移設実験

付表 1.1　環境対応型店舗における配慮内容

工程	配慮内容
設計	・分別解体するために接合部を乾式とする. ・テナントごとに標準プランを作成し，部材統一による省資源化を実現.
生産	・現場加工による端材廃棄物を削減. ・工場デポ※2によって，廃材のリサイクルを促進・ 工場生産によって端材を有効活用でき，省資源化につながる.
建設	・工場でパネル化しているため工期の短縮，廃材の削減が可能.
運用 メンテナンス	・メンテナンスマニュアル，建物の維持管理システムを整備し，建物の長寿命化を図る.
分別解体	・再利用する部材と，再利用しない部材を明確にし，分別解体することでリユース，リサイクルを促進し，廃棄物を削減する.
補修・保管	・再利用部材を適切に補修することで，部材寿命を延ばし，資源の有効活用を図る.

※1　「戸建住宅における構成材の再利用による使用エネルギー低減効果に関する研究（日本建築学会計画系論文集，NO.593，pp.25，2005.7）」記載のグラフを，本書に合わせた表現および CO_2 排出量の比較の追加を行い再編集した.

※2　工場デポ：部材生産工場にデポ（depot: 配送中継所）機能を持たせ，新築現場で発生した建設副産物を工場に回収・集約し，リサイクルルートに乗せて，施工現場のゼロエミッションを達成していく取組みをいう.

「環境対応型店舗試作棟」を紹介する．この事例を3.3 の設計監理フローに当てはめた場合，付図1.12 のようなる．

付写真1.10に示すように，環境対応型店舗では実物大の試作棟を建設，実際に建物1棟全てを移設する検証にて，移設工事・補修作業における施工性，部材の運搬検証のほか，廃棄物量の測定も行い，従来の約1/6にまで廃棄物を削減できることが実証されている．

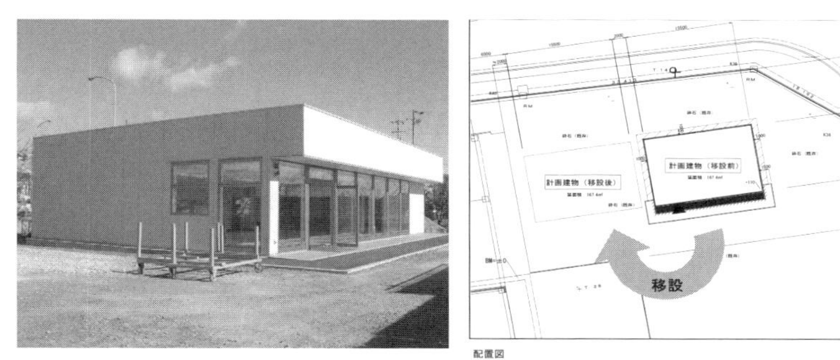

付写真1.10 建物外観図および移設概要

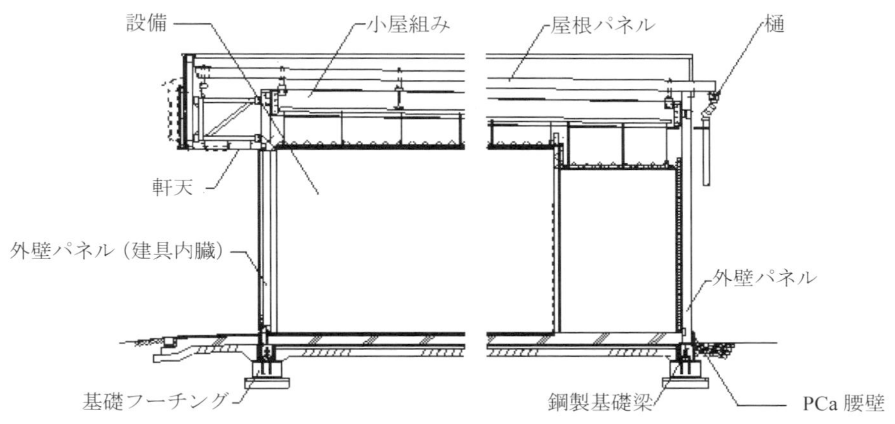

付図1.11 断面図（主なリユース部材）

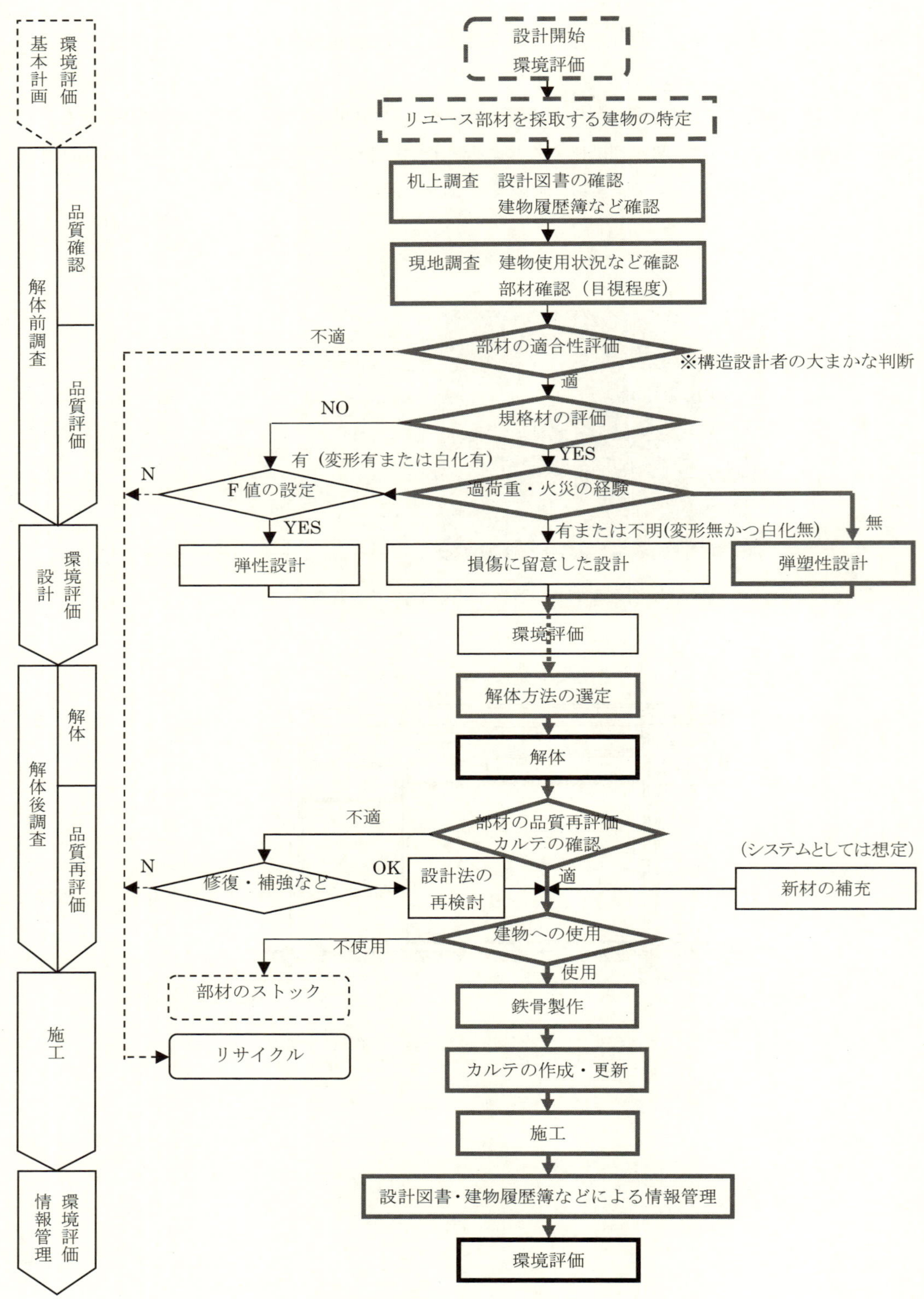

付図 1.12　環境対応型店舗の移設時の設計フロー

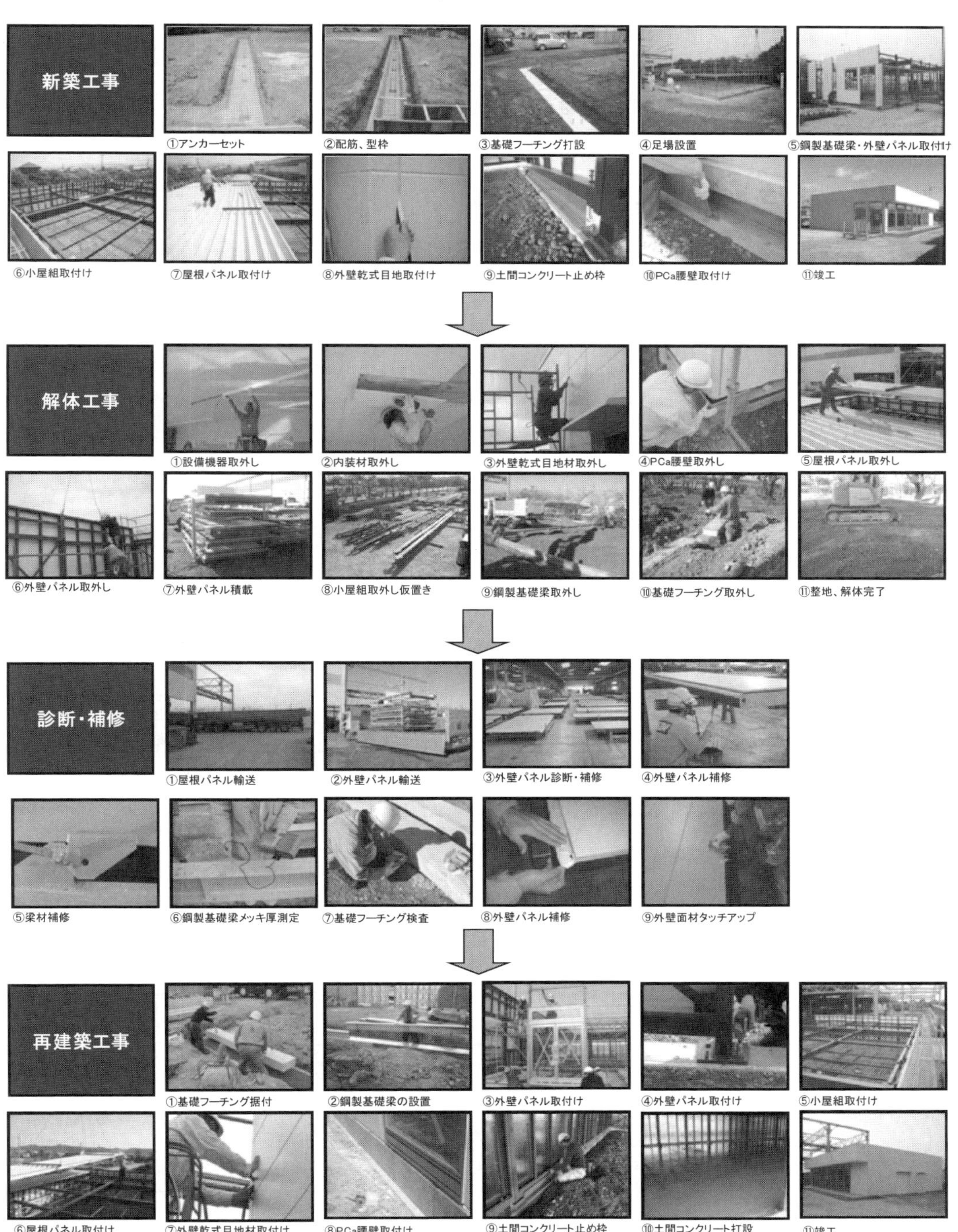
新築工事
①アンカーセット
②配筋、型枠
③基礎フーチング打設
④足場設置
⑤鋼製基礎梁・外壁パネル取付け
⑥小屋組取付け
⑦屋根パネル取付け
⑧外壁乾式目地取付け
⑨土間コンクリート止め枠
⑩PCa腰壁取付け
⑪竣工
解体工事
①設備機器取外し
②内装材取外し
③外壁乾式目地材取外し
④PCa腰壁取外し
⑤屋根パネル取外し
⑥外壁パネル取外し
⑦外壁パネル積載
⑧小屋組取外し仮置き
⑨鋼製基礎梁取外し
⑩基礎フーチング取外し
⑪整地、解体完了
診断・補修
①屋根パネル輸送
②外壁パネル輸送
③外壁パネル診断・補修
④外壁パネル補修
⑤梁材補修
⑥鋼製基礎梁メッキ厚測定
⑦基礎フーチング検査
⑧外壁パネル補修
⑨外壁面材タッチアップ
再建築工事
①基礎フーチング据付
②鋼製基礎梁の設置
③外壁パネル取付け
④外壁パネル取付け
⑤小屋組取付け
⑥屋根パネル取付け
⑦外壁乾式目地材取付け
⑧PCa腰壁取付け
⑨土間コンクリート止め枠
⑩土間コンクリート打設
⑪竣工

付写真 1.11　施工状況

環境対応型店舗の環境評価結果を以下に示す．付表 1.2 に示すように，試作棟の実施結果を基に部材のリユース率を算出し，全体では重量換算で 32%，コスト換算にすると 69%の部材がリユースできる結果となっている．

LCCO$_2$（ライフサイクル CO$_2$）に関して，付表 1.3 に示すように，環境対応型店舗と在来工法を比較した．評価期間 45 年で，2 回の建替えを実施した場合，付図 1.13 の内訳で示すように，環境対応型店舗にすることで 25%の CO$_2$ が削減できる結果[5] となっている．

付表 1.2　リユース率

部位	リユース率	
	重量（%）	金額（%）
基礎	82	82
土間	0	0
鉄骨	97	94
外壁	92	88
外部建具	100	100
屋根	93	82
内装仕上げ	10	36
設備	-	60
合計	32	69

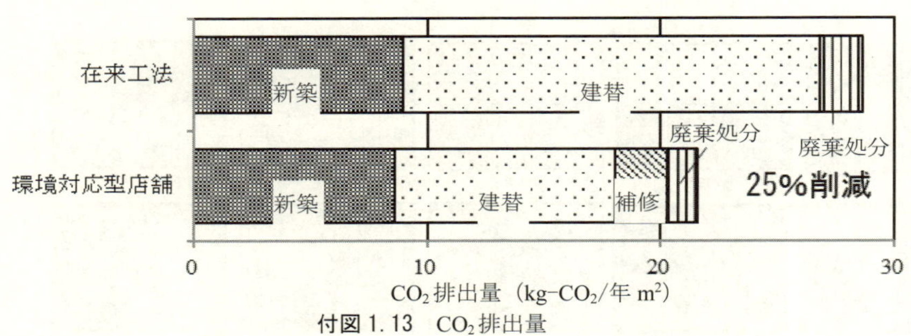

付図 1.13　CO$_2$ 排出量

付表 1.3　環境評価結果

インベントリ種別	CO$_2$		エネルギー		SO$_X$		NO$_X$	
LCI 種別	LCCO$_2$		LCE		LCSO$_X$		LCNO$_X$	
単位	kg-CO$_2$/年 m^2		MJ/年 m^2		g-SO$_2$/年 m^2		g-NO$_2$/年 m^2	
削減率	-25%		-24%		-29%		-20%	
	環境対応型店舗	在来工法	環境対応型店舗	在来工法	環境対応型店舗	在来工法	環境対応型店舗	在来工法
新築	8.60	8.93	110.45	111.58	12.92	12.96	23.23	23.67
建替	9.44	17.87	113.60	223.16	11.63	25.92	22.64	47.66
補修	2.25	0.00	32.58	0.00	3.13	0.00	11.91	0.00
廃棄処分	1.26	1.82	19.16	27.50	1.72	2.53	6.62	9.73
合計	21.55	28.62	275.79	362.24	29.40	41.41	64.39	80.72

（3）住宅・小規模店舗の事例における情報管理

リユースは，材料採取対象の建物の建設時期と，リユース部材として使われる時期との間に大きな時間的な差があることが想定される．その間の変化に伴う素材の耐久性の確保はもとより，技術進化や法改定などのさまざまな外部環境の変化により，より最適化に向けた設計の進化や設計変更などが行われる可能性がある．一方で，リユース部材として使われるには，設計時の寸法や形状などの設計条件ができるだけ継続されるように，初期の設計段階からの配慮や供給システムの継続が重要である．

リユースでは，部材が，複数回利用される耐久性を有することがまず大切であるが，それに加え，部材の形状や寸法などの部材情報の入手容易性が重要である．

住宅の事例の場合，建築された個々の住宅ごとにコードを設定し，そのコードごとに平面図や使用された部品などの情報を登録，管理している．そのため，リユースする段階では，該当する邸のコードを基に情報を突き合わせることで，建設から時間が経過していても，建設時の設計仕様などが確認できるようになっている．

また，このシステムは，販売から設計，生産，施工まで一環とした供給を独自にシステム化した「クローズドシステム」であるため，その供給システムの中で，鉄骨フレームユニットのサイズや配置のルールなどを標準化させることで，情報のストックが容易であり，継承されやすく，それらの情報へのアクセスも容易になっている．

小規模店舗の事例では，テナントの多様なプランに対応させるためには，同一部材を大量生産するシステムとするのは難しいものの，パネル部材の運搬の制約などに配慮し，ある程度，寸法モジュールの設定で対応している．現状，建物の移築を可能にできるのも，これらの設計の工夫や情報を維持・継承できるクローズドシステムであるからである．リユースに配慮したさまざまな設計の思想や実際に施された工夫，さらに，それらの情報が時間を超えて継承される必要があり，現時点では「カルテなどの確認」「設計図書（構造図・構造計算書など）の確認」などはクローズドシステムの方が実現されやすい．

一方，技術や手法が標準化され幅広く普及している，いわゆる在来工法は，技術進化を都度取り入れ，進化の普及性という面で優れているものの，技術進化が管理されることなく行われることで，時間軸における技術や設計の共通性，継続性が損なわれやすいという一面もある．リユースの普及という観点では，これらの工法や供給システムにおいても，設計や建築に使用した部材の管理〔3.4.7 参照〕が，建物の更新と同期間以上にわたって実施され，さらにその情報に容易にアクセスできる環境を構築することが重要である．

1.4　リユースを想定した研究施設の設計例

付図 1.14 に適用建物の概要を示す[6]．本建物は A 棟から C 棟の 3 棟からなる．3 階建ての鉄骨構造で，各棟は構造上独立している．構造部材の構法は，部材リユースと組立て・分解容易性を実現できる以下の方法である.

杭は，直径 600〜700 mm の鋼管支持杭（支持層 GL−40 m）である．杭頭と 1 階柱（φ500〜550 円形鋼管，H-600×300 形鋼)，基礎梁との接合は直径 1100 mm，900 mm の鋼製リングパネル[7)]を用いている．リングパネル構法によって杭頭接合部をリユース可能にしている〔付写真 1.12 (a)〕.

基礎梁は H 形鋼（H-900×300）としている．リングパネルに工場溶接した H 形鋼ブラケットと高力ボルト接合することによって，基礎梁をリユース可能としている〔付写真 1.12 (b)〕.
柱は直径 500〜550 mm の円形鋼管，大梁はせい 600〜700 mm の H 形鋼としている．その柱梁接合部はリングパネルとすることによってリユースを可能としている．また，大梁は，リングパネルに工場溶接した H 形鋼ブラケットと高力ボルト接合することによってリユースを可能としている〔付写真 1.12 (c)〕.

将来の屋上階から上への 2 層分の増築を容易にするため，最上階柱頭の柱梁接合部をリングパネルとしている〔付写真 1.12 (d)〕.

床スラブの一部を，脱着可能なフル・プレキャストスラブ（版厚 150 mm）としている．脱着可能とすることによって，床スラブをリユース可能とするとともに，建物使用期間中に床脱着による空間可変を可能としている〔付写真 1.12 (e)〕.

鋼部材の耐火被覆は巻付け型とすることによって，鋼部材の分解とリユースを容易にしている〔付写真 1.12 (f)〕.

B 棟を在来構法とリユースを想定した構法で設計した場合の CO_2 排出量を算出している．CO_2 排出量は，運用段階を除けば資材製造段階が大部分を占めるため，算出は付表 1.4 に示す構造部材の資材製造段階における新築時と再築時について行っている．再築時は，付表 1.4 の網掛部分の部材の全てをリユースするとしている．CO_2 排出量は，付表 1.5 に示す資材製造時の CO_2 原単位に使用重量を乗じた値としている．付図 1.15 に算出結果を示す．同図より，リユースを想定した構法の主要構造部材の資材製造段階の CO_2 排出量は，在来構法に比べ新築時に 10%低減し，再築時には 97%低減可能である.

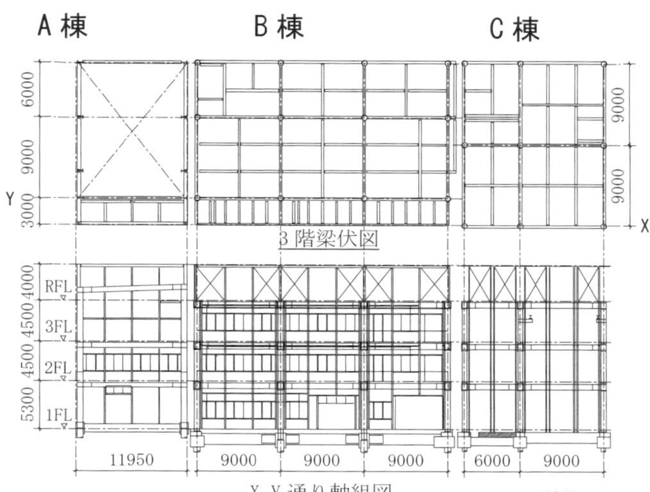

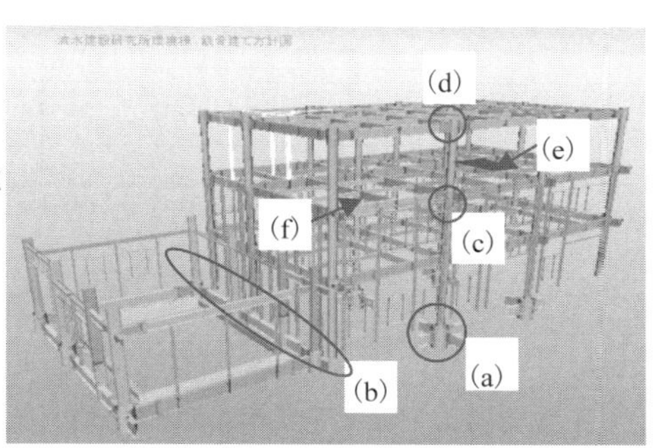

符号は付写真 1.12 の記号を示す.

A，B棟パース（施工時）

付図 1.14　建物の概要 6)

(a)杭頭のリングパネル接合

(b)鋼製の基礎梁

(c)柱・梁接合部のリングパネル接合

(d)上層増築対応のリングパネル

(e)脱着可能な床スラブ

(f)巻付け型の耐火被覆接合

付写真 1.12　施工状況 6)

付表 1.4 構法の概要[6)]

	在来構法		リユースを想定した構法	
	部材	接合部	部材	接合部
杭と杭頭接合部	鋼管	RC	鋼管	リングパネル
基礎梁	RC		H 形鋼	高力ボルト
柱	円形鋼管	溶接（2 層 1 節）	円形鋼管	リングパネル
大梁	H 形鋼	高力ボルト	H 形鋼	高力ボルト
小梁	H 形鋼	高力ボルト	H 形鋼	高力ボルト
床スラブ	デッキ	スタッド	PCa	ボルト+モルタル

注）CO_2 排出量と使用重量の算出は，全ての当該部材を同表の仕様と仮定した．

付表 1.5　CO_2 原単位[6)]

資材	原単位 (kg-CO_2/kg)
コンクリート	0.21
鉄骨	0.64
鉄筋	0.64
鋼管杭	0.64
溶接	3.01
ボルト	2.22
デッキプレート	1.12

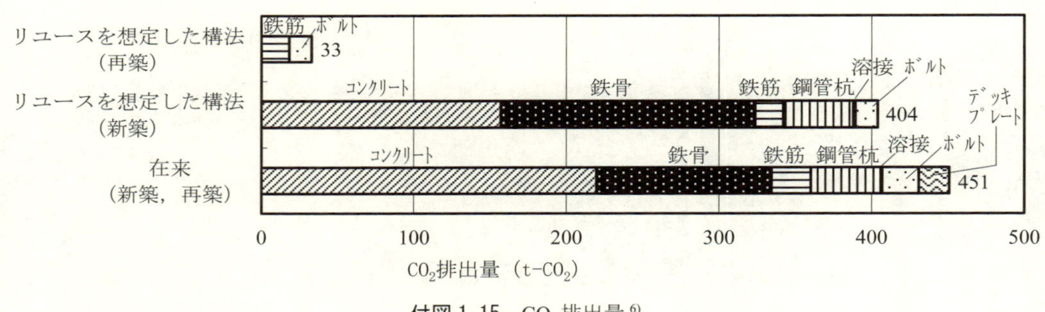

付図 1.15　CO_2 排出量[6)]

参 考 文 献

1)　建替え・再築サポートホームページ（積水化学工業株式会社）：
（http://www.sekisuiheim-owner.jp/support/reconstruction/）

2)　松元建三，西本賢二，野城智也，中村良和，岩原卓己，楊詩弘：戸建住宅における構成材の再利用による使用エネルギー低減効果に関する研究，日本建築学会計画系論文集，第 593 号，pp.25-31，2005.7

3)　小玉祐一郎，澤地孝男，中島史郎：建築のライフサイクルエネルギー算出プログラムＢＥＡＴ，建築研究所，1997.11

4)　環境対応型店舗「リ・ストア＆リ・ビルドシステム」：大和ハウスグループ CSR レポート，pp.80，2008 および pp.46，2007

5)　日本建築学会：建物の LCA 指針－温暖化・資源消費・廃棄物対策のための評価ツール－，2003

6)　兼光知巳，椚隆，坂本眞一，辰巳佳裕：アダプタブルビルの開発 その 5 実建物の設計，日本建築学会大会学術講演梗概集，F-1，pp.1153-1154，2006.9

7)　石井大吾，田中剛：鋼管内充填コンクリートの支圧耐力評価ー鋼構造充填接合構法による接合部の力学的挙動に関する研究（その 1），日本建築学会構造系論文集，第 630 号，pp.1385-1391，2008.8

付2　使用された部材の構造性能

リユース部材の対象は，１章で述べたようにJIS規格材，大臣認定品およびF値の設定された鋼材である．JIS規格材の，一般構造用圧延鋼材（JIS G 3101），溶接構造用圧延鋼材（JIS G 3106），建築構造用圧延鋼材（JIS G 3136）などで，このうち，建物としておおむね30年以上使用されたものである．

竣工年がおのおの1976年（試験体H496-A，B），1993年（試験体H175，試験体H200），1982年（試験体H250）の建物より採取した部材(母材)の機械的性質を付表2.1に示す[1)2)]．H496-A，H496-B，H250は大梁に，H175およびH200は小梁として使用された圧延H形鋼で，共にJISの寸法許容差を満たしている部材である．塗膜劣化の等級はH496-A,BにおいてRi5（S5），H175およびH200，H250においてRi4（S4）未満である※1．引張試験の結果，全ての試験片とも降伏耐力，引張強さ，伸び共にSS400のJIS規格を満たすものとなっている．

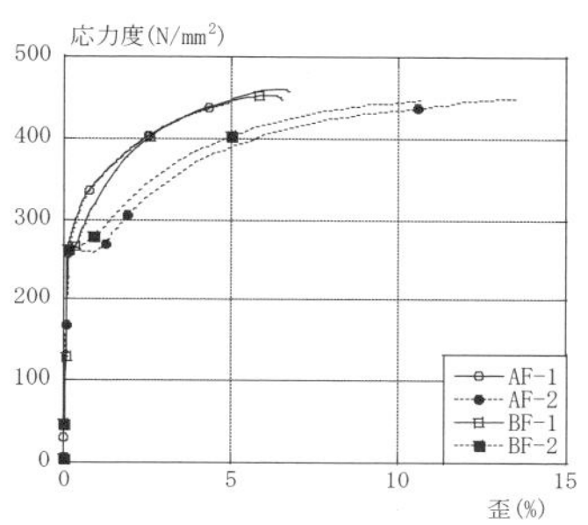

(a)　H496-A,B（フランジ）

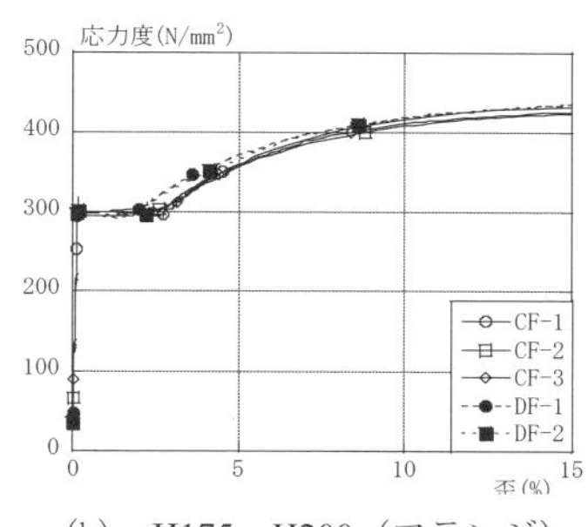

(b)　H175，H200（フランジ）

付図2.1　荷重ひずみ曲線

付表2.1　部材の機械的性質

部材の種類	試験体名*1	採取位置	記号	鋼種	降伏耐力 (N/mm²)	引張強さ (N/mm²)	伸び (%) 6<t*4<16	16<t<50
--	JIS*3			SS400	245以上	400～510	17以上	21以上
1976年竣工の建物	H496-A	フランジ	AF-1*2	SS400	259	461	--	27
			AF-2		264	451	--	28
		ウェブ	AW-1		295	461	--	37
			AW-2		294	460	--	39
	H496-B	フランジ	BF-1*2	SS400	256	453	--	28
			BF-2		265	460	--	26
		ウェブ	BW-1		290	453	--	35
			BW-2		290	462	--	36
1993年竣工の建物	H175	フランジ	CF-1	SS400	294	439	29	--
			CF-2		297	430	32	--
			CF-3		316	431	30	--
	H200	フランジ	DF-1	SS400	304	445	29	--
			DF-2		303	442	28	--
1982年竣工の建物	H250	フランジ	EF-1	SS400	285	413	--	--
			EF-2		287	424	--	--
		ウェブ	EW-1	SS400	310	431	--	--
			EW-2		324	447	--	--
			EW-3		294	432	--	--

注*1　H496-A,B，H175，H200，H250は，おのおのH-496×199×9×14，H-175×90×5×8，H-200×100×5.5×8，H-250×125×6×9を示す．
注*2　AF-1，BF-1はスタッドの切除跡ありの試験体．
注*3　SS400の機械的性質は，JIS G 3101による．
注*4　tは，鋼材の板厚（mm）を示す．

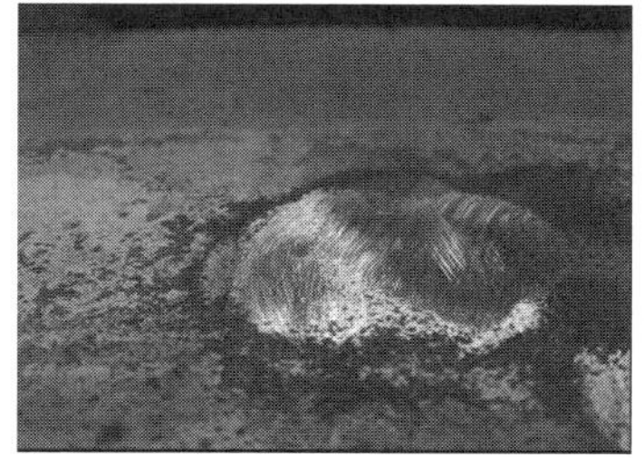

付写真2.1　スタッドの切除跡[2)]

採取した部材のフランジおよびウェブから切り出した試験体の荷重ひずみ曲線を付図 2.1 に示す．AF-1，BF-1 の荷重ひずみ曲線の降伏棚は，AF-2，BF-2 より短い傾向にある．これらの試験体はフランジ部のスタッド跡を含んでおり，スタッド近傍の母材が溶接時の熱影響を受けたものと推定される．なお，採取した部材のスタッドは，ガス切断による切除跡を 10mm 程度残した後，グラインダー処理されている〔付写真 2.1〕．試験体の化学成分分析の結果を付表 2.2 に示す．試験体の化学成分は，一般構造用圧延鋼材の成分規定（JIS G 3101）である P と S の規格値を全て満たしている．H496-A，B の N および Cu の成分は H175 および H200 のそれよりも小さいことから，H496-A，B は高炉材，H175 および H200 は電炉材と推定される．

前述した試験体 H496（H-496×199×9×14：SS400）を使用した T 型実験による柱梁接合部の破壊状況，復元力特性を付図 2.2 に示す．ただし，使用された部材の柱梁接合部の破壊性状は新材と同じウェブの局部変形であり，復元力特性は荷重振幅を増加させるごとに耐力が上昇し，前振幅時の履歴を包含する弾塑性履歴性状を示している．この結果によると，30 年以上経過した建

付表 2.2　部材の化学成分分析結果の例

試験体名	化学成分(%)							
	P	S	Mn	C	Si	Cu	Sn	N
JIS*1	0.05以下	0.05以下	--	--	--	--	--	--
H500*2	0.008	0.024	0.52	0.16	0.15	--	--	--
H496-A	0.027	0.013	0.72	0.23	0.04	0.04	<0.01	0.0030
H496-B	0.027	0.015	0.73	0.23	0.04	0.04	<0.01	0.0032
H175	0.018	0.015	0.34	0.12	0.12	0.24	0.04	0.0104
H200	0.027	0.020	0.54	0.09	0.17	0.26	0.01	0.0134
H250	0.020	--	0.53	--	0.04	--	--	--

注*1 部材の化学成分の規定値は JIS G 3101（SS400）よる．
*2 H500 の成分は新材の鋼材規格証明書による．

(a) 実験状況

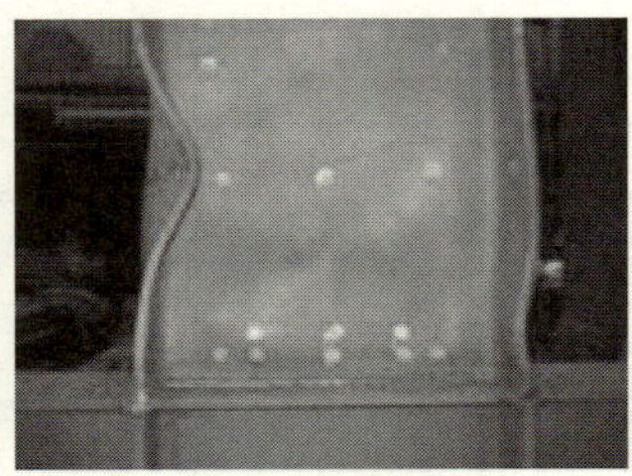
(b) 梁の局部変形

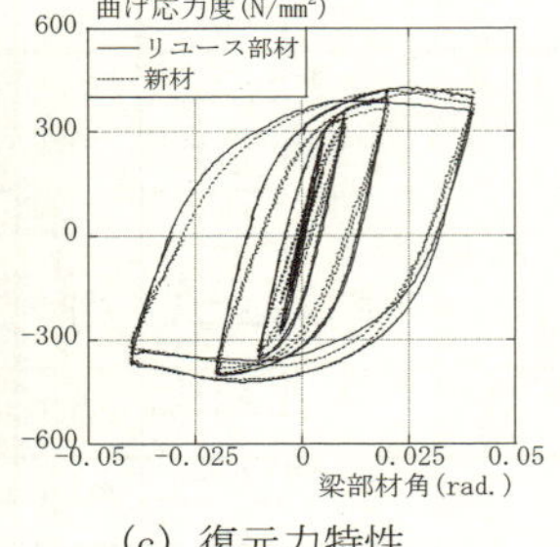

(c) 復元力特性

付図 2.2　柱梁接合部実験（1976 年に建設）[2),3)]

※1 塗膜劣化の評価は，JIS K 5600-8-1（塗膜一般試験方法－塗膜劣化の評価）において，ふくれ，さび，割れ，はがれ，白亜化の等級に分類されている．さびの場合，Ri5（S5）はさびの面積が等級 Ri5（40%~50%），さびの大きさが等級 S5（5mm 以上）を表す．

物から採取した部材（母材）の復元力特性は，おおむね新材と同様の傾向を示すといえる．

1969 年に建設の鉄骨骨組より採取した部材の機械的性質および溶接部の化学成分を付表 2.3，付表 2.4 に示す [4]．使用された部材は，柱において溝形鋼を溶接でつなぎ合わせた箱型断面の組立材（2[-200×90×8×13.5)，梁において柱梁接合部に隅肉溶接された H 形鋼（H-600×200×11×17）である〔付図 2.3（a）（b）〕．部材の断面や機械的性質は SS400 の規格を満たしている．また，溶接部の化学成分やマクロ試験結果より，使用された溶接棒は JIS Z 3211 の D4301 イルミナイト系と推定している．柱梁接合部の載荷実験による復元力特性および最終破断状況を付図 2.3（c）（d）に示す．梁下フランジの隅肉溶接においては，のど厚断面ではなく柱母材の境界付近で破断している．梁ウェブと柱の隅肉溶接には損傷がなく，梁フランジ溶接部の亀裂は母材側から生じている．最大層間変形角は 0.0672 rad.で，破断までの累積塑性変形倍率は 298 であり，十分な変形能力を有している．しかし，梁に作用する最大曲げモーメントは，梁の全塑性モーメントの 1/3 程度であり，溶接継目の破断で決まる最大耐力の 44％である．柱の耐力が小さいため，柱梁接合部において柱の塑性変形能力が発揮されている．ただし，梁降伏が先行する設計では，

付表 2.3　部材の機械的性質（1969 年建設）

部材断面	降伏点 N/mm^2	引張強さ N/mm^2	破断伸び %	降伏比 %
梁フランジ (H-600x200x11x17)	264	426	27.5	62.0
梁ウェブ (H-600x200x11x17)	262	408	29.1	64.3
柱フランジ (2[-200x90x8x13.5)	295	417	30.0	65.1
柱ウェブ (2[-200x90x8x13.5)	331	427	30.6	67.0
柱溶接部	--	423	--	--

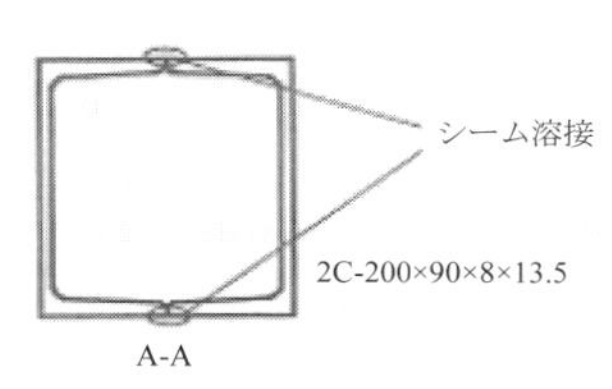

（a）柱断面

付表 2.4　溶接金属の化学成分

化学成分	C	P	S	Si	Mn
	%				
対象建物	0.09	0.001	0.020	0.08	0.38

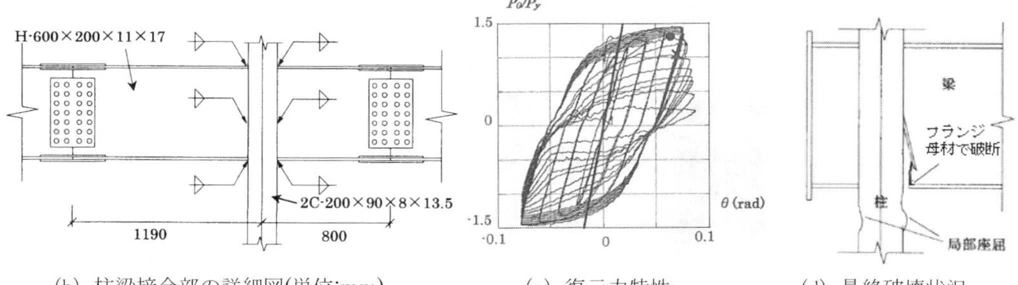

（b）柱梁接合部の詳細図(単位:mm)　（c）復元力特性　（d）最終破壊状況

付図 2.3　柱梁接合部実験（1969 年に建設）[4]

隅肉溶接で接合された骨組の変形能力を評価の際，部材の構成などの骨組全体の条件と併せて判断する必要がある.

1980 年代に建設された鉄骨骨組より採取された部材の機械的性質を付表 2.5 に示す 5),6)．柱梁接合部の詳細図および柱梁接合部の復元力特性の例を付図 2.4（a）（b）に示す．なお，この試験体の柱梁接合部には，UT による溶接欠陥が検出されなかったものの，アンダーカットが梁フランジに検出されている．載荷試験結果によると，梁フランジの局部座屈後に溶接部が破断している．このような柱梁接合部に溶接欠陥を有する場合，破断までの累積変形倍率は 8〜15 と低いが，最大塑性変形角は多くが 0.03 rad.を超え，耐震設計で要求される程度の変形能力を有しているものの，一部には 0.018 rad.とかなり低い場合も存在している.

溶接欠陥を有する柱梁接合部を含む既存鉄骨と無欠陥試験体の変形能力の比較を付図 2.5 に示す．図中の改良型は兵庫県南部地震以前のスカラップ底のアールが小さい接合詳細を用いた試験体で，改良型はスカラップ形状を改良した試験体である．柱梁接合部を含む既存鉄骨の載荷試験によると，既存鉄骨（図中の建物①，②，③）の塑性変形能力（平均 0.34）は欠陥のない従来型試験体（平均 0.49）の約 70%であり，改良型（平均 0.75）の 45%程度である.

上述したように溶接部を含む架構をリユースする場合，使用された部材の柱梁接合部の塑性変形能力は，接合ディテールと施工品質によって異なる場合があるので，留意する必要がある.

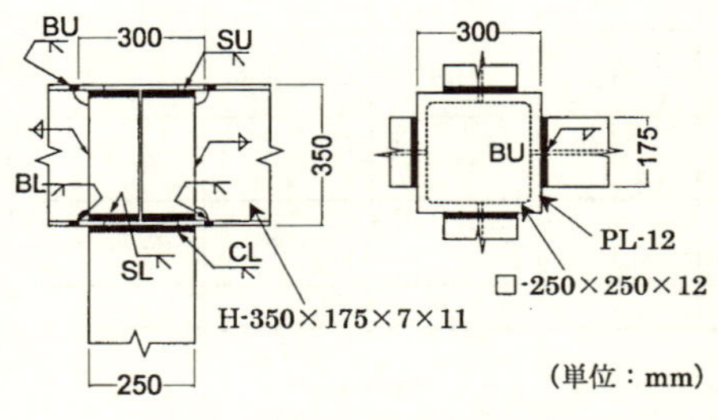

(a) 柱梁接合部の詳細図

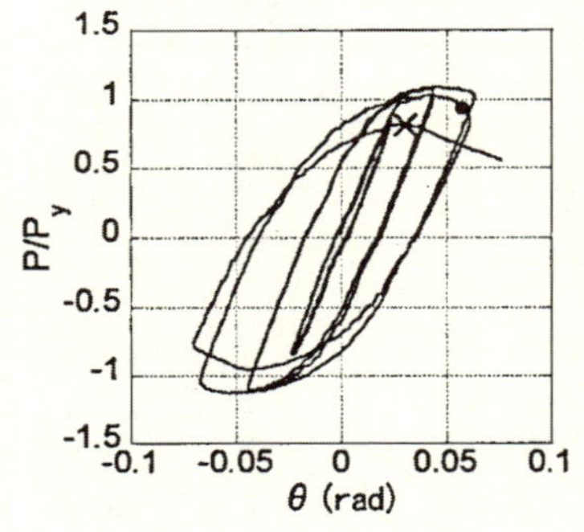

(b) 復元力特性

付図 2.4　柱梁接合部実験 6)

付表 2.5　部材の機械的性質（1980 年代に建設）

部材断面	降伏点 N/mm²	引張強さ N/mm²	破断伸び %	降伏比 %
□-250x250x12 (管壁)	435	494	14.5	88.2
H-350x175x7x11 (フランジ)	355	477	23.1	74.4
H-350x175x7x11 (ウエブ)	406	477	18.4	85.1
300x300x12 (ダイアフラム)	356	484	35.9	73.6

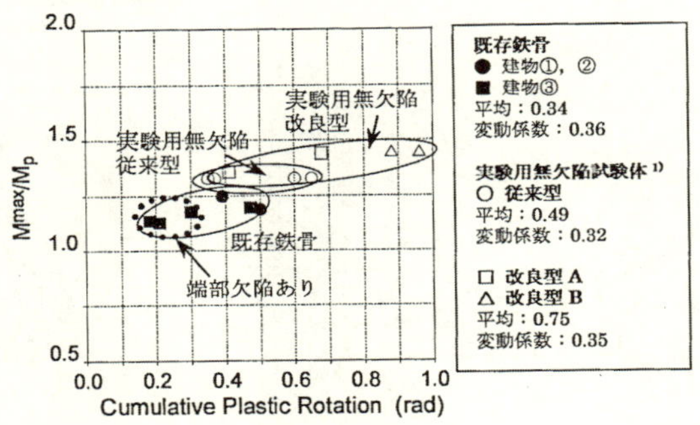

付図 2.5　既存鉄骨と無欠陥試験体の変形能力の比較 6)

参 考 文 献

1) 藤田正則，前田親範，岩田衛：建築鋼構造のリユースシステムに関する研究 -リユース材の構造性能-，日本建築学会環境系論文集，第 600 号，pp.83-89，2006.2
2) 藤田正則，文蔵亮介，岩田衛：建築鋼構造のリユースシステムに関する研究 -リユース材の加工とその性能評価-，日本建築学会環境系論文集，第 620 号，pp.97-102，2007.10
3) 岡本康司，藤田正則，岩田衛：リユース部材を用いた接合部の耐力実験，日本建築学会大会学術講演梗概集，pp.727-728，2008.9
4) 吹田啓一郎，赤沢資貴，山田祥平：1969 年に建設された隅肉溶接による既存鉄骨骨組の耐震性能，日本建築学会構造系論文集，第 612 号，pp.215-222，2007.2
5) 吹田啓一郎，赤沢資貴，山田祥平：柱梁接合部に溶接欠陥を有する 1980 年代建設の低層鉄骨建物の現有耐震性能，日本建築学会構造系論文集，第 613 号，pp.121-128，2007.3
6) 吹田啓一郎，佐藤有希，長田暢浩：1980 年代初頭に建設された既存鉄骨建物の溶接品質と現有耐震性能，日本建築学会構造系論文集，第 586 号，pp.179-185，2004.12

付３　鋼材の規基準の変遷

リユース部材は，過去の規基準のもとで使用されたものである．これらは，戦後初期を除き建築基準法令に挙げられた日本工業規格（JIS）の鋼材または，国土交通大臣認定（建設大臣認定）された鋼材を使用している．付３では，鋼材の規基準について 1950 年から 2014 年までの変遷をまとめた．

既存建物の建設された年代などから，これらの変遷を参考にすることで，使用された鋼材の種類などを推定する際の有用な情報となる〔3.4.1（2）b）ⅰ）参照〕．

3.1 に表の構成を，3.2 に表の作成に際して配慮した事項を示した．

3.1　表の構成

鋼材の規基準の変遷を表にまとめた．表の構成を以下に示す．

（１）規基準の変遷

①日本建築学会

・鋼構造関連規準類の刊行，改版履歴

・鋼構造計算規準および鋼構造設計規準（以下，S 規準という）の材料，許容応力度の表記について

②建設省（昭和 23 年～平成 13 年）国土交通省（平成 13～26 年）

・建築基準法および施行令の施行，主要改正履歴

・建築基準法，施行令および告示（以下，法令という）の材料，許容応力度の表記について

③学協会

・規準，解説等の刊行，改版の履歴

（２）主な規格材料の変遷

①構造用鋼材

・日本建築学会；S 規準に記されている構造用鋼材の長期許容応力度と F 値

・建設省・国土交通省；法令に記されている構造用鋼材の長期許容応力度と基準強度

・規格材料；制定・改正履歴，降伏点・引張強さ，S 規準および法令に示された上記の値

＜厚板＞

一般構造用圧延構造普通種特 SSooX（臨 JES281），（新 JES 金属 3101），一般構造用鋼材（JIS G3010），溶接構造用鋼材（JIS G3106），溶接構造用耐候性熱間圧延鋼材（JIS G 3114），建築構造用鋼材（JIS G 3136），建築構造用 TMCP 鋼板（大臣認定），建築構造用高性能 590 N/mm^2 級鋼材（大臣認定），建築構造用高強度 780 N/mm^2 鋼材（大臣認定），建築構造用低降伏点鋼材（大臣認定・日本鉄鋼連盟製品規定）

＜円形鋼管＞

一般構造用炭素鋼鋼管（JIS G3444），建築構造用炭素鋼管（JIS G 3475）

＜角形鋼管＞

一般構造用角形鋼管（JIS G 3466），冷間成形角形鋼管（ボックスコラム）ロール（大臣認定・JSS II 10 日本鋼構造協会），建築構造用冷間ロール成形角形鋼管（大臣認定・日本鉄鋼連盟製品規定）

プレス成形角形鋼管，冷間成形角形鋼管（ボックスコラム）プレス（大臣認定・JSS II 10），建築構造用冷間プレス成形角形鋼管（大臣認定・日本鉄鋼連盟製品規定）

＜その他鋼材＞

一般構造用軽量形鋼（JIS G 3350），一般構造用溶接軽量 H 形鋼（JIS G 3353），建築構造用圧延棒鋼（JIS G 3138），鋼管ぐい（JIS A 5525），H 形鋼ぐい（JIS A5526）

②リベット，ボルト，高力ボルト

＜リベット＞

・日本建築学会；S 規準に記されているリベットの長期許容応力度

・建設省・国土交通省；法令に記されているリベットの長期許容応力度について

・規格材料；制定・改正履歴，　引張強さ，　S 規準に示された上記の値

鋲用圧延鋼材第 1 種甲 SV34A（日本標準規格第 432 号），（臨時 JSS 411），リベット用鋼材（JES 金属 3104），リベット用丸鋼（JIS G 3104）

＜ボルト＞

・日本建築学会；S 規準に記されているボルトの長期許容応力度

・建設省・国土交通省；法令に記されている長期許容応力度と基準強度

・規格材料；制定・改正履歴，　耐力・引張強さ等，　S 規準および法令に示された上記の値

炭素鋼及び合金製締結部品の機械的性質－第一部ボルト・ねじ及び植え込みボルト（JIS B 1051），基礎ボルト（JIS B 1178），建築構造用転造ねじアンカーボルト・ナット・座金のセット（JSS II 13 日本鋼構造協会），建築構造用転造ねじアンカーボルトセット（JIS B 1220），建築構造用切削ねじアンカーボルト・ナット・座金のセット（JSS II 14 日本鋼構造協会），建築構造用切削ねじアンカーボルトセット（JIS B 1221）

＜高力ボルト＞

・日本建築学会；S 規準に記されている高力ボルトの長期許容応力度と設計ボルト張力

・建設省・国土交通省；法令；長期許容応力度，基準張力と基準強度

・規格材料；制定・改正履歴，耐力・引張強さ・ボルト軸力，　S 規準および法令に示された上記の値

摩擦接合用高力ボルト・六角ナット・平座金のセット（JIS B 1186），構造用トルシア形高力ボルト・六角ナット・平座金のセット（JSS II 09 日本鋼構造協会），特殊高力ボルトトルシア形高力ボルト（大臣認定），溶融亜鉛めっき高力ボルト（大臣認定）

③鋳鋼および鍛鋼

＜鋳鋼＞

・日本建築学会；S 規準に記されている長期許容応力度

・建設省・国土交通省；法令に記されている長期許容応力度と基準強度

・規格材料；制定・改正履歴，　降伏点・引張強さ，　S 規準および法令に示された上記の値

鋳鋼品（日本金属規格 5101），炭素鋼鋳鋼品（JIS G 5101），溶接構造用鋳鋼品（JIS G 5102），溶接構造用遠心力鋳鋼管（JIS G 5201）

＜鍛鋼＞

・日本建築学会；S 規準の長期許容応力度

・規格材料；制定・改正履歴，　降伏点・引張強さ，　S 規準に示された値

日本標準規格第 5 号，臨時日本標準規格 859 号，JSE 金属 3201，炭素鋼鍛鋼品（JIS G 3201）

④鋳鉄

・日本建築学会；S 規準に記された長期許容応力度

・建設省・国土交通省；法令に記された長期許容応力度と基準強度

・規格材料；制定・改正履歴，引張強さ，　S 規準および法令に示された上記の値

日本金属規格 5501，ねずみ鋳鉄品（JIS G 5501）

⑤形状および寸法

＜平鋼・棒鋼・バーインコイル＞

・規格；制定・改正履歴

棒鋼（旧 JES 25）（臨 JES 162），平鋼（旧 JES 88），定尺（臨 JES 163，469，493），熱間圧延棒鋼及びバーインコイル形状，寸法及び質量及びその許容差（JIS G 3191），熱間圧延平鋼の形状，寸法，質量及びその許容差（JIS G 3194）

・日本建築学会；S 規準の引用履歴

＜形鋼＞

・規格；制定・改正履歴

形鋼（旧 JES 26）（臨 JES 278），定尺（臨 JES 163，469，493），熱間圧延形鋼の形状，寸法，質量及びその許容差（JIS G 3192），平行フランジみぞ形鋼の形状・寸法・重量及びその許容差（JSS II 07 日本鋼構造協会），建築構造用 TMCP 極厚 H 形鋼（大臣認定）

・日本建築学会；S 規準の引用履歴

＜鋼板＞

・規格；制定・改正履歴

厚鋼板（旧 JES 89），熱間圧延鋼板及び鋼帯の形状，寸法，質量及びその許容差（JIS G 3193）

・日本建築学会；S 規準の引用履歴

＜リベット＞

・規格；制定・改正履歴

鋲（旧 JES 39），丸リベット（10～40 mm）（JIS B 1206），サラリベット（10～40 mm）（JIS B 1207），平リベット（10～40 mm）（JIS B 1208），丸サラリベット（JIS B 1209），熱間成形リベット（10～40 mm）（JIS B 1214）

・日本建築学会；S 規準の引用履歴

＜ボルト・ナット・平座金＞

・規格；制定・改正履歴

ボルト（臨 JES 467）（臨 JES 469），六角ボルト(メートルネジ)（10～48 mm）(JIS B 1152)，六角ボルト（ウイットネジ）（JIS B 1154），六角ナット（メートルネジ）（10～130 mm）（JIS B 1156），六角ナット(ウィットネジ)（JIS B 1158），六角ボルト（JIS B 1180），六角ナット（JIS B 1181），平座金（JIS B 1256）

・日本建築学会；S 規準の引用履歴

＜レール＞

・規格；制定・改正履歴

炭素鋼軌條（旧 JES 90），炭素鋼軌條（新 JES 金属 3602），普通レール及び分岐類用特殊レール（JIS E 1101），軽レール（JIS E1103）

・日本建築学会；S 規準の引用履歴

＜ターンバックル＞

・国土交通省；法令に記されているターンバックルの長期許容応力度と基準強度

・規格；制定・改正履歴，S 規準および法令の引用履歴

建築用ターンバックル（JIS A 5540），建築用ターンバックル胴（JIS A 5541），建築用ターンバックルボルト（JIS A 5512）

＜ワイヤロープ＞

・国土交通省法令；法令に記されている構造用ケーブルの長期許容応力度と基準強度

・規格材料；制定・改正履歴，S 規準および法令の引用履歴

鋼索（旧 JES 104），鋼索（臨 JES 425），ワイヤロープ（JIS G 3525），異形線ワイヤロープ（JIS G 3546），構造用ストランドロープ（JSS II 03），構造用スパイラルロープ（JSS II 04），構造用ロックドコイルロープ（JSS II 05），平行線ストランド（JSS II 06），被覆平行線ストランド（JSS II 11），構造用ワイヤロープ（JIS G 3549）

3.2　表の作成に際して

表の作成にあたり，以下の事項を確認し配慮した．

・鋼構造計算規準・鋼構造設計規準は，改定版刊行時だけでなく増刷時にも，若干の修正が確認できる．
・S 規準の構造材料の材質規格や形状寸法規格は，原則として定められており限定されていない．
・鋼構造計算規準・鋼構造設計規準は，日本建築学会図書館およびデジタルアーカイブスに保管されず増刷されているものは，国会図書館や公共図書館，企業所蔵のもので確認した．
・法令で鋼材厚さについて規定されているものは 100 mm 以下であるため，JIS についても 100 mm 以下を対象に記した．
・JIS の改正年以外の変更は，直前の改正時に SI 単位に切り替える旨が記載されている．
・JIS は，降伏点と引張強さについて記した．化学成分や寸法などの詳細は実際の JIS を参照のこと．
・日本標準規格は「旧 JES」，臨時日本標準規格は「臨 JES」，日本規格（金属）は「新 JES 金属」，日本工業規格は「JIS」とした．
・旧 JIS は，例えば，末尾の「閲覧」に示したところで調べることができる．
・平成 12 年（2000 年）以降の構造方法等の認定（大臣認定）は国土交通省ホームページの「構造方法等の認定に係る帳簿」で一覧を見ることができる．
・昭和 55 年（1980 年）までについて，S35・S45 告示に挙がっていない鋼材で，規格鋼材が製造されているものは，ここでは施行令第 90 条の許容応力度としてまとめた．
・デッキプレート，薄板軽量形鋼，タッピンねじ，溶接部材料，ステンレス鋼は表に含まれていない．

（1）規基準の変遷

①日本建築学会

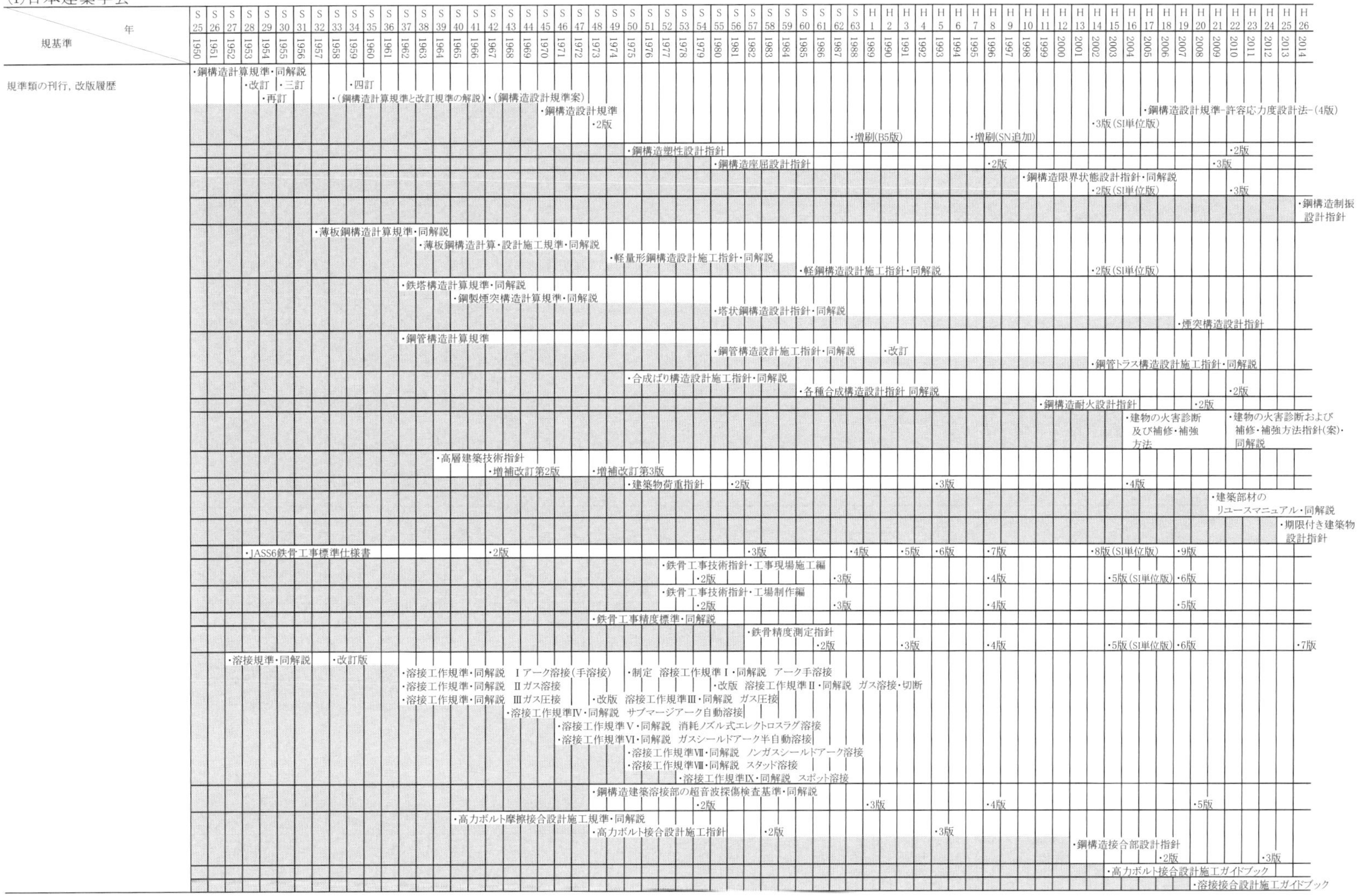

規準類の刊行，改版履歴

年	規基準
1950 (S25)	・鋼構造計算規準・同解説
1953 (S28)	・改訂
1954 (S29)	・再訂
1955 (S30)	・三訂
1958 (S33)	・（鋼構造計算規準と改訂規準の解説）
1959 (S34)	・四訂
1967 (S42)	・（鋼構造設計規準案）
1970 (S45)	・鋼構造設計規準
1973 (S48)	・2版
1988 (S63)	・増刷(B5版)
1995 (H7)	・増刷(SN追加)
2002 (H14)	・3版(SI単位版)
2005 (H17)	・鋼構造設計規準-許容応力度設計法-(4版)
1975 (S50)	・鋼構造塑性設計指針
2010 (H22)	・2版
1980 (S55)	・鋼構造座屈設計指針
1996 (H8)	・2版
2009 (H21)	・3版
1998 (H10)	・鋼構造限界状態設計指針・同解説
2002 (H14)	・2版(SI単位版)
2010 (H22)	・3版
2014 (H26)	・鋼構造制振設計指針
1957 (S32)	・薄板鋼構造計算規準・同解説
1963 (S38)	・薄板鋼構造計算・設計施工規準・同解説
1974 (S49)	・軽量形鋼構造設計施工指針・同解説
1985 (S60)	・軽鋼構造設計施工指針・同解説
2002 (H14)	・2版(SI単位版)
1962 (S37)	・鉄塔構造計算規準・同解説
1965 (S40)	・鋼製煙突構造計算規準・同解説
1980 (S55)	・塔状鋼構造設計指針・同解説
2007 (H19)	・煙突構造設計指針
1962 (S37)	・鋼管構造計算規準
1980 (S55)	・鋼管構造設計施工指針・同解説
1990 (H2)	・改訂
2002 (H14)	・鋼管トラス構造設計施工指針・同解説
1975 (S50)	・合成ばり構造設計施工指針・同解説
1985 (S60)	・各種合成構造設計指針 同解説
2010 (H22)	・2版
1999 (H11)	・鋼構造耐火設計指針
2008 (H20)	・2版
2004 (H16)	・建物の火害診断及び補修・補強方法
2010 (H22)	・建物の火害診断および補修・補強方法指針(案)・同解説
1964 (S39)	・高層建築技術指針
1967 (S42)	・増補改訂第2版
1973 (S48)	・増補改訂第3版
1975 (S50)	・建築物荷重指針
1981 (S56)	・2版
1993 (H5)	・3版
2004 (H16)	・4版
2009 (H21)	・建築部材のリユースマニュアル・同解説
2013 (H25)	・期限付き建築物設計指針
1953 (S28)	・JASS6鉄骨工事標準仕様書
1967 (S42)	・2版
1982 (S57)	・3版
1988 (S63)	・4版
1991 (H3)	・5版
1993 (H5)	・6版
1996 (H8)	・7版
2002 (H14)	・8版(SI単位版)
2007 (H19)	・9版
1977 (S52)	・鉄骨工事技術指針・工事現場施工編
1979 (S54)	・2版
1987 (S62)	・3版
1996 (H8)	・4版
2003 (H15)	・5版(SI単位版)
2007 (H19)	・6版
1977 (S52)	・鉄骨工事技術指針・工場製作編
1979 (S54)	・2版
1987 (S62)	・3版
1996 (H8)	・4版
2007 (H19)	・5版
1973 (S48)	・鉄骨工事精度標準・同解説
1982 (S57)	・鉄骨精度測定指針
1986 (S61)	・2版
1991 (H3)	・3版
1996 (H8)	・4版
2003 (H15)	・5版(SI単位版)
2007 (H19)	・6版
2014 (H26)	・7版
1952 (S27)	・溶接規準・同解説
1958 (S33)	・改訂版
1962 (S37)	・溶接工作規準・同解説　Ⅰアーク溶接(手溶接)
1975 (S50)	・制定　溶接工作規準Ⅰ・同解説　アーク手溶接
1962 (S37)	・溶接工作規準・同解説　Ⅱガス溶接
1980 (S55)	・改版　溶接工作規準Ⅱ・同解説　ガス溶接・切断
1962 (S37)	・溶接工作規準・同解説　Ⅲガス圧接
1973 (S48)	・改版　溶接工作規準Ⅲ・同解説　ガス圧接
1968 (S43)	・溶接工作規準Ⅳ・同解説　サブマージアーク自動溶接
1971 (S46)	・溶接工作規準Ⅴ・同解説　消耗ノズル式エレクトロスラグ溶接
1971 (S46)	・溶接工作規準Ⅵ・同解説　ガスシールドアーク半自動溶接
1975 (S50)	・溶接工作規準Ⅶ・同解説　ノンガスシールドアーク溶接
1975 (S50)	・溶接工作規準Ⅷ・同解説　スタッド溶接
1978 (S53)	・溶接工作規準Ⅸ・同解説　スポット溶接
1973 (S48)	・鋼構造建築溶接部の超音波探傷検査基準・同解説
1979 (S54)	・2版
1989 (H1)	・3版
1996 (H8)	・4版
2008 (H20)	・5版
1965 (S40)	・高力ボルト摩擦接合設計施工規準・同解説
1973 (S48)	・高力ボルト接合設計施工指針
1983 (S58)	・2版
1993 (H5)	・3版
2001 (H13)	・鋼構造接合部設計指針
2006 (H18)	・2版
2012 (H24)	・3版
2003 (H15)	・高力ボルト接合設計施工ガイドブック
2008 (H20)	・溶接接合設計施工ガイドブック

規基準＼年			S25–S33 (1950–1958)	S34–S44 (1959–1969)	S45–H6 (1970–1994)	H7–H16 (1995–2004)	H17–H26 (2005–2014)
S規準の材料，許容応力度	鋼構造計算規準	2章 材料及び許容応力度	3条　品質 規格品質規定の一覧を表記 4条　形状及び寸法 規格形状規定の一覧を表記 5条　材料の定数 6条　許容応力度 3条に規定してある構造材料の許容応力度を数値で表記 一般構造用鋼材 リベット鋼 ボルト 鋳鋼 鋳鉄	3条　品質 規格品質規定の一覧を表記 4条　形状及び寸法 規格形状規定の一覧を表記 5条　材料の定数 6条　許容応力度 3条に規定してある構造材料の許容応力度を数値で表記 構造用鋼材 普通鋼材(無規格・鋳鋼・鍛鋼) JIS リベット鋼 ボルト 鋳鉄	(shaded)	(shaded)	(shaded)
	鋼構造設計規準	4章 材料	(shaded)	(shaded)	4.1材質 材質規格の一覧を表記 4.2形状および寸法 形状・寸法規格の一覧を表記 4.3定数		
		5章 許容応力度	(shaded)	(shaded)	5.1構造用鋼材 一般構造用鋼材 溶接構造用鋼材 Fの値を数値で表記 許容応力度を(構造材料の許容応力度ではない)F値にもとづいて定める 5.2リベット，ボルトおよび高力ボルト 許容応力度，設計ボルト張力を数値で表記 5.3溶接 アーク溶接継ぎ目ののど断面の許容応力度が示されている 5.4鋳鋼及び鍛鋼 相当する圧延鋼材の許容応力度 5.5組み合わせ応力度を受ける鋼材の許容応力度 5.6短期応力に対する許容応力度	5.1構造用鋼材 一般構造用鋼材 溶接構造用鋼材 建築構造用鋼材 Fの値を数値で表記 許容応力度を(構造材料の許容応力度ではない)F値にもとづいて定める 5.2リベット，ボルトおよび高力ボルト 許容応力度，設計ボルト張力を数値で表記 5.3溶接 アーク溶接継ぎ目ののど断面の許容応力度が示されている 5.4鋳鋼及び鍛鋼 相当する圧延鋼材の許容応力度 5.5組み合わせ応力度を受ける鋼材の許容応力度 5.6短期応力に対する許容応力度	5.1構造用鋼材 一般構造用鋼材 溶接構造用鋼材 建築構造用鋼材 Fの値を数値で表記 許容応力度を(構造材料の許容応力度ではない)F値にもとづいて定める 5.2，ボルトおよび高力ボルト 許容応力度，設計ボルト張力を数値で表記 5.3溶接 アーク溶接継ぎ目ののど断面の許容応力度が示されている 5.4鋳鋼及び鍛鋼 相当する圧延鋼材の許容応力度 5.5組み合わせ応力度を受ける鋼材の許容応力度 5.6短期応力に対する許容応力度

②建設省・国土交通省

年：S25（1950）～H26（2014）

建築基準法および施行令の施行，主要改正履歴

- ・建築基準法公布 施行
- ・第1次改正（公共用歩廊など，道路内建築の特例許可制導入）
- ・第2次改正（内装制限，部材ごとの耐火性能，簡易耐火建築物等の大幅改定・整備）
- ・第3次改正（特定街区制度導入・超高層建設可能）
- ・第4次改正　S39施行（容積地区制度導入・高層建築物の防火・避難規定の整備）
- ・第5次改正　S46施行（用途地域種類の拡大，容積率の適用，耐震等構造既定の強化，防火 避難関係規定の充実等）
- ・第6次改正　S52施行（日影制限等）
- ・建築基準法施行令改正 S56施行（新耐震設計法の導入）
- ・第7次改正（木造建築物等規制合理化，建築物形態制限〈容積率・斜線制限〉の合理化）
- ・第8次改正（住宅地下室の容積緩和等）
- ・第9次改正（住宅居室の日照規定削除）
- ・第9次改正　H11施行（建築行政の民間開放，中間検査制度導入）
- ・第9次改正　H12施行（性能規定化）
- ・第10次改正　H15施行（容積率・建ぺい率・日影規制の選択，シックハウス対策）

法令の材料，許容応力度

建築基準法施行令　第3章 構造強度

第8節 構造計算　第3款 許容応力度

S25.11.23～	S34.12.23～	S56.6.1～（H5.6.25～）	H12.6.1～（H13.1.6～）
第90条　鉄材 一般構造用鋼材 リベット鋼 ボルト 鋳鋼 鋳鉄 許容応力度を数値で表記	令第90条　鉄材 一般構造用鋼材 リベット鋼 ボルト 鋳鋼 鋳鉄 許容応力度を数値で表記（一部数値改正）	令第90条　鋼材等 一般構造用鋼材 溶接構造用鋼材 ボルト リベット鋼 鋳鋼 鋳鉄 許容応力度を基準強度Fで表記	令第90条　鋼材等 炭素鋼　；構造用鋼材 ボルト 構造用ケーブル リベット鋼 鋳鋼 ステンレス鋼；構造用鋼材 ボルト 構造用ケーブル 鋳鋼 鋳鉄 許容応力度を基準強度Fで表記
（規定なし）	（規定なし）	令第92条の2　高力ボルト接合 高力ボルト摩擦接合部 許容せん断応力度を基準張力T_0で表記 S56.6.1～	H12.6.1～（H13.1.6～）

第8節 構造計算　第4款 材料強度

S25.11.23～	S34.12.23～	S56.6.1～（H5.6.25～）	H12.6.1～（H13.1.6～）
（規定なし）	（規定なし）	令第96条鋼材等 一般構造用鋼材 溶接構造用鋼材 高力ボルト ボルト リベット鋼 鋳鋼 鋳鉄 材料強度を基準強度Fで表記	令第96条鋼材等 炭素鋼　；構造用鋼材 高力ボルト ボルト 構造用ケーブル リベット鋼 鋳鋼 ステンレス鋼；構造用鋼材 高力ボルト ボルト 構造用ケーブル 鋳鋼 鋳鉄 材料強度を基準強度Fで表記

第9節 構造計算の特例

S25.11.23～S34.12.22	S34.12.23～
第98条許容応力度 圧延鋼，鋳鉄 許容応力度を数値で表記	（規定なし）

規基準 ＼ 年		S25–S34 (1950–1959)	S35–S44 (1960–1969)	S45–S55 (1970–1980)	S56–H11 (1981–1999)	H12–H26 (2000–2014)
法令の材料，許容応力度	告示		昭和35年建設省告示第221号 (日本工業規格G3101(一般構造用圧延鋼材)に規程するSS49 又はこれと同等以上の品質を有する鉄材等の許容応力度) 法第38条(特殊の材料又は構法)に基づく 許容応力度を数値で表記 S35.2.23～	昭和45年建設省告示1308号 (日本工業規格に規程するSS50等又はこれらと同等以上の品質を有する鋼材の許容応力度の数値等に関する件) 法第38条(特殊の材料又は構法)に基づく 許容応力度を数値で表記 S45.8.21～	昭和55年建設省告示第1794号 (鋼材等及び溶接部の許容応力度並びに 材料強度の基準強度を定める件) 令第3章第8節 第3款許容応力度 第90条(鋼材等)第92条(溶接)， 第4款材料強度　第96条(鋼材等)第98条(溶接)に基づく 基準強度Fを数値で表記 S56.6.1～　H3.1.1～　H6.9～	平成12年建設省告示第2464号 (鋼材等及び溶接部の許容応力度並びに材料強度の基準強度を定める件) 令第3章第8節 第3款許容応力度 第90条(鋼材等)第92条(溶接)， 第4款材料強度　第96条(鋼材等)第98条(溶接)に基づく 基準強度Fを数値で表記 H12.12.26～ H13.1.6～11.15～　H14.7.23～　H19.6.20～
			昭和35年建設省告示第222号 (建築基準法(昭和25年法律第201号)第38条の規定の基づく，高張力摩擦接合及びその場合におけるボルト) 法第38条(特殊の材料又は構法)に基づく 長期許容力を必要ボルト張力σ_0で表記 必要ボルト張力等を数値で表記 S35.2.23～	昭和45年建設省告示1309号 (高力ボルト等を用いた摩擦接合等に関する件) 法第38条(特殊の材料又は構法)に基づく 摩擦接合；長期許容せん断力を設計ボルト張力T_0で表記 締付け設計ボルト張力等を数値で表記 引張接合；長期許容引張応力度を数値で表記 S45.8.21～	昭和55年建設省告示第1795号 (高力ボルトの基準張力，引張接合部の引張りの許容応力度及び材料強度の基準強度を定める件) 令第3章第8節 第3款許容応力度 第92条の2(高力ボルト接合)第94条(補則)， 第4款材料強度　第96条(鋼材等)に基づく 基準張力T_0，引張りの許容応力度，基準強度Fを数値で表記 S56.6.1～	平成12年建設省告示第2466号 (高力ボルトの基準張力，引張接合部の引張りの許容応力度及び材料強度の基準強度を定める件) 令第3章第8節 第3款許容応力度 第92条の2(高力ボルト接合) 第94条(補則)， 第4款材料強度　第96条(鋼材等)に基づく 基準張力T_0，引張りの許容応力度，基準強度Fを数値で表記 H12.12.26～
						平成13年国土交通省告示第1024号 (特殊な許容応力度及び 特殊な材料強度を定める件) 令第94条に基づく(許容応力度) 鋼材等の支圧，圧縮材の座屈，曲げ材の座屈許容応力度 溶融亜鉛メッキ等を施した高力ボル摩擦接合部の高力ボルトの軸断面に対する許容せん断応力度 ターンバックルの引張の許容応力度 タッピンねじ等の許容応力度など 令第99条に基づく(材料強度) 鋼材等の支圧，圧縮材の座屈の材料強度 ターンバックルの引張の材料強度 タッピンネジ等の材料強度など 基準強度Fを表記 H13.6.12～，11.15～　H19.5.18～ H14.5.14～，5.27～　H20.1.31～，2.8～，3.14～，8.11～ H15.4.28～，7.1～　H24.9.18～ H18.2.28～
	告示 通達 事務連絡等					

告示・通達・事務連絡等:

- ・昭和36年住指発第55号(軽量鉄骨建築指導基準の取り扱いについて)
- ・昭和45年事務連絡(日本建築学会が制定した「鋼構造設計規準」について
- ・昭和45年住指発第344号(建築基準法第38条に基づく告示について)
- ・平成6年住指発第440号(建築構造用圧延鋼材の取扱いについて)
- ・昭和59年住指発第392号(くい材の許容応力度の取扱について)
- ・昭和45年住指発第355号(日本鋼構造協会の床板構造設計施工基準につて)
- ・昭和62年住指発第209号(デッキプレートを用いた床板構造の取り扱いについて)
- ・平成14年国土交通省告示第326号(デッキプレート版)
- ・1997.9認定(KC型スチールハウス)
- ・平成13年建設省告示第1641号(薄板軽量形鋼造)
- ・平成14年国土交通省告示第463号(システムトラス)

③学協会

規基準		年	規準解説等の刊行, 改版履歴
規準解説等の刊行, 改版履歴	ターンバックル	1970 (S45)	・建築用ターンバックル筋かい設計施工指針・同解説 JSS IV 01（日本鋼構造協会）
		1982 (S57)	・改訂
		2005 (H17)	・改訂
	ケーブル	1983 (S58)	・建築構造ケーブル設計施工 JSS IV 04（日本鋼構造協会）
	アンカーボルト	2009 (H21)	・建築構造用アンカーボルトを用いた露出柱脚設計施工指針・同解説 JSS III 02（日本鋼構造協会）
		2011 (H23)	・改訂
	冷間成形角形鋼管	1994 (H6)	・冷間成形角形鋼管評価基準（日本建築センター）
		1996 (H8)	・冷間成形角形鋼管設計・施工マニュアル（建設省住宅局建築指導課監修 日本建築センター編）
		2003 (H15)	・改訂版（国土交通省国土技術政策総合研究所, 建築研究所 監修 冷間成形角形鋼管設計・施行マニュアル（改訂版）作成 委員会, 日本鉄鋼連盟, 日本建築センター編）
		2008 (H20)	・2008年版（建築研究所 監修 2008年版冷間成形角形鋼管・設計施工マニュアル編集委員会 編）
	デッキプレート	1985 (S60)	・各種合成構造設計指針 同解説（日本建築学会） 第2編デッキ剛性スラブ構造設計指針
		2010 (H22)	・改訂
		1970 (S45)	・床鋼板構造設計施工基準（案） JSSC III 01（日本鋼構造協会）
		1972 (S47)	・床鋼板構造設計施工規準・同解説（日本鋼構造協会デッキプレート特別小委員会 編）
		1987 (S62)	・デッキプレート床構造設計・施工規準（建設省住宅局建築指導課 監修 鋼材倶楽部 編）
		2004 (H16)	・デッキプレート床構造設計・施工規準（建築研究所 監修 日本鉄鋼連盟 編）
		1995 (H7)	・床型枠用鋼製デッキプレート（フラットデッキ）設計施工指針・同解説（公共建築協会 編 フラットデッキ工業会 発行）
		2004 (H16)	・改訂
		2004 (H16)	・デッキプレート版技術基準解説及び設計・計算例（国土交通省国土技術政策総合研究所, 建築研究所, 日本建築行政会議, 合成スラブ工業会, 日本建築センター 編）
		1986 (S61)	・通則的耐火指定・無被覆耐火工法 合成スラブの設計施工マニュアル（鋼材倶楽部 編）
		1989 (H1)	・改訂
		1990 (H2)	・改訂
		1993 (H5)	・改訂（合成スラブ工業会 編）
		1994 (H6)	・改訂
		1996 (H8)	・改訂
		2002 (H14)	・大臣認定・無被覆耐火構造床 合成スラブの設計・施工マニュアル（合成スラブ工業会 編）
		2005 (H17)	・改訂
		2013 (H25)	・改訂
	薄板軽量形鋼造	2002 (H14)	・薄板軽量形鋼造建築物設計の手引き（国土交通省国土技術政策総合研究所, 建築研究所 監修 日本鉄鋼連盟「薄板軽量形鋼造建築物設計の手引き」編集委員会 編）
		2014 (H26)	・改訂
	ステンレス	1994 (H6)	・ステンレス建築構造設計施工基準 並びに付属の諸規程（ステンレス構造建築協会）
		1995 (H7)	・ステンレス建築構造設計基準・同解説（建設省住宅局建築指導課 監修 ステンレス協会 ステンレス建築構造設計施工基準作成委員会 編）
		2001 (H13)	・改訂（建築研究所 監修 ステンレス構造建築協会 設計基準作成委員会 編）
		2005 (H17)	・軽量ステンレス構造マニュアルデザイン（ステンレス構造建築協会 薄板構造設計基準作成委員会 編）

規基準 ／ 年：S25（1950）～S63（1988），H1（1989）～H26（2014）

規基準		年	
規準解説等の刊行，改版履歴	識別表示	S42（1967）	・細目引き棒鋼の排除についての要望（日本鋼構造協会）
		S44（1969）	・無規格鋼材排除についての要望（日本鋼構造協会）
		S46（1971）	・構造用鋼材の塗色識別表示標準 JSS Ⅰ 02（日本鋼構造協会）
		S60（1985）	・構造用鋼材の識別表示標準(改正原案) JSS Ⅰ 02（日本鋼構造協会）
		H16（2004）	・構造用鋼材の識別表示標準 JSS Ⅰ 02（日本鋼構造協会）
		H12（2000）	・鋼材識別ハンドブック ラベル・ステンシルの表示例 -SN/BCR・BCP-（鋼材倶楽部/普通鋼電炉工業会 編）
		H21（2009）	・建築構造用鋼材の品質証明 ガイドライン（日本鋼構造協会）
	切断 溶接	S43（1968）	・ガス切断面の品質 JSS Ⅰ 01（日本鋼構造協会）
		S56（1981）	・改訂
		H20（2008）	・鋼材切断面の品質 JSS Ⅰ 01（日本鋼構造協会）
		S52（1977）	・溶接開先標準 JSS Ⅰ 03（日本鋼構造協会）
		S57（1982）	・改訂
		H4（1992）	・改訂
		H17（2005）	・改訂
		H20（2008）	・建築鉄骨梁端溶接部の塗超音波探傷検査指針 JSS Ⅳ 08（日本鋼構造協会）
		H26（2014）	・建築鉄骨溶接継ぎ手の内質検査ガイドライン JSS Ⅳ 12（日本鋼構造協会）

（2）主な規格材料の変遷

①構造用鋼材

規基準			年	内容
建築学会 鋼構造計算規準4表	一般構造用鋼材		1950（S25）～1958	長期許容応力度(t/cm^2) 圧縮・引張・曲げ1.6, せん断0.8, 側圧3.0, 接触4.6
	構造用鋼材	普通鋼材（無規格材・鋳鋼・鍛鋼）	1959（S34）～1969	長期許容応力度(t/cm^2) 圧縮・引張・曲げ1.4, せん断0.8, 側圧2.6, 接触4.0
		JIS	1959（S34）～1969	長期許容応力度(t/cm^2) 圧縮・引張・曲げ, せん断, 側圧, 接触について, 規格に応じた数値の表記
鋼構造設計規準 表5.1	構造用鋼材	一般構造用／溶接構造用／建築構造用	1970（S45）～	長期許容応力度（構造材料の許容応力度ではない）F値に基づいて定める
建設省・国交省 建築基準法施行令 第90条	一般構造用鋼材		1950（S25）～1959	長期許容応力度 (kg/cm^2) 圧縮・引張り・曲げ1600, せん断800, 側圧3000, 接触4600
	一般構造用鋼材		1960（S35）～1980	長期許容応力度 (kg/cm^2) 圧縮・引張り・曲げ1600, 剪断900, 側圧3000, 接触4600
	一般構造用鋼材・溶接構造用鋼材		1981（S56）～1999	長期許容応力度（Fは基準強度） 圧縮・引張り・曲げF/1.5, せん断F/1.5√3
	構造用鋼材		2000（H12）～	長期許容応力度（Fは基準強度） 圧縮・引張り・曲げF/1.5, せん断F/1.5√3
告示			1981（S56）～	基準強度Fを数値で表記
建築基準法施行令 第98条	圧延鋼		1950（S25）～1959	長期許容応力度(kg/cm^2) 圧縮・引張り・曲げ1400, せん断700, 側圧2500, リベットせん断1000

〈厚板〉

規基準			年	内容
規格材料 臨JES 281	一般構造用壓延構造普通種特SSooX	臨JES履歴		
		S規準	1950（S25）～1953	S規準4表
新JES金属3101		新JES履歴		
		法令	1950（S25）	令第90条
JISG3101	一般構造用圧延鋼材	JIS履歴	1952（S27）	制定
			1959（S34）	改正
			1965（S40）	改正
			1966（S41）	改正
			1970（S45）	改正
			1973（S48）	改正
			1976（S51）	改正
			1987（S62）	改正
			1995（H7）	改正
			2004（H16）	改正
			2010（H22）	改正
	SS41	S規準	1954（S29）～1958	S規準4表
			1959（S34）～1969	長期許容応力度(t/cm^2) 圧縮・引張・曲げ1.6, せん断0.9, 側圧3.0, 接触4.6
			1970（S45）～1994	Fの値(t/cm^2)*2 2.4/2.2 （1990年刷より 付表 鉄鋼JISの記号変更 掲載）
		法令	1952（S27）～1980	令第90条
			1981（S56）～1990	基準強度 (kg/cm^2)*2 2400/2200
		JIS	1952（S27）～1958	(kg/mm^2) 降伏点 23以上 引張強さ 41～50
			1959（S34）～1965	(kg/mm^2) 降伏点 23以上 厚さ38mm以上はσ_B/2以上 引張強さ(σ_B) 41～50
			1966（S41）～1975	(kg/mm^2) 降伏点または耐力**1 25以上/24以上/22以上 引張強さ 41～52
			1976（S51）～1990	(kgf/mm^2)[()の数字はN/mm^2] 降伏点または耐力**1 25(245)以上/24(235)以上/22(216)以上 引張強さ 41～52(402～510)
	SS400	S規準	1995（H7）～2001	Fの値(t/cm^2)*2 2.4/2.2
			2002（H14）～	Fの値(N/mm^2)*3 235/215
		法令	1991（H3）～1999	基準強度 (kg/cm^2)*3 2400/2200
			2000（H12）～	基準強度 (N/mm^2)*3 235/215
		JIS	1991（H3）～	(N/mm^2) 降伏点又は耐力**1 245以上/235以上/215以上 引張強さ 400～510

<table>
<tr><th colspan="4" rowspan="2">規基準 ／ 年</th><th>S 25</th><th>S 26</th><th>S 27</th><th>S 28</th><th>S 29</th><th>S 30</th><th>S 31</th><th>S 32</th><th>S 33</th><th>S 34</th><th>S 35</th><th>S 36</th><th>S 37</th><th>S 38</th><th>S 39</th><th>S 40</th><th>S 41</th><th>S 42</th><th>S 43</th><th>S 44</th><th>S 45</th><th>S 46</th><th>S 47</th><th>S 48</th><th>S 49</th><th>S 50</th><th>S 51</th><th>S 52</th><th>S 53</th><th>S 54</th><th>S 55</th><th>S 56</th><th>S 57</th><th>S 58</th><th>S 59</th><th>S 60</th><th>S 61</th><th>S 62</th><th>S 63</th><th>H 1</th><th>H 2</th><th>H 3</th><th>H 4</th><th>H 5</th><th>H 6</th><th>H 7</th><th>H 8</th><th>H 9</th><th>H 10</th><th>H 11</th><th>H 12</th><th>H 13</th><th>H 14</th><th>H 15</th><th>H 16</th><th>H 17</th><th>H 18</th><th>H 19</th><th>H 20</th><th>H 21</th><th>H 22</th><th>H 23</th><th>H 24</th><th>H 25</th><th>H 26</th></tr>
<tr><th>1950</th><th>1951</th><th>1952</th><th>1953</th><th>1954</th><th>1955</th><th>1956</th><th>1957</th><th>1958</th><th>1959</th><th>1960</th><th>1961</th><th>1962</th><th>1963</th><th>1964</th><th>1965</th><th>1966</th><th>1967</th><th>1968</th><th>1969</th><th>1970</th><th>1971</th><th>1972</th><th>1973</th><th>1974</th><th>1975</th><th>1976</th><th>1977</th><th>1978</th><th>1979</th><th>1980</th><th>1981</th><th>1982</th><th>1983</th><th>1984</th><th>1985</th><th>1986</th><th>1987</th><th>1988</th><th>1989</th><th>1990</th><th>1991</th><th>1992</th><th>1993</th><th>1994</th><th>1995</th><th>1996</th><th>1997</th><th>1998</th><th>1999</th><th>2000</th><th>2001</th><th>2002</th><th>2003</th><th>2004</th><th>2005</th><th>2006</th><th>2007</th><th>2008</th><th>2009</th><th>2010</th><th>2011</th><th>2012</th><th>2013</th><th>2014</th></tr>
<tr><td rowspan="18">規格材料</td><td rowspan="12">JISG3101</td><td rowspan="3">SS50</td><td>S規準</td><td colspan="4"></td><td colspan="5">S規準4表</td><td colspan="11">長期許容応力度(t/cm^2)
圧縮・引張・曲げ2.0,
せん断1.2, 側圧3.8, 接触5.8</td><td colspan="25">Fの値(t/cm^2)*2
2.8/2.6
(1990刷より 付表 鉄鋼JISの記号変更 掲載)</td><td colspan="20"></td></tr>
<tr><td>法令</td><td colspan="10"></td><td colspan="10">長期許容応力度 (kg/cm^2)
圧縮・引張り・曲げ2000,
剪断1200,
側圧3800, 接触5800</td><td colspan="11">長期許容応力度 (kg/cm^2)*1
圧縮・引張り・曲げ1900/1700,
剪断1100/1000,
側圧3500/3300, 接触5400/5000</td><td colspan="10">基準強度 (kg/cm^2)*2
2800/2600</td><td colspan="24"></td></tr>
<tr><td>JIS</td><td colspan="2"></td><td colspan="14">(kg/mm^2)
降伏点 28以上
引張強さ 50～60</td><td colspan="10">(kg/mm^2)
降伏点または耐力**1
29以上/28以上/26以上
引張強さ 50～62</td><td colspan="15">(kgf/mm^2)[()の数字はN/mm^2]
降伏点または耐力**1
29(284)以上/28(275)以上/26(255)以上
引張強さ 50～62(490～608)</td><td colspan="24"></td></tr>
<tr><td rowspan="3">SS490</td><td>S規準</td><td colspan="45"></td><td colspan="7">Fの値(t/cm^2)*2
2.8/2.6</td><td colspan="13">Fの値(N/mm^2)*3
275/255</td></tr>
<tr><td>法令</td><td colspan="41"></td><td colspan="9">基準強度 (kg/cm^2)*3
2800/2600</td><td colspan="15">基準強度 (N/mm^2)*3
275/255</td></tr>
<tr><td>JIS</td><td colspan="41"></td><td colspan="24">(N/mm^2)
降伏点又は耐力**1
285以上/275以上/255以上
引張強さ 490～610</td></tr>
<tr><td rowspan="3">SS55</td><td>S規準</td><td colspan="20"></td><td colspan="25">Fの値(t/cm^2)*2
3.8/－
(1990刷より 付表 鉄鋼JISの記号変更 掲載)</td><td colspan="20"></td></tr>
<tr><td>法令</td><td colspan="20"></td><td colspan="11">長期許容応力度 (kg/cm^2)*1
圧縮・引張り・曲げ2500/-,
剪断1500/-,
側圧4800/-, 接触7200/-</td><td colspan="10">基準強度 (kg/cm^2)*2
3800/-</td><td colspan="24"></td></tr>
<tr><td>JIS</td><td colspan="16"></td><td colspan="10">(kg/mm^2)
降伏点または耐力**1
41以上/40以上/-
引張強さ 55以上</td><td colspan="15">(kgf/mm^2)[()の数字はN/mm^2]
降伏点または耐力**1
41(402)以上/40(392)以上/-
引張強さ 55(539)以上</td><td colspan="24"></td></tr>
<tr><td rowspan="3">SS540</td><td>S規準</td><td colspan="45"></td><td colspan="7">Fの値(t/cm^2)*2
3.8/－</td><td colspan="13">Fの値(N/mm^2)*3
375/－</td></tr>
<tr><td>法令</td><td colspan="41"></td><td colspan="9">基準強度 (kg/cm^2)*3
3800/-</td><td colspan="15">基準強度 (N/mm^2)*3
375/-</td></tr>
<tr><td>JIS</td><td colspan="41"></td><td colspan="24">(N/mm^2)
降伏点または耐力**1
400以上/390以上/-
引張強さ 540以上</td></tr>
<tr><td rowspan="6">JISG3106</td><td>溶接構造用圧延鋼材</td><td>JIS履歴</td><td colspan="2"></td><td>制定</td><td colspan="6"></td><td>改正</td><td colspan="5"></td><td>改正</td><td>改正</td><td colspan="3"></td><td>改正</td><td colspan="2"></td><td>改正</td><td colspan="3"></td><td>改正</td><td colspan="10"></td><td>改正</td><td colspan="3"></td><td>改正</td><td colspan="2"></td><td>改正</td><td colspan="3"></td><td>改正</td><td colspan="4"></td><td>改正</td><td colspan="3"></td><td>改正</td><td colspan="6"></td></tr>
<tr><td rowspan="3">SM41</td><td>S規準</td><td colspan="4"></td><td colspan="5">S規準4表</td><td colspan="11">長期許容応力度(t/cm^2)
圧縮・引張・曲げ1.6,
せん断0.9, 側圧3.0, 接触4.6</td><td colspan="45"></td></tr>
<tr><td>法令</td><td colspan="2"></td><td colspan="29">令第90条</td><td colspan="10">基準強度 (kg/cm^2)*2
2400/2200</td><td colspan="24"></td></tr>
<tr><td>JIS</td><td colspan="2"></td><td colspan="7">(kg/mm^2)
降伏点 23以上
引張強さ 41～50</td><td colspan="56"></td></tr>
<tr><td rowspan="2">SM41W</td><td>S規準</td><td colspan="4"></td><td colspan="5">S規準4表</td><td colspan="56"></td></tr>
<tr><td>JIS</td><td colspan="2"></td><td colspan="7">(kg/mm^2)
降伏点 23以上
引張強さ 41～50</td><td colspan="56"></td></tr>
</table>

規格材料	材料	規基準	期間（年）	内容
JISG3106	SM41A	S規準	1970（S45）～1994（H6）	Fの値 (t/cm²)*2 2.4/2.2 (1990年刷より 付表 鉄鋼JISの記号変更 掲載)
		JIS	1959（S34）～1965（S40）	(kg/mm²) 降伏点 23以上 厚さ38mm以上は σ_B/2以上 引張強さ(σ_B) 41～50
		JIS	1966（S41）～1976（S51）	(kg/mm²) 降伏点または耐力**1 25以上/24以上/22以上 引張強さ 41～52
		JIS	1977（S52）～1987（S62）	(kgf/mm²)[()の数字はN/mm²] 降伏点または耐力**1 25(245)以上/24(235)以上/22(216)以上 引張強さ 41～52(402～510)
		JIS	1988（S63）～1990（H2）	(kgf/mm²) [()の数字はN/mm²] 降伏点または耐力**2 25(245)以上/24(235)以上/22(216)以上/22(216)以上 引張強さ 41～52 (402～510)
	SM400A	S規準	1995（H7）～2001（H13）	Fの値 (t/cm²)*2 2.4/2.2
		S規準	2002（H14）～2014（H26）	Fの値 (N/mm²)*3 235/215
		法令	1991（H3）～1999（H11）	基準強度 (kg/cm²)*3 2400/2200
		法令	2000（H12）～2014（H26）	基準強度 (N/mm²)*3 235/215
		JIS	1991（H3）～2014（H26）	(N/mm²) 降伏点又は耐力**2 245以上/235以上/215以上/215以上 引張強さ 400～510
	SM41B	S規準	1970（S45）～1994（H6）	Fの値 (t/cm²)*2 2.4/2.2 (1990年刷より 付表 鉄鋼JISの記号変更 掲載)
		JIS	1959（S34）～1965（S40）	(kg/mm²) 降伏点 23以上 厚さ38mm以上は σ_B/2以上 引張強さ(σ_B) 41～50
		JIS	1966（S41）～1976（S51）	(kg/mm₂) 降伏点または耐力**1 25以上/24以上/22以上 引張強さ 41～52
		JIS	1977（S52）～1987（S62）	(kgf/mm²)[()の数字はN/mm²] 降伏点または耐力**1 25(245)以上/24(235)以上/22(216)以上 引張強さ 41～52(402～510)
		JIS	1988（S63）～1990（H2）	(kgf/mm²) [()の数字はN/mm²] 降伏点または耐力**2 25(245)以上/24(235)以上/22(216)以上/22(216)以上 引張強さ 41～52 (402～510)
	SM400B	S規準	1995（H7）～2001（H13）	Fの値 (t/cm²)*2 2.4/2.2
		S規準	2002（H14）～2014（H26）	Fの値 (N/mm²)*3 235/215
		法令	1991（H3）～1999（H11）	基準強度 (kg/cm²)*3 2400/2200
		法令	2000（H12）～2014（H26）	基準強度 (N/mm²)*3 235/215
		JIS	1991（H3）～2014（H26）	(N/mm²) 降伏点又は耐力**2 245以上/235以上/215以上/215以上 引張強さ 400～510

規格材料		規基準	年	内容
JISG3106	SM41C	S規準	S45–H6 (1970–1994)	Fの値 (t/cm^2) *2 2.4/2.2 (1990年刷より 付表 鉄鋼JISの記号変更 掲載)
		JIS	S34–S40 (1959–1965)	(kg/mm^2) 降伏点 23以上 厚さ38mm以上は σ_B/2以上 引張強さ(σ_B) 41～50
			S41–S51 (1966–1976)	(kg/mm^2) 降伏点または耐力**1 25以上/24以上/22以上 引張強さ 41～52
			S52–S62 (1977–1987)	(kgf/mm^2) [()の数字は N/mm^2] 降伏点または耐力**1 25(245)以上/24(235)以上/22(216)以上 引張強さ 41～52(402～510)
			S63–H2 (1988–1990)	(kgf/mm^2) [()の数字は N/mm^2] 降伏点または耐力 **2 25(245)以上/ 24(235)以上/ 22(216)以上/ 22(216)以上 引張強さ 41～52 (402～510)
	SM400C	S規準	H7–H13 (1995–2001)	Fの値 (t/cm^2) *2 2.4/2.2
			H14–H26 (2002–2014)	Fの値 (N/mm^2) *3 235/215
		法令	H3–H11 (1991–1999)	基準強度 (kg/cm^2) *3 2400/2200
			H12–H26 (2000–2014)	基準強度 (N/mm^2) *3 235/215
		JIS	H3–H26 (1991–2014)	(N/mm^2) 降伏点又は耐力**2 245以上/235以上/215以上/215以上 引張強さ 400～510
	SM50	S規準	S34–S44 (1959–1969)	長期許容応力度 (t/cm^2) 圧縮・引張・曲げ2.2, せん断1.3, 側圧4.1, 接触6.3
		法令	S35–S44 (1960–1969)	長期許容応力度 (kg/cm^2) 圧縮・引張り・曲げ2200, 剪断1300, 側圧4100, 接触6300
			S45–S55 (1970–1980)	長期許容応力度 (kg/cm^2) *1 圧縮・引張り・曲げ2200/2000, 剪断1300/1200, 側圧4200/3800, 接触6300/5700
			S56–H2 (1981–1990)	基準強度 (kg/cm^2) *2 3300/3000
	SM50A	S規準	S45–H6 (1970–1994)	Fの値 (t/cm^2) *2 3.3/3.0 (1990年刷より 付表 鉄鋼JISの記号変更 掲載)
		JIS	S34–S40 (1959–1965)	(kg/mm^2) 降伏点 32以上 引張強さ(σ_B) 鋼板 平鋼 50～60 棒鋼 形鋼 50～62
			S41–S51 (1966–1976)	(kg/mm^2) 降伏点または耐力**1 33以上/32以上/30以上 引張強さ 50～62
			S52–S62 (1977–1987)	(kgf/mm^2) [()の数字は N/mm^2] 降伏点または耐力**1 33(324)以上/32(314)以上/30(294)以上 引張強さ 50～62(490～608)
			S63–H2 (1988–1990)	(kgf/mm^2) [()の数字は N/mm^2] 降伏点または耐力 **2 33(324)以上/ 32(314)以上/ 30(294)以上/ 30(294)以上 引張強さ 50～62 (490～608)

規格材料	鋼種	規基準	年（期間）	内容
JISG3106	SM490A	S規準	1995（H7）～2001（H13）	Fの値(t/cm^2)*2 3.3/3.0
			2002（H14）～2014（H26）	Fの値(N/mm^2)*3 325/295
		法令	1991（H3）～1999（H11）	基準強度 (kg/cm^2)*3 3300/3000
			2000（H12）～2014（H26）	基準強度 (N/mm^2)*3 325/295
		JIS	1991（H3）～2014（H26）	(N/mm^2) 降伏点又は耐力**2 325以上/315以上/295以上/295以上 引張強さ 490～610
	SM50B	S規準	1970（S45）～1994（H6）	Fの値(t/cm^2)*2 3.3/3.0 （1990年刷より 付表 鉄鋼JISの記号変更 掲載）
		JIS	1959（S34）～1965（S40）	(kg/mm^2) 降伏点 32以上 引張強さ(σ_B) 鋼板 平鋼 50～60 棒鋼 形鋼 50～62
			1966（S41）～1976（S51）	(kg/mm^2) 降伏点または耐力**1 33以上/32以上/30以上 引張強さ 50～62
			1977（S52）～1987（S62）	(kgf/mm^2)［()の数字はN/mm^2］ 降伏点または耐力**1 33(324)以上/32(314)以上/30(294)以上 引張強さ 50～62(490～608)
			1988（S63）～1990（H2）	(kgf/mm^2) ［()の数字はN/mm^2］ 降伏点または耐力 **2 33(324)以上/ 32(314)以上/ 30(294)以上/ 30(294)以上 引張強さ 50～62 (490～608)
	SM490B	S規準	1995（H7）～2001（H13）	Fの値(t/cm^2)*2 3.3/3.0
			2002（H14）～2014（H26）	Fの値(N/mm^2)*3 325/295
		法令	1991（H3）～1999（H11）	基準強度 (kg/cm^2)*3 3300/3000
			2000（H12）～2014（H26）	基準強度 (N/mm^2)*3 325/295
		JIS	1991（H3）～2014（H26）	(N/mm^2) 降伏点又は耐力**2 325以上/315以上/295以上/295以上 引張強さ 490～610
	SM50C	S規準	1970（S45）～1994（H6）	Fの値(t/cm^2)*2 3.3/3.0 （1990年刷より 付表 鉄鋼JISの記号変更 掲載）
		JIS	1959（S34）～1965（S40）	(kg/mm^2) 降伏点 32以上 引張強さ(σ_B) 鋼板 平鋼 50～60 棒鋼 形鋼 50～62
			1966（S41）～1976（S51）	(kg/mm_2) 降伏点または耐力**1 33以上/32以上/30以上 引張強さ 50～62
			1977（S52）～1987（S62）	(kgf/mm^2)［()の数字はN/mm^2］ 降伏点または耐力**1 33(324)以上/32(314)以上/30(294)以上 引張強さ 50～62(490～608)
			1988（S63）～1990（H2）	(kgf/mm^2) ［()の数字はN/mm^2］ 降伏点または耐力 **2 33(324)以上/ 32(314)以上/ 30(294)以上/ 30(294)以上 引張強さ 50～62 (490～608)

規格材料			規基準	年	内容
規格材料	JISG3106	SM490C	S規準	1995(H7)～2001(H13)	Fの値 (t/cm²)*2 3.3/3.0
				2002(H14)～2014(H26)	Fの値 (N/mm²)*3 325/295
			法令	1991(H3)～2000(H12)	基準強度 (kg/cm²)*3 3300/3000
				2001(H13)～2014(H26)	基準強度 (N/mm²)*3 325/295
			JIS	1991(H3)～2014(H26)	(N/mm²) 降伏点又は耐力**2 325以上/315以上/295以上/295以上 引張強さ 490～610
		SM50Y	法令	1970(S45)～1980(S55)	長期許容応力度 (kg/cm²)*1 圧縮・引張り・曲げ2200/2000, 剪断1300/1200, 側圧4200/3800, 接触6300/5700
				1981(S56)～1990(H2)	基準強度 (kg/cm²)*2 3300/3000
		SM50YA	S規準	1970(S45)～1994(H6)	Fの値 (t/cm²)*2 3.3/3.0 (1990年刷より 付表 鉄鋼JISの記号変更 掲載)
			JIS	1966(S41)～1976(S51)	(kg/mm²) 降伏点または耐力**1 37以上/36以上/34以上 引張強さ 50～62
				1977(S52)～1987(S62)	(kgf/mm²)[()の数字はN/mm²] 降伏点または耐力**1 37(363)以上/36(353)以上/34(333)以上 引張強さ 50～62(490～608)
				1988(S63)～1990(H2)	(kgf/mm²) [()の数字はN/mm²] 降伏点または耐力**2 37(363)以上/36(353)以上/34(333)以上/33(324)以上 引張強さ 50～62(490～608)
		SM490YA	S規準	1995(H7)～2001(H13)	Fの値 (t/cm²)*2 3.3/3.0
				2002(H14)～2014(H26)	Fの値 (N/mm²)*3 325/295
			法令	1991(H3)～2000(H12)	基準強度 (kg/cm²)*3 3300/3000
				2001(H13)～2014(H26)	基準強度 (N/mm²)*3 325/295
			JIS	1991(H3)～2014(H26)	(N/mm²) 降伏点又は耐力**2 365以上/355以上/335以上/325以上 引張強さ 490～610

規格材料	規基準		年	内容
JISG3106	SM50YB	S規準	S45–H6 (1970–1994)	Fの値(t/cm²)*2 3.3/3.0 (1990年刷より 付表 鉄鋼JISの記号変更 掲載)
		JIS	S41–S51 (1966–1976)	(kg/mm²) 降伏点または耐力**1 37以上/36以上/34以上 引張強さ 50～62
			S52–S62 (1977–1987)	(kgf/mm²)[()の数字はN/mm²] 降伏点または耐力**1 37(363)以上/36(353)以上/34(333)以上 引張強さ 50～62(490～608)
			S63–H2 (1988–1990)	(kgf/mm²) [()の数字はN/mm²] 降伏点または耐力**2 37(363)以上/ 36(353)以上/ 34(333)以上/ 33(324)以上 引張強さ 50～62 (490～608)
	SM490YB	S規準	H7–H13 (1995–2001)	Fの値(t/cm²)*2 3.3/3.0
			H14–H26 (2002–2014)	Fの値(N/mm²)*3 325/295
		法令	H3–H12 (1991–2000)	基準強度 (kg/cm²)*3 3300/3000
			H13–H26 (2001–2014)	基準強度 (N/mm²)*3 325/295
		JIS	H3–H26 (1991–2014)	(N/mm²) 降伏点又は耐力**2 365以上/355以上/335以上/325以上 引張強さ 490～610
	SM53	法令	S56–H2 (1981–1990)	基準強度 (kg/cm²)*2 3600/3400
	SM53B	S規準	S45–H6 (1970–1994)	Fの値(t/cm²)*2 3.6/3.4 (1990年刷より 付表 鉄鋼JISの記号変更 掲載)
		JIS	S41–S51 (1966–1976)	(kg/mm²) 降伏点または耐力**1 37以上/36以上/34以上 引張強さ 53～65
			S52–S62 (1977–1987)	(kgf/mm²)[()の数字はN/mm²] 降伏点または耐力**1 37(363)以上/36(353)以上/34(333)以上 引張強さ 53～65(520～637)
			S63–H2 (1988–1990)	(kgf/mm²) [()の数字はN/mm²] 降伏点または耐力**2 37(363)以上/ 36(353)以上/ 34(333)以上/ 33(324)以上 引張強さ 53～65 (520～637)

<table>
<tr><th colspan="4" rowspan="2">年
規基準</th><th>S 25</th><th>S 26</th><th>S 27</th><th>S 28</th><th>S 29</th><th>S 30</th><th>S 31</th><th>S 32</th><th>S 33</th><th>S 34</th><th>S 35</th><th>S 36</th><th>S 37</th><th>S 38</th><th>S 39</th><th>S 40</th><th>S 41</th><th>S 42</th><th>S 43</th><th>S 44</th><th>S 45</th><th>S 46</th><th>S 47</th><th>S 48</th><th>S 49</th><th>S 50</th><th>S 51</th><th>S 52</th><th>S 53</th><th>S 54</th><th>S 55</th><th>S 56</th><th>S 57</th><th>S 58</th><th>S 59</th><th>S 60</th><th>S 61</th><th>S 62</th><th>S 63</th><th>H 1</th><th>H 2</th><th>H 3</th><th>H 4</th><th>H 5</th><th>H 6</th><th>H 7</th><th>H 8</th><th>H 9</th><th>H 10</th><th>H 11</th><th>H 12</th><th>H 13</th><th>H 14</th><th>H 15</th><th>H 16</th><th>H 17</th><th>H 18</th><th>H 19</th><th>H 20</th><th>H 21</th><th>H 22</th><th>H 23</th><th>H 24</th><th>H 25</th><th>H 26</th></tr>
<tr><th>1950</th><th>1951</th><th>1952</th><th>1953</th><th>1954</th><th>1955</th><th>1956</th><th>1957</th><th>1958</th><th>1959</th><th>1960</th><th>1961</th><th>1962</th><th>1963</th><th>1964</th><th>1965</th><th>1966</th><th>1967</th><th>1968</th><th>1969</th><th>1970</th><th>1971</th><th>1972</th><th>1973</th><th>1974</th><th>1975</th><th>1976</th><th>1977</th><th>1978</th><th>1979</th><th>1980</th><th>1981</th><th>1982</th><th>1983</th><th>1984</th><th>1985</th><th>1986</th><th>1987</th><th>1988</th><th>1989</th><th>1990</th><th>1991</th><th>1992</th><th>1993</th><th>1994</th><th>1995</th><th>1996</th><th>1997</th><th>1998</th><th>1999</th><th>2000</th><th>2001</th><th>2002</th><th>2003</th><th>2004</th><th>2005</th><th>2006</th><th>2007</th><th>2008</th><th>2009</th><th>2010</th><th>2011</th><th>2012</th><th>2013</th><th>2014</th></tr>
<tr><td rowspan="10">規格材料</td><td rowspan="10">JISG3106</td><td rowspan="3">SM520B</td><td>S規準</td><td colspan="45"></td><td colspan="7">Fの値(t/cm^2)*2
3.6/3.4</td><td colspan="13">Fの値(N/mm^2)*4
355/335/325</td></tr>
<tr><td>法令</td><td colspan="41"></td><td colspan="9">基準強度 (kg/cm^2)*4
3600/3400/3300</td><td colspan="15">基準強度 (N/mm^2)*4
355/335/325</td></tr>
<tr><td>JIS</td><td colspan="41"></td><td colspan="24">(N/mm^2)
降伏点又は耐力**2
365以上/355以上/335以上/325以上
引張強さ 520～640</td></tr>
<tr><td rowspan="2">SM53C</td><td>S規準</td><td colspan="20"></td><td colspan="25">Fの値(t/cm^2)*2
3.6/3.4
(1990年刷より 付表 鉄鋼JISの記号変更 掲載)</td><td colspan="20"></td></tr>
<tr><td>JIS</td><td colspan="16"></td><td colspan="11">(kg/mm^2)
降伏点または耐力**1
37以上/36以上/34以上
引張強さ 53～65</td><td colspan="11">(kgf/mm^2)[()の数字はN/mm^2]
降伏点または耐力**1
37(363)以上/36(353)以上/34(333)以上
引張強さ 53～65(520～637)</td><td colspan="3">(kgf/mm^2)
[()の数字はN/mm^2]
降伏点または耐力**2
37(363)以上/
36(353)以上/
34(333)以上/
33(324)以上
引張強さ
53～65
(520～637)</td><td colspan="24"></td></tr>
<tr><td rowspan="3">SM520C</td><td>S規準</td><td colspan="45"></td><td colspan="7">Fの値(t/cm^2)*2
3.6/3.4</td><td colspan="13">Fの値(N/mm^2)*4
355/335/325</td></tr>
<tr><td>法令</td><td colspan="41"></td><td colspan="9">基準強度 (kg/cm^2)*4
3600/3400/3300</td><td colspan="15">基準強度 (N/mm^2)*4
355/335/325</td></tr>
<tr><td>JIS</td><td colspan="41"></td><td colspan="24">(N/mm^2)
降伏点又は耐力**2
365以上/355以上/335以上/325以上
引張強さ 520～640</td></tr>
<tr><td rowspan="2">SM58</td><td>S規準</td><td colspan="20"></td><td colspan="25">Fの値(t/cm^2)*2
4.1/4.1
(1990年刷より 付表 鉄鋼JISの記号変更 掲載)</td><td colspan="20"></td></tr>
<tr><td>JIS</td><td colspan="16"></td><td colspan="11">(kg/mm^2)
降伏点または耐力**1
47以上/46以上/44以上
引張強さ 58～73</td><td colspan="11">(kgf/mm^2)[()の数字はN/mm^2]
降伏点または耐力**1
47(461)以上/46(451)以上/44(431)以上
引張強さ 58～73(569～716)</td><td colspan="3">(kgf/mm^2)
[()の数字はN/mm^2]
降伏点または耐力**2
47(461)以上/
46(451)以上/
44(431)以上/
43(422)以上
引張強さ
58～73
(569～716)</td><td colspan="24"></td></tr>
</table>

規格材料	規基準	鋼材	区分	年（期間）	内容
規格材料	JISG3106	SM570	S規準	H7（1995）～H13（2001）	Fの値 (t/cm^2) *2 4.1/4.1
			S規準	H14（2002）～H26（2014）	Fの値 (N/mm^2) *3 400/400
			JIS	H3（1991）～H26（2014）	(N/mm^2) 降伏点又は耐力**2 460以上/450以上/430以上/420以上 引張強さ 570～720
	JISG3114	溶接構造用耐候性熱間圧延鋼材	JIS履歴	S43（1968）	制定
				S46（1971）	改正
				S48（1973）	改正
				S52（1977）	改正
				S58（1983）	改正
				S63（1988）	改正
				H10（1998）	改正
				H16（2004）	改正
				H20（2008）	改正
		SMA41	法令	S43（1968）～S56（1981）	令第90条
			法令	S57（1982）～H2（1990）	基準強度 (kg/cm^2) *2 2400/2200
		SMA41A	S規準	S58（1983）～H6（1994）	Fの値 (t/cm^2) *2 2.4/2.2 （1990年刷より 付表 鉄鋼JISの記号変更 掲載）
			JIS	S43（1968）～S51（1976）	(kg/mm^2) 降伏点または耐力**1 (厚さ50mmまで) 25以上/24以上/22以上 引張強さ 41～52
			JIS	S52（1977）～S57（1982）	(kgf/mm^2) [()の数字はN/mm^2] 降伏点または耐力**1 (厚さ50mmまで) 25(245)以上/24(235)以上/22(216)以上 引張強さ 41～52(402～510)
		SMA41AW	JIS	S58（1983）～H2（1990）	(kgf/mm^2) [()の数字はN/mm^2] 降伏点又は耐力**1 (厚さ50mmまで) 25(245)以上/24(235)以上/22(216)以上 引張強さ 41～55(402～539)
		SMA41AP	JIS	S58（1983）～H2（1990）	(kgf/mm^2) [()の数字はN/mm^2] 降伏点又は耐力**1 (厚さ50mmまで) 25(245)以上/24(235)以上/22(216)以上 引張強さ 41～55(402～539)
		SMA400A	S規準	H7（1995）～H13（2001）	Fの値 (t/cm^2) *2 2.4/2.2
			S規準	H14（2002）～H26（2014）	Fの値 (N/mm^2) *3 235/215
		SMA400AW	法令	H3（1991）～H11（1999）	基準強度 (kg/cm^2) *3 2400/2200
			法令	H12（2000）～H26（2014）	基準強度 (N/mm^2) *3 235/215
			JIS	H3（1991）～H9（1997）	(N/mm^2) 降伏点又は耐力**1 (厚さ50mmまで) 245以上/235以上/215以上 引張強さ 400～540
			JIS	H10（1998）～H26（2014）	(N/mm^2) 降伏点又は耐力**2 245以上/235以上/215以上/215以上 引張強さ 400～540
		SMA400AP	法令	H3（1991）～H11（1999）	基準強度 (kg/cm^2) *3 2400/2200
			法令	H12（2000）～H26（2014）	基準強度 (N/mm^2) *3 235/215
			JIS	H3（1991）～H9（1997）	(N/mm^2) 降伏点又は耐力**1 (厚さ50mmまで) 245以上/235以上/215以上 引張強さ 400～540
			JIS	H10（1998）～H26（2014）	(N/mm^2) 降伏点又は耐力**2 245以上/235以上/215以上/215以上 引張強さ 400～540

規格	材料	規基準	期間（年）	内容
JISG3114	SMA41B	S規準	1983（S58）～1994（H6）	Fの値 (t/cm^2) *2 2.4/2.2 (1990年刷より 付表 鉄鋼JISの記号変更 掲載)
		JIS	1968（S43）～1976（S51）	(kg/mm^2) 降伏点または耐力**1 (厚さ50mmまで) 25以上/24以上/22以上 引張強さ 41～52
		JIS	1977（S52）～1982（S57）	(kgf/mm^2) [()の数字はN/mm^2] 降伏点または耐力**1 (厚さ50mmまで) 25(245)以上/24(235)以上/22(216)以上 引張強さ 41～52(402～510)
	SMA41BW	JIS	1983（S58）～1990（H2）	(kgf/mm^2) [()の数字はN/mm^2] 降伏点又は耐力**1 (厚さ50mmまで) 25(245)以上/24(235)以上/22(216)以上 引張強さ 41～55(402～539)
	SMA41BP	JIS	1983（S58）～1990（H2）	(kgf/mm^2) [()の数字はN/mm^2] 降伏点又は耐力**1 (厚さ50mmまで) 25(245)以上/24(235)以上/22(216)以上 引張強さ 41～55(402～539)
	SMA400B	S規準	1995（H7）～2001（H13）	Fの値 (t/cm^2) *2 2.4/2.2
		S規準	2002（H14）～2014（H26）	Fの値 (N/mm^2) *3 235/215
	SMA400BW	法令	1991（H3）～1999（H11）	基準強度 (kg/cm^2) *3 2400/2200
		法令	2000（H12）～2014（H26）	基準強度 (N/mm^2) *3 235/215
		JIS	1991（H3）～1997（H9）	(N/mm^2) 降伏点又は耐力**1 (厚さ50mmまで) 245以上/235以上/215以上 引張強さ 400～540
		JIS	1998（H10）～2014（H26）	(N/mm^2) 降伏点又は耐力**2 245以上/235以上/215以上/215以上 引張強さ 400～540
	SMA400BP	法令	1991（H3）～1999（H11）	基準強度 (kg/cm^2) *3 2400/2200
		法令	2000（H12）～2014（H26）	基準強度 (N/mm^2) *3 235/215
		JIS	1991（H3）～1997（H9）	(N/mm^2) 降伏点又は耐力**1 (厚さ50mmまで) 245以上/235以上/215以上 引張強さ 400～540
		JIS	1998（H10）～2014（H26）	(N/mm^2) 降伏点又は耐力**2 245以上/235以上/215以上/215以上 引張強さ 400～540
	SMA41C	S規準	1983（S58）～1994（H6）	Fの値 (t/cm^2) *2 2.4/2.2 (1990年刷より 付表 鉄鋼JISの記号変更 掲載)
		JIS	1968（S43）～1976（S51）	(kg/mm^2) 降伏点または耐力**1 (厚さ50mmまで) 25以上/24以上/22以上 引張強さ 41～52
		JIS	1977（S52）～1982（S57）	(kgf/mm^2) [()の数字はN/mm^2] 降伏点または耐力**1 (厚さ50mmまで) 25(245)以上/24(235)以上/22(216)以上 引張強さ 41～52(402～510)
	SMA41CW	JIS	1983（S58）～1990（H2）	(kgf/mm^2) [()の数字はN/mm^2] 降伏点又は耐力**1 (厚さ50mmまで) 25(245)以上/24(235)以上/22(216)以上 引張強さ 41～55(402～539)

規基準＼年				S25 1950	S26 1951	S27 1952	S28 1953	S29 1954	S30 1955	S31 1956	S32 1957	S33 1958	S34 1959	S35 1960	S36 1961	S37 1962	S38 1963	S39 1964	S40 1965	S41 1966	S42 1967	S43 1968	S44 1969	S45 1970	S46 1971	S47 1972	S48 1973	S49 1974	S50 1975	S51 1976	S52 1977	S53 1978	S54 1979	S55 1980	S56 1981	S57 1982	S58 1983	S59 1984	S60 1985	S61 1986	S62 1987	S63 1988	H1 1989	H2 1990	H3 1991	H4 1992	H5 1993	H6 1994	H7 1995	H8 1996	H9 1997	H10 1998	H11 1999	H12 2000	H13 2001	H14 2002	H15 2003	H16 2004	H17 2005	H18 2006	H19 2007	H20 2008	H21 2009	H22 2010	H23 2011	H24 2012	H25 2013	H26 2014
規格材料	JISG3114	SMA41CP	JIS																																		(kgf/mm^2) [()の数字はN/mm^2] 降伏点又は耐力**1 (厚さ50mmまで) 25(245)以上/24(235)以上/22(216)以上 引張強さ 41～55(402～539)																															
		SMA400C	S規準																																															Fの値(t/cm^2)*2 2.4/2.2							Fの値(N/mm^2)*3 235/215												
		SMA400C W	法令																																									基準強度 (kg/cm^2)*3 2400/2200									基準強度 (N/mm^2)*3 235/215														
			JIS																																									(N/mm^2) 降伏点又は耐力**1 (厚さ50mmまで) 245以上/235以上/215以上 引張強さ 400～540							(N/mm^2) 降伏点又は耐力**2 245以上/235以上/215以上/215以上 引張強さ 400～540																
		SMA400C P	法令																																									基準強度 (kg/cm^2)*3 2400/2200									基準強度 (N/mm^2)*3 235/215														
			JIS																																									(N/mm^2) 降伏点又は耐力**1 (厚さ50mmまで) 245以上/235以上/215以上 引張強さ 400～540							(N/mm^2) 降伏点又は耐力**2 245以上/235以上/215以上/215以上 引張強さ 400～540																
		SMA50	法令																																		基準強度 (kg/cm^2)*2 3300/3000																																	
		SMA50A	S規準																																				Fの値(t/cm^2)*2 3.3/3.0 (1990年刷より 付表 鉄鋼JISの記号変更 掲載)																															
			JIS																				(kg/mm^2) 降伏点または耐力**1 (厚さ50mmまで) 37以上/36以上/34以上 引張強さ 50～62									(kgf/mm^2) [()の数字はN/mm^2] 降伏点または耐力**1 (厚さ50mmまで) 37(363)以上/36(353)以上/34(333)以上 引張強さ 50～62(490～608)																																					
		SMA50AW	JIS																																				(kgf/mm^2) [()の数字はN/mm^2] 降伏点又は耐力**1 (厚さ50mmまで) 37(363)以上/36(353)以上/34(333)以上 引張強さ 50～62(490～608)																															
		SMA50AP	JIS																																				(kgf/mm^2) [()の数字はN/mm^2] 降伏点又は耐力**1 (厚さ50mmまで) 37(363)以上/36(353)以上/34(333)以上 引張強さ 50～62(490～608)																															
		SMA490A	S規準																																															Fの値(t/cm^2)*2 3.3/3.0							Fの値(N/mm^2)*3 325/295												

年: S25 (1950) – H26 (2014)

規格材料	規基準		年（期間）	内容
JISG3114	SMA490AW	法令	H3 (1991) – H11 (1999)	基準強度 (kg/cm²)*3 3300/3000
			H12 (2000) – H26 (2014)	基準強度 (N/mm²)*3 325/295
		JIS	H3 (1991) – H9 (1997)	(N/mm²) 降伏点又は耐力**1 (厚さ50mmまで) 365以上/355以上/335以上 引張強さ 490～610
			H10 (1998) – H26 (2014)	(N/mm²) 降伏点又は耐力**2 365以上/355以上/335以上/325以上 引張強さ 490～610
	SMA490AP	法令	H3 (1991) – H11 (1999)	基準強度 (kg/cm²)*3 3300/3000
			H12 (2000) – H26 (2014)	基準強度 (N/mm²)*3 325/295
		JIS	H3 (1991) – H9 (1997)	(N/mm²) 降伏点又は耐力**1 (厚さ50mmまで) 365以上/355以上/335以上 引張強さ 490～610
			H10 (1998) – H26 (2014)	(N/mm²) 降伏点又は耐力**2 365以上/355以上/335以上/325以上 引張強さ 490～610
	SMA50B	S規準	S58 (1983) – H6 (1994)	Fの値 (t/cm²)*2 3.3/3.0 (1990年刷より 付表 鉄鋼JISの記号変更 掲載)
		JIS	S43 (1968) – S51 (1976)	(kg/mm²) 降伏点または耐力**1 (厚さ50mmまで) 37以上/36以上/34以上 引張強さ 50～62
			S52 (1977) – S57 (1982)	(kgf/mm²) [()の数字はN/mm²] 降伏点または耐力**1 (厚さ50mmまで) 37(363)以上/36(353)以上/34(333)以上 引張強さ 50～62(490～608)
	SMA50BW	JIS	S58 (1983) – H2 (1990)	(kgf/mm²) [()の数字はN/mm²] 降伏点又は耐力**1 (厚さ50mmまで) 37(363)以上/36(353)以上 /34(333)以上 引張強さ 50～62(490～608)
	SMA50BP	JIS	S58 (1983) – H2 (1990)	(kgf/mm²) [()の数字はN/mm²] 降伏点又は耐力**1 (厚さ50mmまで) 37(363)以上/36(353)以上 /34(333)以上 引張強さ 50～62(490～608)
	SMA490B	S規準	H7 (1995) – H13 (2001)	Fの値 (t/cm²)*2 3.3/3.0
			H14 (2002) – H26 (2014)	Fの値 (N/mm²)*3 325/295
	SMA490BW	法令	H3 (1991) – H11 (1999)	基準強度 (kg/cm²)*3 3300/3000
			H12 (2000) – H26 (2014)	基準強度 (N/mm²)*3 325/295
		JIS	H3 (1991) – H9 (1997)	(N/mm²) 降伏点又は耐力**1 (厚さ50mmまで) 365以上/355以上/335以上 引張強さ 490～610
			H10 (1998) – H26 (2014)	(N/mm²) 降伏点又は耐力**2 365以上/355以上/335以上/325以上 引張強さ 490～610
	SMA490BP	法令	H3 (1991) – H11 (1999)	基準強度 (kg/cm²)*3 3300/3000
			H12 (2000) – H26 (2014)	基準強度 (N/mm²)*3 325/295
		JIS	H3 (1991) – H9 (1997)	(N/mm²) 降伏点又は耐力**1 (厚さ50mmまで) 365以上/355以上/335以上 引張強さ 490～610
			H10 (1998) – H26 (2014)	(N/mm²) 降伏点又は耐力**2 365以上/355以上/335以上/325以上 引張強さ 490～610

規格材料	規基準	鋼材	区分	年	内容
規格材料	JISG3114	SMA50C	S規準	S58 (1983) – H6 (1994)	Fの値 (t/cm^2) *2 3.3/3.0 (1990年刷より 付表 鉄鋼JISの記号変更 掲載)
			JIS	S43 (1968) – S51 (1976)	(kg/mm^2) 降伏点または耐力**1 (厚さ50mmまで) 37以上/36以上/34以上 引張強さ 50～62
			JIS	S52 (1977) – S57 (1982)	(kgf/mm^2) [()の数字はN/mm^2] 降伏点または耐力**1 (厚さ50mmまで) 37(363)以上/36(353)以上/34(333)以上 引張強さ 50～62(490～608)
		SMA50CW	JIS	S58 (1983) – H2 (1990)	(kgf/mm^2) [()の数字はN/mm^2] 降伏点又は耐力**1 (厚さ50mmまで) 37(363)以上/36(353)以上 /34(333)以上 引張強さ 50～62(490～608)
		SMA50CP	JIS	S58 (1983) – H2 (1990)	(kgf/mm^2) [()の数字はN/mm^2] 降伏点又は耐力**1 (厚さ50mmまで) 37(363)以上/36(353)以上 /34(333)以上 引張強さ 50～62(490～608)
		SMA490C	S規準	H7 (1995) – H13 (2001)	Fの値 (t/cm^2) *2 3.3/3.0
			S規準	H14 (2002) – H26 (2014)	Fの値 (N/mm^2) *3 325/295
		SMA490CW	法令	H3 (1991) – H12 (2000)	基準強度 (kg/cm^2) *3 3300/3000
			法令	H13 (2001) – H26 (2014)	基準強度 (N/mm^2) *3 325/295
			JIS	H3 (1991) – H9 (1997)	(N/mm^2) 降伏点又は耐力**1 (厚さ50mmまで) 365以上/355以上/335以上 引張強さ 490～610
			JIS	H10 (1998) – H26 (2014)	(N/mm^2) 降伏点又は耐力**2 365以上/355以上/335以上/325以上 引張強さ 490～610
		SMA490CP	法令	H3 (1991) – H12 (2000)	基準強度 (kg/cm^2) *3 3300/3000
			法令	H13 (2001) – H26 (2014)	基準強度 (N/mm^2) *3 325/295
			JIS	H3 (1991) – H9 (1997)	(N/mm^2) 降伏点又は耐力**1 (厚さ50mmまで) 365以上/355以上/335以上 引張強さ 490～610
			JIS	H10 (1998) – H26 (2014)	(N/mm^2) 降伏点又は耐力**2 365以上/355以上/335以上/325以上 引張強さ 490～610
	JISG3136	建築構造用圧延鋼材	JIS履歴	H6 (1994)	制定
			JIS履歴	H17 (2005)	改正
			JIS履歴	H20 (2008)	改正
		SN400A	S規準	H7 (1995) – H13 (2001)	Fの値 (t/cm^2) *2 2.4/2.2
			S規準	H14 (2002) – H26 (2014)	Fの値 (N/mm^2) *3 235/215
			法令	H6 (1994) – H12 (2000)	基準強度 (kg/cm^2) *3 2400/2200
			法令	H13 (2001) – H26 (2014)	基準強度 (N/mm^2) *3 235/215
			JIS	H6 (1994) – H26 (2014)	(N/mm^2) 降伏点又は耐力**3 235以上/235以上/235以上/235以上/215以上 引張強さ 400以上510以下

年	S25	S26	S27	S28	S29	S30	S31	S32	S33	S34	S35	S36	S37	S38	S39	S40	S41	S42	S43	S44	S45	S46	S47	S48	S49	S50	S51	S52	S53	S54	S55	S56	S57	S58	S59	S60	S61	S62	S63	H1	H2	H3	H4	H5	H6	H7	H8	H9	H10	H11	H12	H13	H14	H15	H16	H17	H18	H19	H20	H21	H22	H23	H24	H25	H26
規基準	1950	1951	1952	1953	1954	1955	1956	1957	1958	1959	1960	1961	1962	1963	1964	1965	1966	1967	1968	1969	1970	1971	1972	1973	1974	1975	1976	1977	1978	1979	1980	1981	1982	1983	1984	1985	1986	1987	1988	1989	1990	1991	1992	1993	1994	1995	1996	1997	1998	1999	2000	2001	2002	2003	2004	2005	2006	2007	2008	2009	2010	2011	2012	2013	2014

規基準		材料	項目	期間	内容
規格材料	JISG3136	SN400B	S規準	1995–2001	Fの値(t/cm²)*2 2.4/2.2
				2002–2014	Fの値(N/mm²)*3 235/215
			法令	1994–1999	基準強度（kg/cm²)*3 2400/2200
				2000–2014	基準強度（N/mm²)*3 235/215
			JIS	1994–2014	(N/mm²) 降伏点又は耐力**3 235以上/235以上355以下/235以上355以下/235以上355以下/215以上335以下 引張強さ 400以上510以下
		SN400C	S規準	1995–2001	Fの値(t/cm²)*2 2.4/2.2
				2002–2014	Fの値(N/mm²)*3 235/215
			法令	1994–1999	基準強度（kg/cm²)*3 2400/2200
				2000–2014	基準強度（N/mm²)*3 235/215
			JIS	1994–2014	(N/mm²) 降伏点又は耐力**3 -/-/235以上355以下/235以上355以下/215以上335以下 引張強さ 400以上510以下
		SN490B	S規準	1995–2001	Fの値(t/cm²)*2 3.3/3.0
				2002–2014	Fの値(N/mm²)*3 325/295
			法令	1994–1999	基準強度（kg/cm²)*3 3300/3000
				2000–2014	基準強度（N/mm²)*3 325/295
			JIS	1994–2014	(N/mm²) 降伏点又は耐力**3 325以上/325以上445以下/325以上445以下/325以上445以下/295以上415以下 引張強さ 490以上610以下
		SN490C	S規準	1995–2001	Fの値(t/cm²)*2 3.3/3.0
				2002–2014	Fの値(N/mm²)*3 325/295
			法令	1994–1999	基準強度（kg/cm²)*3 3300/3000
				2000–2014	基準強度（N/mm²)*3 325/295
			JIS	1994–2014	(N/mm²) 降伏点又は耐力**3 -/-/325以上445以下/325以上445以下/295以上415以下 引張強さ 490以上610以下
大臣認定	建築構造用TMCP鋼板		認定履歴	1991	認定
				1994	認定
				2000	認定
		***325		1991–2014	(N/mm²) 降伏点又は耐力 325以上 引張強さ 490以上610以下
		***325B		1994–2014	(N/mm²) 降伏点又は耐力 325以上445以下 引張強さ 490以上610以下
		***325C		1994–2014	(N/mm²) 降伏点又は耐力 325以上445以下 引張強さ 490以上610以下
		***355		1991–2014	(N/mm²) 降伏点又は耐力 355以上 引張強さ 520以上640以下
		***355B		1994–2014	(N/mm²) 降伏点又は耐力 355以上475以下 引張強さ 520以上640以下
		***355C		1994–2014	(N/mm²) 降伏点又は耐力 355以上475以下 引張強さ 520以上640以下

規基準				年	内容
規格材料	大臣認定	建築構造用高性能590N/mm^{2}鋼材	認定履歴	1996 (H8)	認定
				2000 (H12)	認定
		SA440B		1996 (H8)〜2014 (H26)	(N/mm^2) 降伏点又は耐力 440以上540以下 引張強さ 590以上740以下
		SA440C		1996 (H8)〜2014 (H26)	(N/mm^2) 降伏点又は耐力 440以上540以下 引張強さ 590以上740以下
	大臣認定	建築構造用高強度780N/mm^{2}鋼材	認定履歴	2009 (H21)	認定
		H-SA700A		2009 (H21)〜2014 (H26)	(N/mm^2) 降伏点 700以上900以下 引張強さ 780以上1000以下
		H-SA700B		2009 (H21)〜2014 (H26)	(N/mm^2) 降伏点 700以上900以下 引張強さ 780以上1000以下
	大臣認定（日本鉄鋼連盟製品規定）	建築構造用低降伏点鋼材	認定履歴	2000 (H12)	認定
		LY100		2000 (H12)〜2014 (H26)	(N/mm^2) 下降伏点又は耐力 80以上120以下 引張強さ 200以上以上300以下
		LY225		2000 (H12)〜2014 (H26)	(N/mm^2) 下降伏点又は耐力 205以上245以下 引張強さ 300以上以上400以下

〈円形鋼管〉

規基準				年	内容
規格材料	JISG3444	一般構造用炭素鋼鋼管	JIS履歴	1961 (S36)	制定
				1965 (S40)	改正
				1966 (S41)	改正
				1974 (S49)	改正
				1977 (S52)	改正
				1982 (S57)	改正
				1988 (S63)	改正
				1994 (H6)	改正
				2004 (H16)	改正
				2006 (H18)	改正
				2010 (H22)	改正
		STK41	S規準	1970 (S45)〜1994 (H6)	Fの値(t/cm^2)*2 2.4/2.2 (1990年刷より 付表 鉄鋼JISの記号変更 掲載)
			法令	1961 (S36)〜1980 (S55)	令第90条
				1981 (S56)〜1990 (H2)	基準強度 (kg/cm^2)*2 2400/2200
			JIS	1961 (S36)〜1973 (S48)	(kg/mm^2) 降伏点 24以上 引張強さ 41以上
				1974 (S49)〜1976 (S51)	(kg/mm^2) 降伏点又は耐力 24以上 引張強さ 41以上
				1977 (S52)〜1990 (H2)	(kgf/mm^2)[()の数字はN/mm^2] 降伏点又は耐力 24(235)以上 引張強さ 41(402)以上
		STK400	S規準	1995 (H7)〜2001 (H13)	Fの値(t/cm^2)*2 2.4/2.2
				2002 (H14)〜2014 (H26)	Fの値(N/mm^2)*3 235/215
			法令	1991 (H3)〜1999 (H11)	基準強度 (kg/cm^2)*3 2400/2200
				2000 (H12)〜2014 (H26)	基準強度 (N/mm^2)*3 235/215
			JIS	1991 (H3)〜2014 (H26)	(N/mm^2) 降伏点又は耐力235以上 引張強さ 400以上

規格材料	規基準	鋼種	区分	年(期間)	内容
規格材料	JISG3444	STK50	S規準	1970(S45)–1994(H6)	Fの値 (t/cm²)*2 3.3/3.0 (1990年刷より 付表 鉄鋼JISの記号変更 掲載)
			法令	1970(S45)–1980(S55)	長期許容応力度 (kg/cm²)*1 圧縮・引張り・曲げ2200/2000, 剪断1300/1200, 側圧4200/3800, 接触6300/5700
			法令	1981(S56)–1990(H2)	基準強度 (kg/cm²)*2 3300/3000
			JIS	1961(S36)–1973(S48)	(kg/mm²) 降伏点 32以上 引張強さ 50以上
			JIS	1974(S49)–1976(S51)	(kg/mm²) 降伏点又は耐力 32以上 引張強さ 50以上
			JIS	1977(S52)–1990(H2)	(kgf/mm²) [( )の数字はN/mm²] 降伏点又は耐力 32(314)以上 引張強さ 50(490)以上
		STK490	S規準	1995(H7)–2001(H13)	Fの値 (t/cm²)*2 3.3/3.0
			S規準	2002(H14)–2014(H26)	Fの値 (N/mm²)*3 325/295
			法令	1991(H3)–2000(H12)	基準強度 (kg/cm²)*3 3300/3000
			法令	2001(H13)–2014(H26)	基準強度 (N/mm²)*3 325/295
			JIS	1991(H3)–2014(H26)	(N/mm²) 降伏点又は耐力315以上 引張強さ 490以上
	JISG3475	建築構造用炭素鋼管	JIS履歴	1996(H8)	制定
				2008(H20)	改正
				2011(H23)	改正
				2014(H26)	改正
		STKN400W	S規準	2002(H14)–2014(H26)	Fの値 (N/mm²)*3 235/215
			法令	2001(H13)–2014(H26)	基準強度 (N/mm²)*3 235/215
			JIS	1996(H8)–2014(H26)	(N/mm²) 降伏点又は耐力**4 235以上 引張強さ 400以上540以下
		STKN400B	S規準	2002(H14)–2014(H26)	Fの値 (N/mm²)*3 235/215
			法令	2001(H13)–2014(H26)	基準強度 (N/mm²)*3 235/215
			JIS	1996(H8)–2014(H26)	(N/mm²) 降伏点又は耐力**5 235以上/235以上385以下/215以上365以下 引張強さ 400以上540以下
		STKN490B	S規準	2002(H14)–2014(H26)	Fの値 (N/mm²)*3 325/295
			法令	2001(H13)–2014(H26)	基準強度 (N/mm²)*3 325/295
			JIS	1996(H8)–2014(H26)	(N/mm²) 降伏点又は耐力**5 325以上/325以上475以下/295以上445以下 引張強さ 490以上640以下

〈角形鋼管〉

規格材料	規基準	鋼種	区分	年(期間)	内容
規格材料	JISG3466	一般構造用角形鋼管	JIS履歴	1966(S41)	制定
				1975(S50)	改正
				1982(S57)	改正
				1988(S63)	改正
				2006(H18)	改正
				2010(H22)	改正
		STKR41	S規準	1970(S45)–1994(H6)	Fの値 (t/cm²)*2 2.4/2.2 (1990年刷より 付表 鉄鋼JISの記号変更 掲載)
			法令	1966(S41)–1980(S55)	令第90条
			法令	1981(S56)–1990(H2)	基準強度 (kg/cm²)*2 2400/2200
			JIS	1966(S41)–1974(S49)	(kg/mm²) 降伏点 25以上 引張強さ 41以上
			JIS	1975(S50)–1981(S56)	(kgf/mm²) [( )の数字はN/mm²] 降伏点 25(245)以上 引張強さ 41(402)以上
			JIS	1982(S57)–1990(H2)	(kgf/mm²) [( )の数字はN/mm²] 降伏点又は耐力 25(245)以上 引張強さ 41(402)以上

規基準			年	内容
規格材料 JISG3466	STKR 400	S規準	1995 (H7) –	Fの値 (t/cm²)＊2 2.4/2.2
			2002 (H14) –	Fの値 (N/mm²)＊3 235/215
		法令	1991 (H3) –	基準強度 (kg/cm²)＊3 2400/2200
			2000 (H12) –	基準強度 (N/mm²)＊3 235/215
		JIS	1991 (H3) –	(N/mm²) 降伏点又は耐力 245以上 引張強さ 400以上
	STKR50	S規準	1970 (S45) – 1994 (H6)	Fの値 (t/cm²)＊2 3.3/3.0 (1990年刷より 付表 鉄鋼JISの記号変更 掲載)
		法令	1970 (S45) –	長期許容応力度 (kg/cm²)＊1 圧縮・引張り・曲げ2200/2000, 剪断1300/1200, 側圧4200/3800, 接触6300/5700
			1981 (S56) – 1990 (H2)	基準強度 (kg/cm²)＊2 3300/3000
		JIS	1966 (S41) –	(kg/mm²) 降伏点 33以上 引張強さ 50以上
			1975 (S50) –	(kgf/mm²) [()の数字はN/mm²] 降伏点 33(324)以上 引張強さ 50(490)以上
			– 1990 (H2)	(kgf/mm²) [()の数字はN/mm²] 降伏点又は 33(324)以上 引張強さ 50(490)以上
	STKR 490	S規準	1995 (H7) –	Fの値 (t/cm²)＊2 3.3/3.0
			2002 (H14) –	Fの値 (N/mm²)＊3 325/295
		法令	1991 (H3) –	基準強度 (kg/cm²)＊3 3300/3000
			2000 (H12) –	基準強度 (N/mm²)＊3 325/295
		JIS	1991 (H3) –	(N/mm²) 降伏点又は耐力 325以上 引張強さ 490以上
JSS II 10 日本鋼構造協会	冷間成形角形鋼管(ボックスコラム)	制定履歴	1989 (H1)	制定
	STKC41R		1989 (H1) – 1999 (H11)	(kgf/mm²) [()の数字はN/mm²] 降伏点又は耐力 25(245)以上 引張強さ 41(402)以上
	STKC50R		1989 (H1) – 1999 (H11)	(kgf/mm²) [()の数字はN/mm²] 降伏点又は耐力 33(324)以上 引張強さ 50(490)以上
	STKC41R・STKC50R		2000 (H12) –	現行規定では基準強度がない.
大臣認定(日本鉄鋼連盟製品規定)	建築構造用冷間ロール成形角形鋼管	認定履歴	1995 (H7)	認定
			2002 (H14)	認定
	BCR295		1995 (H7) –	(N/mm²) 降伏点又は耐力＊＊9 295以上/295以上445以下/295以上445以下 引張強さ 400以上550以下
	プレス成形角形鋼管		1966 (S41) –	・この頃より2シーム型プレス成型品製造開始(SS材, SM材の曲げ加工品)
			1973 (S48) –	・1シーム型プレス成型品(SS材, SM材の曲げ加工品)
			2000 (H12) –	現行規定では基準強度がない.
JSS II 10 日本鋼構造協会	冷間成形角形鋼管(ボックスコラム)		1989 (H1)	制定
	STKC41P		1989 (H1) – 1999 (H11)	(kgf/mm²) [()の数字はN/mm²] 降伏点又は耐力 25(245)以上 引張強さ 41(402)以上
	STKC45P		1989 (H1) – 1999 (H11)	(kgf/mm²) [()の数字はN/mm²] 降伏点又は耐力 33(324)以上 引張強さ 50(490)以上
	STKC41P・STKC45P		2000 (H12) –	現行規定では基準強度がない.

規基準				年	記載内容
規格材料	大臣認定（旧日本建築センター評価）（日本鉄鋼連盟製品規定）	建築構造用冷間プレス成形角形鋼管	評価・認定履歴	H7 (1995)	評価
				H12 (2000)	認定
				H14 (2002)	認定
		BCP235		H7 (1995)–	(N/mm^2) 降伏点又は耐力**10 235以上/235以上355以下/235以上355以下 引張強さ 400以上510以下
		BCP325		H7 (1995)–	(N/mm^2) 降伏点又は耐力**10 325以上/325以上445以下/325以上445以下 引張強さ 490以上610以下
		BCP325T（建築構造用高性能冷間プレス成形角形鋼管）		H14 (2002)–	(N/mm^2) 降伏点又は耐力**11 325以上445以下/325以上445以下 引張強さ 490以上610以下

〈その他鋼材〉

規基準				年	記載内容
規格材料	JISG3350	一般構造用軽量形鋼	JIS履歴	S32 (1957)	制定
				S36 (1961)	改正
				S40 (1965)	改正
				S45 (1970)	改正
				S48 (1973)	改正
				S52 (1977)	改正
				S62 (1987)	改正
				H17 (2005)	改正
				H21 (2009)	改正
			JIS	S32 (1957)–S35 (1960)	機械的性質未規定 製造者と注文者との協定による 寸法重量は規定
		SSC41	S規準	S45 (1970)–H6 (1994)	Fの値(t/cm^2)*2 2.4/2.2 (1990年刷より 付表 鉄鋼JISの記号変更 掲載)
			JIS	S36 (1961)–S44 (1969)	(kg/mm^2) 降伏点 24以上 引張強さ 41～55
				S45 (1970)–S51 (1976)	(kg/mm^2) 降伏点 25以上 引張強さ 41～55
				S52 (1977)–H2 (1990)	(kgf/mm^2)[()の数字はN/mm^2] 降伏点 25(245)以上 引張強さ 41～55(402～539)
		SSC400	S規準	H7 (1995)–H13 (2001)	Fの値(t/cm^2)*2 2.4/2.2
				H14 (2002)–	Fの値(N/mm^2)*3 235/215
			法令	H12 (2000)–	基準強度 (N/mm2)*3 235/215
			JIS	H3 (1991)–H21 (2009)	(N/mm^2) 降伏点 245以上 引張強さ 400～540
				H22 (2010)–	(N/mm^2) 降伏点又は耐力 245以上 引張強さ 400～540
	JISG3353	一般構造用溶接軽量H形鋼	JIS履歴	S53 (1978)	制定
				S61 (1986)	改正
				H2 (1990)	改正
				H24 (2012)	改正
		SWH41	JIS	S53 (1978)–H2 (1990)	(kgf/mm^2)[()の数字はN/mm^2] 降伏点 25(245)以上 引張強さ 41～55(402～539)
		SWH400	S規準	H14 (2002)–	Fの値(N/mm^2)*3 235/215
			法令	H12 (2000)–	基準強度 (N/mm^2)*3 235/215
			JIS	H3 (1991)–H24 (2012)	(N/mm^2) 降伏点 245以上 引張強さ 400～540
				H25 (2013)–	(N/mm^2) 降伏点又は耐力**6 245以上/245以上365以下 引張強さ 400～510
		SWH41L	JIS	S53 (1978)–H2 (1990)	(kgf/mm^2)[()の数字はN/mm^2] 降伏点 25(245)以上 引張強さ 41～55(402～539)

年: S25 (1950), S26 (1951), S27 (1952), S28 (1953), S29 (1954), S30 (1955), S31 (1956), S32 (1957), S33 (1958), S34 (1959), S35 (1960), S36 (1961), S37 (1962), S38 (1963), S39 (1964), S40 (1965), S41 (1966), S42 (1967), S43 (1968), S44 (1969), S45 (1970), S46 (1971), S47 (1972), S48 (1973), S49 (1974), S50 (1975), S51 (1976), S52 (1977), S53 (1978), S54 (1979), S55 (1980), S56 (1981), S57 (1982), S58 (1983), S59 (1984), S60 (1985), S61 (1986), S62 (1987), S63 (1988), H1 (1989), H2 (1990), H3 (1991), H4 (1992), H5 (1993), H6 (1994), H7 (1995), H8 (1996), H9 (1997), H10 (1998), H11 (1999), H12 (2000), H13 (2001), H14 (2002), H15 (2003), H16 (2004), H17 (2005), H18 (2006), H19 (2007), H20 (2008), H21 (2009), H22 (2010), H23 (2011), H24 (2012), H25 (2013), H26 (2014)

規基準				年	内容
規格材料	JISG3353	SWH400L	法令	2001～	基準強度 (N/mm²)*3 235/215
			JIS	1991～	(N/mm²) 降伏点 245以上 引張強さ 400～540
			JIS	2011～	(N/mm²) 降伏点又は耐力**6 245以上/245以上365以下 引張強さ 400～510
	JISG3138	建築構造用圧延棒鋼	JIS履歴	1996	制定
			JIS履歴	2005	改正
		SNR400A	S規準	2002～	Fの値 (N/mm²)*3 235/215
			法令	2000～	基準強度 (N/mm²)*3 235/215
			JIS	1996～	(N/mm²) 降伏点又は耐力**8 235以上/235以上/215以上 引張強さ 400以上510以下
		SNR400B	S規準	2002～	Fの値 (N/mm²)*3 235/215
			法令	2000～	基準強度 (N/mm²)*3 235/215
			JIS	1996～	(N/mm²) 降伏点又は耐力**8 235以上/235以上355以下/215以上335以下 引張強さ 400以上510以下
		SNR490B	S規準	2002～	Fの値 (N/mm²)*3 325/295
			法令	2000～	基準強度 (N/mm²)*3 325/295
			JIS	1996～	(N/mm²) 降伏点又は耐力**8 325以上/325以上445以下/295以上415以下 引張強さ 490以上610以下
	JISA5525	鋼管ぐい	JIS履歴	1963	制定
			JIS履歴	1971	改正
			JIS履歴	1983	改正
			JIS履歴	1988	改正
			JIS履歴	1994	改正
			JIS履歴	2004	改正
			JIS履歴	2009	改正
			JIS履歴	2014	改正
			JIS	1963～1970	クイを構成する鋼管は，JIS G 3444（一般構造用炭素鋼鋼管）に規程する2種（STK41）とする．
			JIS	1971～1982	短管の化学成分，降伏点，引張強さ，伸び等は，JIS G 3444（一般構造用炭素鋼鋼管）に規程する2種（STK41）又は4種（STK50）による．
		SKK41	JIS	1983～	(kgf/mm²) [()の数字はN/mm²] 降伏点又は耐力 24(235)以上 引張強さ 41(402)以上
		SKK400	法令	2000～	基準強度 (N/mm²)*3 235/215
			JIS	1990～	(N/mm²) 降伏点又は耐力 235以上 引張強さ 400以上
		SKK50	JIS	1983～	(kgf/mm²) [()の数字はN/mm2] 降伏点又は耐力 32(314)以上 引張強さ 50(490)以上

年：S25(1950)～S63(1988)、H1(1989)～H26(2014)

規基準			区分	年	内容
規格材料	JISA5525	SKK490	法令	2000(H12)～2014(H26)	基準強度 (N/mm²)*3 315/- H13.11.15～325/295
			JIS	1990(H2)～2014(H26)	(N/mm²) 降伏点又は耐力 315以上 引張強さ 490以上
	JISA5526	H形鋼ぐい	JIS履歴	1963(S38)	制定
				1971(S46)	改正
				1983(S58)	改正
				1988(S63)	改正
				1994(H6)	改正
				2005(H17)	改正
				2011(H23)	改正
			JIS	1963(S38)～1970(S45)	単材の引張強さ，降伏点等はJIS G 3101(一般構造用鋼材)の2種(SS41)3種(SS50)又はJIS G 3106(溶接構造用鋼材)の1種(SM41A)2種(SM50A)による.
				1971(S46)～1982(S57)	単材の引張強さ，降伏点等はJIS G3101(一般構造用鋼材)に規程する2種(SS41)またはJIS G3106(溶接構造用鋼材)に規程する1種(SM41)，2種(SM50)，3種(SM50Y)による.
		SHK41	JIS	1983(S58)～1989(H1)	(kgf/mm²) [()の数字はN/mm²] 降伏点又は耐力 25/24(245/235)以上 引張強さ 41/52(402/510)以上
		SHK400	法令	2000(H12)～2014(H26)	基準強度 (N/mm²)*3 235/215
			JIS	1990(H2)～2004(H16)	(N/mm²) 降伏点又は耐力**7' 245以上/235以上 引張強さ 400～510
				2005(H17)～2014(H26)	(N/mm²) 降伏点又は耐力**7 245以上/235以上/235以上 引張強さ 400～510
		SHK41M	JIS	1983(S58)～1989(H1)	(kgf/mm²) [()の数字はN/mm²] 降伏点又は耐力 25/24(245/235)以上 引張強さ 41/52(402/510)以上
		SHK400M	法令	2000(H12)～2014(H26)	基準強度 (N/mm²)*3 235/215
			JIS	1990(H2)～2004(H16)	(N/mm²) 降伏点又は耐力**7' 245以上/235以上 引張強さ 400～510
		SHK50M	JIS	1983(S58)～1989(H1)	(kgf/mm²) [()の数字はN/mm²] 降伏点又は耐力 33/32(324/314)以上 引張強さ 50/62(490/608)以上
		SHK490M	法令	2000(H12)～2014(H26)	基準強度 (N/mm²)*3 315/-
			JIS	1990(H2)～2004(H16)	(N/mm²) 降伏点又は耐力**7' 325以上/315以上 引張強さ 490～610
				2005(H17)～2014(H26)	(N/mm²) 降伏点又は耐力**7 325以上/315以上/315以上 引張強さ 490～610

②リベット，ボルト，高力ボルト

〈リベット〉

規基準		材料	年	内容
建築学会	鋼構造計算規準 4表	鋲鋼(初版・改訂) リベット鋼(三訂) リベットSV34・SV41(四訂)	1950(S25)～1969(S44)	長期許容応力度(t/cm²) 引張1.6，せん断1.2
	鋼構造設計規準 表5.2	リベット SV34・SV41 SV330・SV400(1995～)	1970(S45)～2001(H13)	長期許容応力度(t/cm²) 引張1.6，せん断1.2
			2002(H14)～2004(H16)	長期許容応力度(N/mm²) 引張155，せん断120
			2005(H17)～2014(H26)	材質規格のみ掲載

年：S25 1950, S26 1951, S27 1952, S28 1953, S29 1954, S30 1955, S31 1956, S32 1957, S33 1958, S34 1959, S35 1960, S36 1961, S37 1962, S38 1963, S39 1964, S40 1965, S41 1966, S42 1967, S43 1968, S44 1969, S45 1970, S46 1971, S47 1972, S48 1973, S49 1974, S50 1975, S51 1976, S52 1977, S53 1978, S54 1979, S55 1980, S56 1981, S57 1982, S58 1983, S59 1984, S60 1985, S61 1986, S62 1987, S63 1988, H1 1989, H2 1990, H3 1991, H4 1992, H5 1993, H6 1994, H7 1995, H8 1996, H9 1997, H10 1998, H11 1999, H12 2000, H13 2001, H14 2002, H15 2003, H16 2004, H17 2005, H18 2006, H19 2007, H20 2008, H21 2009, H22 2010, H23 2011, H24 2012, H25 2013, H26 2014

規基準				内容
建設省・国交省	令第90条	リベット鋼		長期許容応力度（kg/cm²）引張り1600，せん断1200 / 長期許容応力度（Fは基準強度）引張りF/1.5，せん断F/2
建設省・国交省	告示			基準強度（kg/cm²）2400 / 基準強度（N/mm²）235
規格材料	日本標準規格第432號	鋲用壓延鋼材第1種甲SV34A	JES履歴	
		SV34A	S規準	S規準 4表
	臨時JES411		JES履歴	
	JES金属3104	リベット用鋼材SV41	JES履歴	
		SV41	S規準	S規準 4表※1
	JIS G3104	リベット用圧延鋼材 → リベット用丸鋼（1976～）	JIS履歴	制定 / 改正 / 改正 / 改正 / 改正 / 廃止
		SV34	S規準	S規準 4表 / S規準 5.2表
			JIS	（kg/mm²）降伏点 － 引張強さ 34～41 / （kgf/mm²）[（）の数字はN/mm²] 引張強さ 34～41（333～402）
		SV330	S規準	S規準 5.2表 / 材質規格のみ掲載
			JIS	（N/mm²）引張強さ 330～400
		SV41A	JIS	（kg/mm²）降伏点 － 引張強さ 41～50
		SV41	S規準	S規準 4表※1 / S規準 4表 / S規準 5.2表
			JIS	（kgf/mm²）[（）の数字はN/mm²] 引張強さ 41～50（402～490）
		SV400	S規準	S規準 5.2表 / 材質規格のみ掲載
			JIS	（N/mm²）引張強さ 400～490

〈ボルト〉

規基準			内容
建築学会	鋼構造計算規準4表	ボルト；黒皮（初版，改訂），ボルト；黒（三訂），ボルトSS41，SM41；黒ボルト（四訂）	長期許容応力度（t/cm²）引張0.8
		ボルト；仕上げ（初版，改訂），ボルト；中（三訂），ボルトSS41，SM41；中ボルト（四訂）	長期許容応力度（t/cm²）引張1.0，せん断1.2

<table>
<tr><th colspan="4">規基準 ＼ 年</th><th>S
25
1950</th><th>S
26
1951</th><th>S
27
1952</th><th>S
28
1953</th><th>S
29
1954</th><th>S
30
1955</th><th>S
31
1956</th><th>S
32
1957</th><th>S
33
1958</th><th>S
34
1959</th><th>S
35
1960</th><th>S
36
1961</th><th>S
37
1962</th><th>S
38
1963</th><th>S
39
1964</th><th>S
40
1965</th><th>S
41
1966</th><th>S
42
1967</th><th>S
43
1968</th><th>S
44
1969</th><th>S
45
1970</th><th>S
46
1971</th><th>S
47
1972</th><th>S
48
1973</th><th>S
49
1974</th><th>S
50
1975</th><th>S
51
1976</th><th>S
52
1977</th><th>S
53
1978</th><th>S
54
1979</th><th>S
55
1980</th><th>S
56
1981</th><th>S
57
1982</th><th>S
58
1983</th><th>S
59
1984</th><th>S
60
1985</th><th>S
61
1986</th><th>S
62
1987</th><th>S
63
1988</th><th>H
1
1989</th><th>H
2
1990</th><th>H
3
1991</th><th>H
4
1992</th><th>H
5
1993</th><th>H
6
1994</th><th>H
7
1995</th><th>H
8
1996</th><th>H
9
1997</th><th>H
10
1998</th><th>H
11
1999</th><th>H
12
2000</th><th>H
13
2001</th><th>H
14
2002</th><th>H
15
2003</th><th>H
16
2004</th><th>H
17
2005</th><th>H
18
2006</th><th>H
19
2007</th><th>H
20
2008</th><th>H
21
2009</th><th>H
22
2010</th><th>H
23
2011</th><th>H
24
2012</th><th>H
25
2013</th><th>H
26
2014</th></tr>
<tr><td rowspan="3">建築学会</td><td rowspan="3">鋼構造設計規準
表5. 2</td><td colspan="2">SS41,SM41中ボルト
SS400,SM400のボルト(3版)</td><td colspan="20"></td><td colspan="32">長期許容応力度 (t/cm²)
引張1.0, せん断1.2</td><td colspan="3">長期許容応力度
(N/mm²)
引張
120,
せん断
70</td><td colspan="10"></td></tr>
<tr><td colspan="2">強度区分ごと</td><td colspan="55"></td><td colspan="10">長期許容応力度 (N/mm²)
引張, せん断について, 強度区分に応じた数値の表記</td></tr>
<tr><td colspan="2">その他の中ボルト
その他の強度のボルト
(3版～)</td><td colspan="20"></td><td colspan="32">長期許容応力度 (t/cm²)
引張0.5F, せん断0.38F</td><td colspan="3">長期許容応力度
(N/mm²)
引張
0.5F
せん断
0.3F</td><td colspan="10">長期許容応力度 (N/mm²)
引張F/1.5 , せん断F/1.5√3</td></tr>
<tr><td rowspan="4">建設省・国交省</td><td rowspan="2">令第90条</td><td colspan="2">ボルト(黒皮)</td><td colspan="31">長期許容応力度 (kg/cm²)
引張り800</td><td colspan="34">長期許容応力度 (Fは基準強度)
引張りF/1.5</td></tr>
<tr><td colspan="2">告示</td><td colspan="31"></td><td colspan="19">基準強度 (kg/cm²)
1900</td><td colspan="15">基準強度 (N/mm²)
185</td></tr>
<tr><td rowspan="2">令第90条</td><td colspan="2">ボルト(仕上げ)</td><td colspan="31">長期許容応力度 (kg/cm²)
引張り1000, せん断1200</td><td colspan="19">長期許容応力度 (Fは基準強度)
引張りF/1.5, せん断F/2</td><td colspan="15">長期許容応力度 (Fは基準強度)
引張りF/1.5, せん断F/2
(Fが240N/mm²を超えるボルトについて, (建設大臣)国土交通大臣がこれと異なる数値を定めた場合は, その定めた数値)</td></tr>
<tr><td colspan="2">告示</td><td colspan="31"></td><td colspan="19">基準強度 (kg/cm²)
2400</td><td colspan="15">平成12年建設省告示第1451号
基準強度 (N/mm²) ; 240超180√3以下の場合
長期せん断許容応力度 (N/mm²) ; 120
基準強度 (N/mm²) ; 180√3超の場合
長期せん断許容応力度 (N/mm2) ; F/1.5√3</td></tr>
<tr><td rowspan="4">規格材料</td><td rowspan="4">JISB1051</td><td>ボルト・小ねじの機械的性質
→
鋼製ボルト・小ねじの機械的性質(1985～)
→</td><td>炭素鋼及び合金製締結部品の機械的性質-第一部ボルト・ねじ及び植え込みボルト
(2000～)
JIS履歴</td><td colspan="22"></td><td>制定</td><td colspan="3"></td><td>改正</td><td colspan="8"></td><td>改正</td><td colspan="5"></td><td>改正</td><td colspan="8"></td><td>改正</td><td colspan="13"></td><td>改正</td></tr>
<tr><td rowspan="3">4.6</td><td>S規準</td><td colspan="55"></td><td colspan="10">長期許容応力度 (N/mm²)
引張り160, せん断160/√3
(材質規格は掲載なし)</td></tr>
<tr><td>法令</td><td colspan="50"></td><td colspan="15">基準強度 (N/mm2)
240</td></tr>
<tr><td>JIS</td><td colspan="22"></td><td colspan="4">(kgf/mm²)
降伏点または耐力
最小値24

引張強さ
最小値40,
最大値55</td><td colspan="9">(kgf/mm²)
[()の数字はN/mm²]
降伏点又は耐力
最小値24(235)

引張強さ
最小値40(392), 最大値55(539)</td><td colspan="6">(N/mm²)
[()の数字はkgf/mm²]
降伏点又は耐力
呼び240,
最小240(23.5)

引張強さ
呼び400,
最小400(40.8)</td><td colspan="9">(N/mm²)
[()の数字はkgf/mm²]
下降伏点
呼び240, 最小240(24.5)

引張強さ
呼び400, 最小400(40.8)</td><td colspan="14">(N/mm²)
下降伏点 呼び240, 最小240

呼び引張強さ400, 最小引張強さ 400</td><td>(Mpa)
下降伏点
呼び240,
最小240

引張強さ
呼び400,
最小400</td></tr>
</table>

規基準			年	S25–S46 (1950–1971)	S47–S50 (1972–1975)	S51–S59 (1976–1984)	S60–H2 (1985–1990)	H3–H11 (1991–1999)	H12–H16 (2000–2004)	H17–H25 (2005–2013)	H26 (2014)
規格材料	JISB1051	4.8	S規準							長期許容応力度 (N/mm^2) 引張り160, せん断160/√3 (材質規格は掲載なし)	
			法令						基準強度 (N/mm^2) 240		
			JIS		(kgf/mm^2) 降伏点または耐力 最小値32 引張強さ 最小値40, 最大値55	(kgf/mm^2) [()の数字はN/mm^2] 降伏点又は耐力 最小値32(314) 引張強さ 最小値40(392), 最大値55(539)	(N/mm^2)[()の数字はkgf/mm^2] 降伏点又は耐力 呼び320, 最小340(34.7) 引張強さ 呼び400, 最小420(42.8)	(N/mm^2) [()の数字はkgf/mm^2] 下降伏点 呼び320, 最小340(34.7) 引張強さ 呼び400, 最小420(42.8)	(N/mm^2) 下降伏点 呼び320, 最小340 呼び引張強さ400, 最小引張強さ 420		(Mpa) 0.004 8d耐力 呼び320, 最小340 引張強さ 呼び400, 最小420
		5.6	S規準							長期許容応力度 (N/mm^2) 引張り200, せん断200/√3 (材質規格は掲載なし)	
			法令						基準強度 (N/mm2) 300		
			JIS		(kgf/mm^2) 降伏点または耐力 最小値30 引張強さ 最小値50, 最大値70	(kgf/mm^2) [()の数字はN/mm^2] 降伏点又は耐力 最小値30(294) 引張強さ 最小値50(490), 最大値70(686)	(N/mm^2)[()の数字はkgf/mm^2] 降伏点又は耐力 呼び300, 最小300(30.6) 引張強さ 呼び500, 最小500(51.0)	(N/mm^2)[()の数字はkgf/mm^2] 下降伏点 呼び300, 最小300(30.6) 引張強さ 呼び500, 最小500(51.0)	(N/mm^2) 下降伏点 呼び300, 最小300 呼び引張強さ500, 最小引張強さ 500		(Mpa) 下降伏点 呼び300, 最小300 引張強さ 呼び500, 最小500
		5.8	S規準							長期許容応力度 (N/mm^2) 引張り200, せん断200/√3 (材質規格は掲載なし)	
			法令						基準強度 (N/mm^2) 300		
			JIS		(kgf/mm^2) 降伏点または耐力 最小値40 引張強さ 最小値50, 最大値70	(kgf/mm^2) [()の数字はN/mm^2] 降伏点又は耐力 最小値40(392) 引張強さ 最小値50(490), 最大値70(686)	(N/mm^2) [()の数字はkgf/mm^2] 降伏点又は耐力 呼び400, 最小420(42.8) 引張強さ 呼び500, 最小520(53.0)	(N/mm^2)[()の数字はkgf/mm^2] 下降伏点 呼び400, 最小420(42.8) 引張強さ 呼び500, 最小520(53.0)	(N/mm^2) 下降伏点 呼び400, 最小420 呼び引張強さ500, 最小引張強さ 520		(Mpa) 0.004 8d耐力 呼び400, 最小420 引張強さ 呼び500, 最小520
		6.8	S規準							長期許容応力度 (N/mm2) 引張り280, せん断280/√3 (材質規格は掲載なし)	
			法令						基準強度 (N/mm2) 420		
			JIS		(kgf/mm^2) 降伏点または耐力 最小値48 引張強さ 最小値60, 最大値80	(kgf/mm^2) [()の数字はN/mm^2] 降伏点又は耐力 最小値48(471) 引張強さ 最小値60(588), 最大値80(785)	(N/mm^2) [()の数字はkgf/mm^2] 降伏点又は耐力 呼び480, 最小480(48.9) 引張強さ 呼び600, 最小600(61.2)	(N/mm^2)[()の数字はkgf/mm^2] 下降伏点 呼び480, 最小480(48.9) 引張強さ 呼び600, 最小600(61.2)	(N/mm^2) 下降伏点 呼び480, 最小480 呼び引張強さ600, 最小引張強さ 600		(Mpa) 0.004 8d耐力 呼び480, 最小480 引張強さ 呼び600, 最小600

年：S25(1950)–S63(1988)、H1(1989)–H26(2014)

規基準			年	内容
規格材料 JISB1178	基礎ボルト	JIS履歴	S35(1960)	制定
			S40(1965)	改正
			S41(1966)	改正
			S51(1976)	改正
			H6(1994)	改正
			H21(2009)	改正
		S規準	H14(2002)–	材質規格のみ掲載
		JIS	S35(1960)–S40(1965)	ウイット並目ねじを有する基礎ボルト(1965版にウイットねじに関する規定は1968.3限り廃止の旨記載) 材料;JISG3101(SS41)
			S41(1966)–S50(1975)	材料;JISG3101(SS41)又はこれと同等以上の機械的性質をもつもの
			S51(1976)–H5(1993)	(kgf/mm2)[()の数字はN/mm2] 機械的性質 M36以下;4.6引張り強さ 最小値40(392)，最大値参考55(539) 降伏点又は耐力 最小値24(235) 4T引張強さ 最小値40(392)，最大値- 降伏点又は耐力 参考23(226) M42以上;受渡し当事者間の協定による．
			H6(1994)–H20(2008)	(N/mm2) 機械的性質 M36以下;4.6引張強さ最小値400, 降伏点又は耐力240 4T引張強さ最小値392, 降伏点又は耐力参考226 M42以上;受渡し当事者間の協定による．
			H21(2009)–	機械的性質 M36以下; JISB1051 強度区分4.6 M42 以上; 受渡当事者間の協定
JSS II 13 日本鋼構造協会	建築構造用転造ねじアンカーボルト・ナット・座金のセット	履歴	H12(2000)	制定
			H16(2004)	改訂
			H21(2009)–	JIS B 1120へJIS化(依存期間)2015廃止予定
		法令	H12(2000)–	ボルトはJIS G 3183 建築構造用圧延棒鋼として扱う
JIS B 1220	建築構造用転造ねじアンカーボルトセット	JIS履歴	H22(2010)	制定
		法令	H22(2010)–	ボルトはJIS G 3183 建築構造用圧延棒鋼として扱う
		ABR400	H22(2010)–	(N/mm^2)ボルト引張強さ(最小値)400
		ABR490	H22(2010)–	(N/mm^2)ボルト引張強さ(最小値)490
JSS II 14 日本鋼構造協会	建築構造用切削ねじアンカーボルト・ナット・座金のセット	履歴	H12(2000)	制定
			H16(2004)	改訂
			H21(2009)–	JIS B 1121へJIS化(依存期間)2015廃止予定
		法令	H12(2000)–	ボルトはJIS G 3183 建築構造用圧延棒鋼として扱う
JIS B 1221	建築構造用切削ねじアンカーボルトセット	JIS履歴	H22(2010)	制定
		法令	H22(2010)–	ボルトはJIS G 3183 建築構造用圧延棒鋼として扱う
		ABM400	H22(2010)–	(N/mm^2)ボルト引張強さ(最小値)490
		ABM490	H22(2010)–	(N/mm^2)ボルト引張強さ(最小値)490

〈高力ボルト〉

規基準		年	内容
建築学会 鋼構造設計規準 表5.2, 5.3	高力ボルト	S45(1970)–	長期許容応力度;引張，せん断について，高力ボルトの種類に応じた数値の表記 設計ボルト張力;高力ボルトの種類と呼びに応じた数値の表記

<table>
<tr><th colspan="4" rowspan="2">規基準 ＼ 年</th><th>S 25</th><th>S 26</th><th>S 27</th><th>S 28</th><th>S 29</th><th>S 30</th><th>S 31</th><th>S 32</th><th>S 33</th><th>S 34</th><th>S 35</th><th>S 36</th><th>S 37</th><th>S 38</th><th>S 39</th><th>S 40</th><th>S 41</th><th>S 42</th><th>S 43</th><th>S 44</th><th>S 45</th><th>S 46</th><th>S 47</th><th>S 48</th><th>S 49</th><th>S 50</th><th>S 51</th><th>S 52</th><th>S 53</th><th>S 54</th><th>S 55</th><th>S 56</th><th>S 57</th><th>S 58</th><th>S 59</th><th>S 60</th><th>S 61</th><th>S 62</th><th>S 63</th><th>H 1</th><th>H 2</th><th>H 3</th><th>H 4</th><th>H 5</th><th>H 6</th><th>H 7</th><th>H 8</th><th>H 9</th><th>H 10</th><th>H 11</th><th>H 12</th><th>H 13</th><th>H 14</th><th>H 15</th><th>H 16</th><th>H 17</th><th>H 18</th><th>H 19</th><th>H 20</th><th>H 21</th><th>H 22</th><th>H 23</th><th>H 24</th><th>H 25</th><th>H 26</th></tr>
<tr><th>1950</th><th>1951</th><th>1952</th><th>1953</th><th>1954</th><th>1955</th><th>1956</th><th>1957</th><th>1958</th><th>1959</th><th>1960</th><th>1961</th><th>1962</th><th>1963</th><th>1964</th><th>1965</th><th>1966</th><th>1967</th><th>1968</th><th>1969</th><th>1970</th><th>1971</th><th>1972</th><th>1973</th><th>1974</th><th>1975</th><th>1976</th><th>1977</th><th>1978</th><th>1979</th><th>1980</th><th>1981</th><th>1982</th><th>1983</th><th>1984</th><th>1985</th><th>1986</th><th>1987</th><th>1988</th><th>1989</th><th>1990</th><th>1991</th><th>1992</th><th>1993</th><th>1994</th><th>1995</th><th>1996</th><th>1997</th><th>1998</th><th>1999</th><th>2000</th><th>2001</th><th>2002</th><th>2003</th><th>2004</th><th>2005</th><th>2006</th><th>2007</th><th>2008</th><th>2009</th><th>2010</th><th>2011</th><th>2012</th><th>2013</th><th>2014</th></tr>
<tr><td rowspan="6">建設省・国交省</td><td rowspan="2">告示</td><td colspan="2">引張強さ7200以上</td><td colspan="10"></td><td colspan="10">第一種（kg/cm²）
必要ボルト張力4760,
引張強さ7200以上,
降伏点応力度5600以上</td><td colspan="45"></td></tr>
<tr><td colspan="2">引張強さ9000以上</td><td colspan="10"></td><td colspan="10">（kg/cm²）
必要ボルト張力5950,
引張強さ9000以上,
降伏応力度7000以上</td><td colspan="45"></td></tr>
<tr><td colspan="3">告示</td><td colspan="20"></td><td colspan="11">締付け設計ボルト張力，引張強さ，降伏点応力度，長期許容引張応力度について，高力ボルトの種類に応じた数値の表記</td><td colspan="34"></td></tr>
<tr><td rowspan="2">令92条の2</td><td colspan="2">高力ボルト接合</td><td colspan="31"></td><td colspan="20">長期許容せん断応力度（Toは基準張力）（kg/cm²）
1面せん断　0.3T₀，2面せん断0.6T₀</td><td colspan="14">長期許容せん断応力度（T₀は基準張力）（N/mm²）
1面せん断　0.3T₀，2面せん断0.6T₀</td></tr>
<tr><td colspan="2">告示</td><td colspan="31"></td><td colspan="20">高力ボルトの基準張力T₀，
引張接合部の引張りの許容応力度，
材料強度の基準強度Fについて，
高力ボルトの種類に応じた数値の表記</td><td colspan="14">高力ボルトの基準張力T₀，
引張接合部の引張りの許容応力度，
材料強度の基準強度Fについて，
高力ボルトの種類に応じた数値の表記</td></tr>
<tr><td>告示</td><td colspan="2">溶融亜鉛メッキ等を施した高力ボルト</td><td colspan="51"></td><td colspan="14">長期許容せん断応力度（N/mm²）
1面せん断　μT₀/1.5，2面せん断 2μT₀/1.5
（μは高力ボルト摩擦接合のすべり係数
T₀は基準張力）</td></tr>
<tr><td rowspan="3">規格材料</td><td rowspan="3">JISB1186</td><td>摩擦接合用高力六角ボルト・六角ナット・平座金のセット</td><td>JIS履歴</td><td colspan="14"></td><td>制定</td><td></td><td></td><td>改正</td><td></td><td></td><td></td><td></td><td></td><td></td><td></td><td></td><td></td><td>改正</td><td></td><td>改正</td><td></td><td></td><td></td><td></td><td></td><td></td><td></td><td></td><td></td><td></td><td></td><td></td><td></td><td></td><td></td><td>改正</td><td></td><td></td><td></td><td></td><td></td><td></td><td></td><td></td><td></td><td></td><td></td><td>改正</td><td></td><td></td><td></td><td></td><td></td><td>改正</td><td></td></tr>
<tr><td rowspan="2">F7T</td><td>法令</td><td colspan="20"></td><td colspan="11">（kg/cm²）
締付け設計ボルト張力3600,
引張強さ7200以上,
降伏点応力度5600以上
長期許容引張応力度1900</td><td colspan="34"></td></tr>
<tr><td>JIS</td><td colspan="14"></td><td colspan="3">（kg/mm²）
耐力
50以上
引張強さ
70以上

ボルトの軸力（t）
メートルネジ
M12：
2.83～3.81
M16：
5.30～7.21
M20：
8.31～11.3
M22：
10.3～14.1
M24：
11.9～16.3
ウイットネジ
W1/2：
3.05～4.16
W5/8：
3.05～4.16
W3/4：
7.46～10.2
W7/8：
10.3～14.0
W1：
13.5～18.4</td><td colspan="48"></td></tr>
</table>

規基準		年	内容
JISB1186 F8T	S規準	S25–S44 (1950–1969)	(shaded)
		S45–S47 (1970–1972)	長期許容応力度 (t/cm²) 引張り 2.5, せん断1.2 設計ボルト張力(t) M16:8.27 M20:13.0 M22:16.1 M24:18.6
		S48–H6 (1973–1994)	長期許容応力度 (t/cm²) 引張り2.5, せん断1.2 設計ボルト張力(t) M16:8.52 M20:13.3 M22:16.5 M24:19.2
		H7–H13 (1995–2001)	長期許容応力度 (t/cm²) 引張り2.5, せん断1.2 設計ボルト張力(t) M12:4.58 M16:8.52 M20:13.3 M22:16.5 M24:19.2 M27:25.0 M30:30.5
		H14–H26 (2002–2014)	長期許容応力度 (N/mm²) 引張り250, せん断120 設計ボルト張力(kN)※2 M12:45.8 M16:85.2 M20:133 M22:165 M24:192 M27:250 M30:305
	法令	S25–S44 (1950–1969)	(shaded)
		S45–S55 (1970–1980)	(kg/cm²) 締付け設計ボルト張力4000, 引張強さ8000以上, 降伏点応力度6400以上 長期許容引張応力度2500
		S56–H12 (1981–2000)	(kg/cm²) 基準張力(一種)4000 基準強度6400 長期引張りの許容応力度(一種)2500
		H13–H26 (2001–2014)	(N/mm²) 基準張力(一種)400 基準強度640 長期引張りの許容応力度(一種)250
	JIS	S25–S41 (1950–1966)	(shaded)
		S42–S44 (1967–1969)	(kg/mm²) 耐力 64以上 引張強さ 80～100 ボルトの軸力(t) M12: 3.64～5.00 M16: 6.89～9.31 M20: 10.8～14.7 M22: 13.4～18.3 M24: 15.5～21.2
		S45–S51 (1970–1976)	(kgf/mm²) 耐力64以上 引張強さ80～100 ボルトの軸力(kgf) M12:3780～5130 M16:7020～9530 M20:11000～14900 M22:13600～18400 M24:15800～21400
		S52–H6 (1977–1994)	(kgf/mm²)[()の数字はN/mm²] 耐力64(627.6)以上 引張強さ80～100(784.5～980.7) ボルトの軸力(kgf)[()の数字はkN] M12:3780～5130(37.07～50.31) M16:7020～9530(68.84～93.46) M20:11000～14900(107.9～146.1) M22:13600～18400(133.4～180.4) M24:15800～21400(155.0～209.9) 1979改正時 以下追加 M27:20600～27900(202.0～273.6) M30:25100～34100(246.1～334.4)
		H7–H24 (1995–2012)	(N/mm²)[()の数字はkgf/mm²] 耐力640(65.3)以上 引張強さ800～1000(81.6～102.0) ボルトの軸力(kN)[()の数字はkgf] M12:38～51(3875～5201) M16:71～95(7240～9687) M20:110～148(11217～15092) M22:136～184(13868～18763) M24:159～214(16214～21822) M27:206～279(21006～28450) M30:252～341(25697～34772)
		H25–H26 (2013–2014)	(N/mm²) 耐力640以上 引張強さ 800～1000 ボルトの軸力(kN) M12: 38～51 M16: 71～95 M20: 110～148 M22: 136～184 M24: 159～214 M27: 206～279 M30: 252～341

<table>
<tr><th colspan="4">規基準 ＼ 年</th><th>S 25
1950</th><th>S 26
1951</th><th>S 27
1952</th><th>S 28
1953</th><th>S 29
1954</th><th>S 30
1955</th><th>S 31
1956</th><th>S 32
1957</th><th>S 33
1958</th><th>S 34
1959</th><th>S 35
1960</th><th>S 36
1961</th><th>S 37
1962</th><th>S 38
1963</th><th>S 39
1964</th><th>S 40
1965</th><th>S 41
1966</th><th>S 42
1967</th><th>S 43
1968</th><th>S 44
1969</th><th>S 45
1970</th><th>S 46
1971</th><th>S 47
1972</th><th>S 48
1973</th><th>S 49
1974</th><th>S 50
1975</th><th>S 51
1976</th><th>S 52
1977</th><th>S 53
1978</th><th>S 54
1979</th><th>S 55
1980</th><th>S 56
1981</th><th>S 57
1982</th><th>S 58
1983</th><th>S 59
1984</th><th>S 60
1985</th><th>S 61
1986</th><th>S 62
1987</th><th>S 63
1988</th><th>H 1
1989</th><th>H 2
1990</th><th>H 3
1991</th><th>H 4
1992</th><th>H 5
1993</th><th>H 6
1994</th><th>H 7
1995</th><th>H 8
1996</th><th>H 9
1997</th><th>H 10
1998</th><th>H 11
1999</th><th>H 12
2000</th><th>H 13
2001</th><th>H 14
2002</th><th>H 15
2003</th><th>H 16
2004</th><th>H 17
2005</th><th>H 18
2006</th><th>H 19
2007</th><th>H 20
2008</th><th>H 21
2009</th><th>H 22
2010</th><th>H 23
2011</th><th>H 24
2012</th><th>H 25
2013</th><th>H 26
2014</th></tr>
<tr><td rowspan="2">規格材料</td><td rowspan="2">JISB1186</td><td rowspan="2">F9T</td><td>法令</td><td></td><td></td><td></td><td></td><td></td><td></td><td></td><td></td><td></td><td></td><td></td><td></td><td></td><td></td><td></td><td></td><td></td><td></td><td></td><td></td><td colspan="11">(kg/cm^2)
締付け設計ボルト張力4500,
引張強さ9000以上,
降伏点応力度7000以上
長期許容引張応力度2700</td><td></td><td></td><td></td><td></td><td></td><td></td><td></td><td></td><td></td><td></td><td></td><td></td><td></td><td></td><td></td><td></td><td></td><td></td><td></td><td></td><td></td><td></td><td></td><td></td><td></td><td></td><td></td><td></td><td></td><td></td><td></td><td></td><td></td><td></td></tr>
<tr><td>JIS</td><td></td><td></td><td></td><td></td><td></td><td></td><td></td><td></td><td></td><td></td><td></td><td></td><td></td><td></td><td colspan="3">(kg/mm^2)
耐力
70以上
引張強さ
90以上

ボルトの軸力(t)
メートルネジ
M12：
3.96～5.38
M16：
7.42～10.1
M20：
11.6～15.8
M22：
14.4～19.7
M24：
16.7～22.8
ウイットネジ
W1/2：
4.28～5.82
W5/8：
7.05～9.57
W3/4：
10.4～14.2
W7/8：
14.4～19.6
W1：
18.9～25.8</td><td></td><td></td><td></td><td></td><td></td><td></td><td></td><td></td><td></td><td></td><td></td><td></td><td></td><td></td><td></td><td></td><td></td><td></td><td></td><td></td><td></td><td></td><td></td><td></td><td></td><td></td><td></td><td></td><td></td><td></td><td></td><td></td><td></td><td></td><td></td><td></td><td></td><td></td><td></td><td></td><td></td><td></td><td></td><td></td><td></td><td></td><td></td><td></td></tr>
</table>

年	S25	S26	S27	S28	S29	S30	S31	S32	S33	S34	S35	S36	S37	S38	S39	S40	S41	S42	S43	S44	S45	S46	S47	S48	S49	S50	S51	S52	S53	S54	S55	S56	S57	S58	S59	S60	S61	S62	S63
	1950	1951	1952	1953	1954	1955	1956	1957	1958	1959	1960	1961	1962	1963	1964	1965	1966	1967	1968	1969	1970	1971	1972	1973	1974	1975	1976	1977	1978	1979	1980	1981	1982	1983	1984	1985	1986	1987	1988

年	H1	H2	H3	H4	H5	H6	H7	H8	H9	H10	H11	H12	H13	H14	H15	H16	H17	H18	H19	H20	H21	H22	H23	H24	H25	H26
	1989	1990	1991	1992	1993	1994	1995	1996	1997	1998	1999	2000	2001	2002	2003	2004	2005	2006	2007	2008	2009	2010	2011	2012	2013	2014

規格材料		規基準	年	内容
JISB1186	F10T	S規準	1950–1969	（網掛け）
			1970–1972	長期許容応力度 (t/cm^2) 引張り3.1, せん断1.5 設計ボルト張力(t) M16:10.3 M20:16.1 M22:20.0 M24:23.1
			1973–1994	長期許容応力度 (t/cm^2) 引張り3.1, せん断1.5 設計ボルト張力(t) M16:10.6 M20:16.5 M22:20.5 M24:23.8
			1995–2001	長期許容応力度 (t/cm^2) 引張り3.1, せん断1.5 設計ボルト張力(t) M12:5.69 M16:10.6 M20:16.5 M22:20.5 M24:23.8 M27:31.0 M30:37.9
			2002–2014	長期許容応力度 (N/mm^2) 引張り310, せん断150 設計ボルト張力(kN) M12:56.9 M16:106 M20:165 M22:205 M24:238 M27:310 M30:379
		法令	1950–1969	（網掛け）
			1970–1980	(kg/cm^2) 締付け設計ボルト張力5000, 引張強さ10000以上, 降伏点応力度9000以上 長期許容引張応力度3100
			1981–2000	(kg/cm^2) 基準張力(二種)5000 基準強度9000 長期引張りの許容応力度(二種)3100
			2001–2014	(N/mm^2) 基準張力(二種)500 基準強度900 長期引張りの許容応力度(二種)310
		JIS	1950–1966	（網掛け）
			1967–1969	(kg/mm^2) 耐力 90以上 引張強さ 100～120 ボルトの軸力(t) M12: 5.09～6.92 M16: 9.55～13.0 M20: 14.9～20.4 M22: 18.6～25.3 M24: 21.5～29.3
			1970–1976	(kgf/mm^2) 耐力90以上 引張強さ100～120 ボルトの軸力(kgf) M12:5310～7210 M16:9870～13400 M20:15400～20900 M22:19100～25900 M24:22200～30100
			1977–1994	(kgf/mm^2)[()の数字はN/mm^2] 耐力90(882.6)以上 引張強さ100～120(980.7～1176.8) ボルトの軸力(kgf)[()の数字はkN] M12:5310～7210(52.07～70.71) M16:9870～13400(96.79～131.4) M20:15400～20900(151.0～205.0) M22:19100～25900(187.3～254.0) M24:22200～30100(217.7～259.2) 1979改正時 以下追加 M27:28900～39200(283.4～384.4) M30:35300～48000(346.2～470.7)
			1995–2012	(N/mm^2)[()の数字はkgf/mm^2] 耐力900(91.8)以上 引張強さ1000～1200(102.0～122.4) ボルトの軸力(kN)[()の数字はkgf] M12:54～72(5506～7342) M16:99～134(10095～13664) M20:155～209(15806～21312) M22:191～259(19477～26411) M24:223～301(22740～30694) M27:290～392(29572～39974) M30:354～479(36098～48845)
			2013–2014	(N/mm^2) 耐力900以上 引張強さ 1000～1200 ボルトの軸力(kN) M12: 54～72 M16: 99～134 M20: 155～209 M22: 191～259 M24: 223～301 M27: 290～392 M30: 354～479

規基準			年	内容
規格材料 JISB1186	F11T	S規準	1950–1969 (S25–S44)	（網掛け）
			1970–1972 (S45–S47)	長期許容応力度 (t/cm^2) 引張り 3.3, せん断1.6 設計ボルト張力 (t) M16:10.9 M20:17.0 M22:21.1 M24:24.4
			1973–1987 (S48–S62)	長期許容応力度 (t/cm^2) 引張り3.3, せん断1.6 設計ボルト張力 (t) M16:11.2 M20:17.4 M22:21.6 M24:25.1
			1988–1994 (S63–H6)	F11Tは括弧付き 長期許容応力度 (t/cm^2) 引張り3.3, せん断1.6 F11Tは括弧付き 設計ボルト張力 (t) M16:11.2 M20:17.4 M22:21.6 M24:25.1
			1995–2001 (H7–H13)	F11Tは括弧付き 長期許容応力度 (t/cm^2) 引張り3.3, せん断1.6 設計ボルト張力 記載なし
			2002–2014 (H14–H26)	F11Tは括弧付き 長期許容応力度 (N/mm^2) 引張り (330) せん断 (160) 設計ボルト張力 記載なし
		法令	1950–1969 (S25–S44)	（網掛け）
			1970–1980 (S45–S55)	(kg/cm^2) 締付け設計ボルト張力5350, 引張強さ11000以上, 降伏点応力度9500以上 長期許容引張応力度3300
			1981–2000 (S56–H12)	(kg/cm^2) 基準張力（三種）5350 基準強度9500 長期引張りの許容応力度（三種）3300
			2001–2014 (H13–H26)	(N/mm^2) 基準張力（三種）535 基準強度950 長期引張りの許容応力度（三種）330
		JIS	1950–1963 (S25–S38)	（網掛け）
			1964–1966 (S39–S41)	(kg/mm^2) 耐力 95以上 引張強さ 110以上 ボルトの軸力 (t) メートルネジ M12: 5.37～7.31 M16: 10.0～13.7 M20: 15.8～21.5 M22: 19.6～26.7 M24: 22.7～30.9 ウイットネジ W1/2: 5.81～7.89 W5/8: 9.56～13.0 W3/4: 14.1～19.3 W7/8: 19.5～26.6 W1: 25.7～35.0
			1967–1969 (S42–S44)	(kg/mm^2) 耐力 95以上 引張強さ 110～130 ボルトの軸力 (t) M12: 5.37～7.31 M16: 10.0～13.7 M20: 15.8～21.5 M22: 19.6～26.7 M24: 22.7～30.9
			1970–1976 (S45–S51)	(kgf/mm^2) 耐力95以上 引張強さ110～130 ボルトの軸力 (kgf) M12:5610～7610 M16:10400～14100 M20:16300～22100 M22:20200～27400 M24:23400～31800
			1977–1994 (S52–H6)	(kgf/mm^2) [()の数字はN/mm^2] 耐力95 (931.6) 以上 引張強さ110～130 (1078.7～1274.9) ボルトの軸力 (kgf) [()の数字はkN] M12::5610～7610 (55.02～74.63) M16:10400～14100 (102.0～138.3) M20:16300～22100 (159.9～216.6) M22:20200～27400 (198.1～268.7) M24:23400～31800 (229.5～311.9) 1979改正時 以下追加 M27:30500～41400 (299.1～406.0) M30:37300～50600 (365.8～496.2)
			1995–2012 (H7–H24)	F11Tは括弧付き 備考 なるべく使用しない. (N/mm^2) [()の数字はN/mm^2] 耐力950 (96.9) 以上 引張強さ1100～1300 (112.2～132.6) ボルトの軸力 (kN) [()の数字はkgf] M12:57～76 (5812～7750) M16:105～141 (10707～14378) M20:163～221 (16621～22536) M22:202～273 (20598～27838) M24:235～318 (23963～32427) M27:306～414 (31203～42216) M30:374～506 (38138～57598)
			2013–2014 (H25–H26)	（網掛け）
JSS II 09 日本鋼構造協会	構造用トルシア形高力ボルト・六角ナット・平座金のセット	履歴	1950–1980 (S25–S55)	（網掛け）
			1981 (S56)	制定
			1996 (H8)	改訂
	S10T		1950–1980 (S25–S55)	（網掛け）

年: S25 (1950) ～ S63 (1988), H1 (1989) ～ H26 (2014)

規基準				年	内容
規格材料	大臣認定	特殊高力ボルト トルシア形高力ボルト		1970	・特殊(トルシア形)高力ボルト認定開始
				1989	・トルシア形高力ボルトFR認定開始
	大臣認定	溶融亜鉛めっき高力 F8T ボルト		1984	・溶融亜鉛めっき高力ボルト認定開始
				1993	・溶融亜鉛めっき高力ボルトFR認定開始

③鋳鋼及び鍛鋼

〈鋳鋼〉

規基準				年	内容
建築学会	鋼構造計算規準4表	鋳鋼(初版, 改訂, 三訂) 四訂から普通鋼材に含む		1950	長期許容応力度 (t/cm^2) 圧縮・引張・曲げ1.6, せん断0.8, 側圧3.0, 接触4.6
				1959	長期許容応力度 (t/cm^2) 圧縮・引張・曲げ1.4, せん断0.8, 側圧2.6, 接触4.0
	鋼構造設計規準5.4	鋳鋼		1970	適当と認められる鋳鋼の許容応力度 それぞれ相当する圧延鋼材の許容応力度を用いることができる
				2005	表4.1に示されている鋳鋼の許容応力度は, それぞれ相当する圧延鋼材の許容応力度を用いることができる
建設省・国交省	令第90条	鋳鋼		1950	長期 (kg/cm^2) 圧縮・引張り・曲げ1600, せん断800, 側圧3000, 接触4600
				1960	長期 (kg/cm^2) 圧縮・引張り・曲げ1600, 剪断900, 側圧3000, 接触4600
				1981	長期許容応力度 (Fは基準強度) 圧縮・引張り・曲げF/1.5, せん断$F/1.5\sqrt{3}$
	告示			1981	基準強度 (kg/cm^2) 2400
				2000	基準強度Fを数値で表記
規格材料	日本金属規格5101	鋳鋼品	JES履歴		
			S規準	1950	S規準4表※1
	JISG5101	炭素鋼鋳鋼品	JIS履歴	1954	制定
				1958	改正
				1969	改正
				1975	改正
				1978	改正
				1984	改正
				1988	改正
				1991	改正
			S規準	1956	S規準4表※1
				1970	S規準5.4
		SC49	JIS	1954	(kg/mm^2) 引張強さ49以上
				1958	(kg/mm^2) 降伏点25以上 引張強さ49以上
				1975	(kgf/mm^2)[()の数字はN/mm^2] 降伏点25(245)以上 引張強さ49(481)以上
				1988	(kgf/mm^2)[()の数字はN/mm^2] 降伏点又は耐力25(245)以上 引張強さ49(481)以上
		SC480	S規準	2002	S規準5.4
			法令	2000	基準強度 (N/mm^2) 235
			JIS	1991	(N/mm^2) 降伏点又は耐力 245以上 引張強さ 480以上
	JISG5102	溶接構造用鋳鋼品	JIS履歴	1969	制定
				1975	改正
				1978	改正
				1987	改正
				1991	改正
		SCW42	JIS	1969	(kg/mm^2) 降伏点24以上 引張強さ42以上
				1975	(kgf/mm^2)[()の数字はN/mm^2] 降伏点24(235)以上 引張強さ42(412)以上

規基準			年	S25 1950	S26 1951	S27 1952	S28 1953	S29 1954	S30 1955	S31 1956	S32 1957	S33 1958	S34 1959	S35 1960	S36 1961	S37 1962	S38 1963	S39 1964	S40 1965	S41 1966	S42 1967	S43 1968	S44 1969	S45 1970	S46 1971	S47 1972	S48 1973	S49 1974	S50 1975	S51 1976	S52 1977	S53 1978	S54 1979	S55 1980	S56 1981	S57 1982	S58 1983	S59 1984	S60 1985	S61 1986	S62 1987	S63 1988	H1 1989	H2 1990	H3 1991	H4 1992	H5 1993	H6 1994	H7 1995	H8 1996	H9 1997	H10 1998	H11 1999	H12 2000	H13 2001	H14 2002	H15 2003	H16 2004	H17 2005	H18 2006	H19 2007	H20 2008	H21 2009	H22 2010	H23 2011	H24 2012	H25 2013	H26 2014
規格材料	JISG5102	SCW410	S規準																																																					S規準5.4												
			法令																																																	基準強度 (N/mm^2) 235														
			JIS																																							(N/mm^2) 降伏点又は耐力 235以上 引張強さ 410以上																						
		SCW49	JIS																				(kg/mm^2) 降伏点28以上 引張強さ49以上						(kgf/mm^2)[()の数字はN/mm^2] 降伏点28(275)以上 引張強さ49(481)以上																																														
		SCW480	S規準																																																					S規準5.4												
			法令																																																	基準強度 (N/mm^2) 275														
			JIS																																							(N/mm^2) 降伏点又は耐力 275以上 引張強さ 480以上																						
	JISG5201	溶接構造用遠心力鋳鋼管	JIS履歴																				制定						改正			改正											改正		改正																							
		SC42CF	JIS																				(kg/mm^2) 降伏点24以上 引張強さ42以上						(kgf/mm^2)[()の数字はN/mm^2] 降伏点(1989改正時より降伏点又は耐力)24(235)以上 引張強さ42(412)以上																																														
		SC410CF	S規準																																																					S規準5.4												
			法令																																																	基準強度 (N/mm^2) 235														
			JIS																																							(N/mm^2) 降伏点又は耐力 235以上 引張強さ 410以上																						
		SC49CF	JIS																				(kg/mm^2) 降伏点28以上 引張強さ49以上						(kgf/mm^2)[()の数字はN/mm^2] 降伏点(1989改正時より降伏点又は耐力)28(275)以上 引張強さ49(481)以上																																															
		SC480CF	S規準																																																					S規準5.4												
			法令																																																	基準強度 (N/mm^2) 275														
			JIS																																							(N/mm^2) 降伏点又は耐力 275以上 引張強さ 480以上																						
		SC50CF	JIS																				(kg/mm^2) 降伏点32以上 引張強さ50以上						(kgf/mm2)[()の数字はN/mm^2] 降伏点(1989改正時より降伏点又は耐力)32(314)以上 引張強さ50(490)以上																																																
		SC490CF	S規準																																																						S規準5.4												
			法令																																																	基準強度 (N/mm^2) 315														
			JIS																																							(N/mm^2) 降伏点又は耐力 315以上 引張強さ 490以上																						

〈鍛鋼〉

規基準			年	S25 1950	S26 1951	S27 1952	S28 1953	S29 1954	S30 1955	S31 1956	S32 1957	S33 1958	S34 1959	S35 1960	S36 1961	S37 1962	S38 1963	S39 1964	S40 1965	S41 1966	S42 1967	S43 1968	S44 1969	S45 1970	S46 1971	S47 1972	S48 1973	S49 1974	S50 1975	S51 1976	S52 1977	S53 1978	S54 1979	S55 1980	S56 1981	S57 1982	S58 1983	S59 1984	S60 1985	S61 1986	S62 1987	S63 1988	H1 1989	H2 1990	H3 1991	H4 1992	H5 1993	H6 1994	H7 1995	H8 1996	H9 1997	H10 1998	H11 1999	H12 2000	H13 2001	H14 2002	H15 2003	H16 2004	H17 2005	H18 2006	H19 2007	H20 2008	H21 2009	H22 2010	H23 2011	H24 2012	H25 2013	H26 2014
建築学会	鋼構造計算規準4表	鍛鋼											長期許容応力度(t/cm^2) 圧縮・引張・曲げ1.4, せん断0.8, 側圧2.6, 接触4.0																																																						
	鋼構造計算規準5.4	鍛鋼																						適当と認められる鍛鋼の許容応力度 それぞれ相当する圧延鋼材の許容応力度を用いることができる																																		表4.1に示されている鍛鋼の許容応力度は，それぞれ相当する圧延鋼材の許容応力度を用いることができる									
規格材料	日本標準規格第5號																																																																		
			S規準	S規準 規格のみ																																																														

分類	規基準			年	内容
規格材料	臨時日本標準規格第859號				
規格材料	JES金属3201		JES履歴		
規格材料	JES金属3201		S規準	S30 (1955)	S規準規格のみ※1
規格材料	JISG3201	炭素鋼鍛鋼品	JIS履歴	S29 (1954)	制定
				S31 (1956)	改正
				S35 (1960)	改正
				S39 (1964)	改正
				S52 (1977)	改正
				S53 (1978)	改正
				S63 (1988)	改正
				H20 (2008)	改正
規格材料	JISG3201		S規準	S31 (1956)	S規準規格のみ※1
				S34 (1959)	S規準4表
				S45 (1970)	S規準5.4
規格材料	JISG3201	SF50	JIS	S31 (1956)	(kg/mm^2) 降伏点25以上 引張強さ50～58
				S35 (1960)	(kg/mm^2) 降伏点25以上 引張強さ50～60 1977年改正時［()の数字N/mm^2］追記 降伏点(245)以上 引張強さ(490～588)
規格材料	JISG3201	SF50A	JIS	S53 (1978)	(kg/mm^2)［()の数字はN/mm^2］降伏点25(245)以上 引張強さ50～60(490～588)
規格材料	JISG3201	SF490A	S規準	H14 (2002)	S規準5.4
規格材料	JISG3201	SF490A	JIS	H3 (1991)	(N/mm^2) 降伏点245以上 引張強さ490～590

④鋳鉄

分類	規基準			年	内容
建築学会	鋼構造計算規準4表	鋳鐵		S25 (1950)	長期許容応力度(t/cm^2) 圧縮1.0, 接触2.8
建設省・国交省	令90条	鋳鉄		S25 (1950)	長期（単位kg/cm^2）圧縮1000, 接触2800
				S56 (1981)	長期許容応力度(Fは基準強度) 圧縮F/1.5
建設省・国交省	告示			S56 (1981)	基準強度（kg/cm^2）1500
				H12 (2000)	基準強度（N/mm^2）150
建設省・国交省	令98条	鋳鉄		S25 (1950)	長期（単位kg/cm^2）圧縮850, 引張・曲げ・せん断200
規格材料	日本金属規格5501		JES履歴		
規格材料	日本金属規格5501		S規準	S25 (1950)	S規準4表※1
規格材料	JIS G5501	ねずみ鋳鉄品	JIS履歴	S29 (1954)	制定
				S31 (1956)	改正
				S51 (1976)	改正
				H1 (1989)	改正
				H7 (1995)	改正
規格材料	JIS G5501		S規準	S31 (1956)	S規準4表※1
規格材料	JIS G5501	FC10	JIS	S31 (1956)	(kg/mm^2)主要肉厚をとくに規定しない場合 引張強さ10以上
				S51 (1976)	(kg/mm^2)［()の数字はN/mm^2］引張強さ10(98.1)以上
規格材料	JIS G5501	FC100	JIS	H1 (1989)	(N/mm^2)［()の数字はkg/mm^2］引張強さ100(10)以上
				H7 (1995)	(N/mm^2) 引張強さ100以上
規格材料	JIS G5501	FC15	JIS	S31 (1956)	(kg/mm^2)主要肉厚をとくに規定しない場合 引張強さ15以上
				S51 (1976)	(kg/mm^2)［()の数字はN/mm^2］引張強さ15(147)以上

規基準		種類		開始年	内容
規格材料	JIS G5501	FC150	JIS	H1 (1989)	(N/mm²) [( )の数字はkg/mm2] 引張強さ 150(15)以上
				H7 (1995)	(N/mm²) 引張強さ150以上
		FC20	JIS	S31 (1956)	(kg/mm²)主要肉厚をとくに規定しない場合 引張強さ20以上
				S51 (1976)	(kg/mm²) [( )の数字はN/mm²] 引張強さ20(196)以上
		FC200	JIS	H1 (1989)	(N/mm²) [( )の数字はkg/mm²] 引張強さ 200(20)以上
				H7 (1995)	(N/mm²) 引張強さ200以上
		FC25	JIS	S31 (1956)	(kg/mm²)主要肉厚をとくに規定しない場合 引張強さ25以上
				S51 (1976)	(kg/mm²) [( )の数字はN/mm²] 引張強さ25(245)以上
		FC250	JIS	H1 (1989)	(N/mm²) [( )の数字は kg/mm²] 引張強さ 250(25)以上
				H7 (1995)	(N/mm²) 引張強さ250以上
		FC30	JIS	S31 (1956)	(kg/mm2)主要肉厚をとくに規定しない場合 引張強さ30以上
				S51 (1976)	(kg/mm²) [( )の数字はN/mm²] 引張強さ30(294)以上
		FC300	JIS	H1 (1989)	(N/mm²) [( )の数字は kg/mm²] 引張強さ 300(31)以上
				H7 (1995)	(N/mm²) 引張強さ300以上
		FC35	JIS	S31 (1956)	(kg/mm²)主要肉厚をとくに規定しない場合 引張強さ35以上
				S51 (1976)	(kg/mm²) [( )の数字はN/mm²] 引張強さ35(343)以上
		FC350	JIS	H1 (1989)	(N/mm²) [( )の数字は kg/mm²] 引張強さ 350(36)以上
				H7 (1995)	(N/mm²) 引張強さ350以上

⑤形状及び寸法

〈平鋼・棒鋼・バーインコイル〉

規基準		種類		年	内容
規格	旧JES25 臨JES162	棒鋼	JES履歴	S25 (1950)–S28 (1953)	
	旧JES88	平鋼	JES履歴	S25 (1950)–S28 (1953)	
	臨JES163, 469, 493	定尺	JES履歴	S25 (1950)–S28 (1953)	
	JISG3191	棒鋼および平鋼の形状寸法および重量 → 熱間圧延棒鋼とバーンコイルの形状，寸法，及び重量並びにその許容差 (1966) →	熱間圧延棒鋼及びバーインコイル形状，寸法及び質量及びその許容差 (2012) JIS履歴	S29 (1954)	制定
				S34 (1959)	改正
				S41 (1966)	改正
				H14 (2002)	改正
				H22 (2010)	改正
	JISG3194	熱間圧延平鋼の形状，寸法および重量ならびにその許容差 (1966) →	熱間圧延平鋼の形状，寸法，質量及びその許容差 (1998) JIS履歴	S41 (1966)	制定
				H10 (1998)	改正
				H22 (2010)	改正

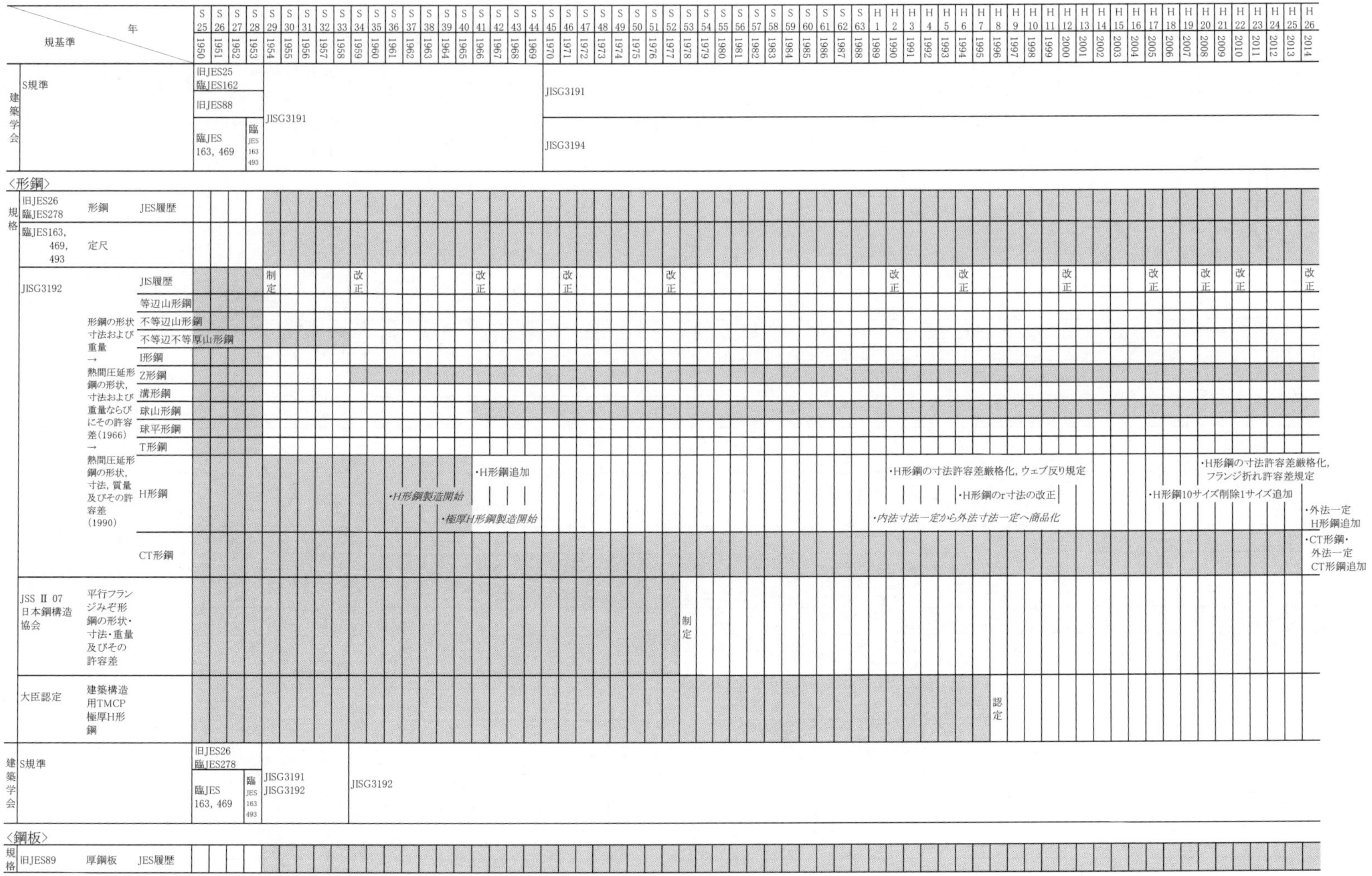

年: S25(1950)～S63(1988), H1(1989)～H26(2014)

区分	規基準			記載(年)
建築学会	S規準			旧JES25 臨JES162 (1950～1952); 旧JES88 (1950～1952); 臨JES 163, 469 (1950～1952); 臨JES 163 493 (1953); JISG3191 (1954～1969); JISG3191 (1970～2014); JISG3194 (1970～2014)

〈形鋼〉

区分	規基準			記載(年)
規格	旧JES26 臨JES278	形鋼	JES履歴	
規格	臨JES163, 469, 493	定尺		
規格	JISG3192		JIS履歴	制定(1954); 改正(1959); 改正(1966); 改正(1971); 改正(1977); 改正(1990); 改正(1994); 改正(2000); 改正(2005); 改正(2008); 改正(2010); 改正(2014)
		形鋼の形状寸法および重量 → 熱間圧延形鋼の形状,寸法および重量ならびにその許容差(1966) → 熱間圧延形鋼の形状,寸法,質量及びその許容差(1990)	等辺山形鋼	
			不等辺山形鋼	
			不等辺不等厚山形鋼	
			I形鋼	
			Z形鋼	
			溝形鋼	
			球山形鋼	
			球平形鋼	
			T形鋼	
			H形鋼	・H形鋼製造開始(1961～1964); ・極厚H形鋼製造開始(1965); ・H形鋼追加(1966); ・内法寸法一定から外法寸法一定へ商品化(1989); ・H形鋼の寸法許容差厳格化,ウェブ反り規定(1990); ・H形鋼のr寸法の改正(1994); ・H形鋼10サイズ削除1サイズ追加(2005); ・H形鋼の寸法許容差厳格化,フランジ折れ許容差規定(2008); ・外法一定H形鋼追加(2014)
			CT形鋼	・CT形鋼・外法一定CT形鋼追加(2014)
	JSS II 07 日本鋼構造協会	平行フランジみぞ形鋼の形状・寸法・重量及びその許容差		制定(1978)
	大臣認定	建築構造用TMCP極厚H形鋼		認定(1996)
建築学会	S規準			旧JES26 臨JES278 (1950～1952); 臨JES 163, 469 (1950～1952); 臨JES 163 493 (1953); JISG3191 JISG3192 (1954～1958); JISG3192 (1959～2014)

〈鋼板〉

区分	規基準			記載(年)
規格	旧JES89	厚鋼板	JES履歴	

規基準			年	S25 1950	S26 1951	S27 1952	S28 1953	S29 1954	S30 1955	S31 1956	S32 1957	S33 1958	S34 1959	S35 1960	S36 1961	S37 1962	S38 1963	S39 1964	S40 1965	S41 1966	S42 1967	S43 1968	S44 1969	S45 1970	S46 1971	S47 1972	S48 1973	S49 1974	S50 1975	S51 1976	S52 1977	S53 1978	S54 1979	S55 1980	S56 1981	S57 1982	S58 1983	S59 1984	S60 1985	S61 1986	S62 1987	S63 1988	H1 1989	H2 1990	H3 1991	H4 1992	H5 1993	H6 1994	H7 1995	H8 1996	H9 1997	H10 1998	H11 1999	H12 2000	H13 2001	H14 2002	H15 2003	H16 2004	H17 2005	H18 2006	H19 2007	H20 2008	H21 2009	H22 2010	H23 2011	H24 2012	H25 2013	H26 2014
規格	JISG3193	鋼板の寸法および重量→熱間圧延鋼板と鋼帯の形状，寸法および重量ならびにその許容差（1966）→熱間圧延鋼板及び鋼帯の形状，寸法，質量及びその許容差（1990）	JIS履歴					制定					改正							改正				改正							改正													改正															改正			改正						
建築学会	S規準			旧JES89				JISG3193																																																												
〈リベット〉																																																																				
規格	旧JES39	鋲	JES履歴																																																																
規格	JISB1206	丸リベット（10～40mm）	JIS履歴			制定					廃止																																																									
規格	JISB1207	サラリベット（10～40mm）	JIS履歴			制定					廃止																																																									
規格	JISB1208	平リベット（10～40mm）	JIS履歴			制定					廃止																																																									
規格	JISB1209	丸サラリベット	JIS履歴			制定					廃止																																																									
規格	JISB1214	熱間成形リベット（10～40mm）	JIS履歴								制定				改正					改正								改正				改正																	改正																			
建築学会	S規準			旧JES39				JISG1206 JISG1207 JISG1208 JISG1209					JISG1214																																																								
〈ボルト・ナット・平座金〉																																																																					
規格	臨JES467 臨JES469	ボルト	JES履歴																																																																		
規格	JISB1152	六角ボルト（メートルネジ）（10～48mm）	JIS履歴		制定		改正								廃止																																																								
規格	JISB1154	六角ボルト（ウイットネジ）	JIS履歴		制定									改正	廃止																																																											
規格	JISB1156	六角ナット（メートルネジ）（10～130mm）	JIS履歴		制定		改正								廃止																																																								
規格	JISB1158	六角ナット（ウィットネジ）	JIS履歴		制定									改正	廃止																																																											

規基準			年	S 25 1950	S 26 1951	S 27 1952	S 28 1953	S 29 1954	S 30 1955	S 31 1956	S 32 1957	S 33 1958	S 34 1959	S 35 1960	S 36 1961	S 37 1962	S 38 1963	S 39 1964	S 40 1965	S 41 1966	S 42 1967	S 43 1968	S 44 1969	S 45 1970	S 46 1971	S 47 1972	S 48 1973	S 49 1974	S 50 1975	S 51 1976	S 52 1977	S 53 1978	S 54 1979	S 55 1980	S 56 1981	S 57 1982	S 58 1983	S 59 1984	S 60 1985	S 61 1986	S 62 1987	S 63 1988	H 1 1989	H 2 1990	H 3 1991	H 4 1992	H 5 1993	H 6 1994	H 7 1995	H 8 1996	H 9 1997	H 10 1998	H 11 1999	H 12 2000	H 13 2001	H 14 2002	H 15 2003	H 16 2004	H 17 2005	H 18 2006	H 19 2007	H 20 2008	H 21 2009	H 22 2010	H 23 2011	H 24 2012	H 25 2013	H 26 2014
規格	JISB1180	六角ボルト	JIS履歴												制定				改正			改正						改正											改正									改正							改正			改正					改正					改正
規格	JISB1181	六角ナット	JIS履歴												制定				改正			改正						改正											改正								改正								改正			改正					改正					改正
規格	JISB1256	平座金	JIS履歴										制定				改正							改正								改正																				改正										改正						
建築学会			S規準	臨JES467 臨JES469				JISB1152, 1154 JISB1156, 1158 (鋼構造設計規準案(1967年〜)JISB1180, 1181)																JISB1180 JISB1181																																JISB1180 JISB1181 JISB1256												
〈レール〉																																																																				
規格	旧JES90	炭素鋼軌條	JES履歴																																																																	
規格	新JES金属3602	炭素鋼軌條	JES履歴																																																																	
規格	JISE1101	普通レール及び分岐器類用特殊レール	JIS履歴				制定							改正			改正				改正							改正						改正										改正			改正								改正					改正				改正				
規格	JISE1103	軽レール	JIS履歴			制定		改正			改正						改正											改正							改正												改正																					
建築学会	S規準	普通レール 軽レール		旧JES90				新JES金属3602					JISE1101 JISE1103																																																							
〈ターンバックル〉																																																																				
国交省	告示	ターンバックル																																																				長期許容応力度(Fは基準強度) 引張りF/1.5 基準強度(N/mm^2) 235													
規格	JISA5540	建築用ターンバックル	JIS履歴																						制定											改正																					改正					改正						
規格	JISA5540		S規準																								JISA5540																																									
規格	JISA5540		法令																																																				告示													
規格	JISA5541	建築用ターンバックル胴	JIS履歴																						制定							改正				改正											改正										改正					改正						
規格	JISA5541		法令																																																				告示													
規格	JISA5542	建築用ターンバックルボルト	JIS履歴																						制定							改正				改正											改正										改正					廃止						
規格	JISA5542		法令																																																				告示													
〈ワイヤーロープ〉																																																																				
国交省	令第90条	構造用ケーブル																																																			長期許容応力度(Fは基準強度) 引張りF/1.5														
規格	旧JES104	鋼索	JES履歴																																																																
規格	臨JES425	鋼索	JES履歴																																																																	
規格	JISG3525	鋼索→ワイヤロープ	JIS履歴	制定			改正			改正			改正					改正									改正				改正											改正							改正			改正								改正							改正	
規格	JISG3525		S規準	旧JES104				JISG3525 (鋼構造設計規準案(1967年)にはない)																																																										
規格	JISG3525		法令																																																					[JIS G3325-1998付表の破断荷重×1000/2)]/[有効断面積]												

年		規格 JISG3546 異形線ロープ→異形線ワイヤロープ JIS履歴	JISG3546 法令	JSS II 03 日本鋼構造協会 構造用ストランドロープ 履歴	JSS II 04 日本鋼構造協会 構造用スパイラルロープ 履歴	JSS II 05 日本鋼構造協会 構造用ロックドコイルロープ 履歴	JSS II 06 日本鋼構造協会 平行線ストランド 履歴	JSS II 11 日本鋼構造協会 被覆平行線ストランド 履歴	JISG3549 構造用ワイヤーロープ JIS履歴	JISG3549 法令
S 25	1950									
S 26	1951									
S 27	1952									
S 28	1953									
S 29	1954									
S 30	1955									
S 31	1956									
S 32	1957									
S 33	1958									
S 34	1959									
S 35	1960									
S 36	1961									
S 37	1962									
S 38	1963									
S 39	1964									
S 40	1965									
S 41	1966									
S 42	1967									
S 43	1968									
S 44	1969									
S 45	1970									
S 46	1971									
S 47	1972									
S 48	1973									
S 49	1974									
S 50	1975									
S 51	1976									
S 52	1977									
S 53	1978			制定	制定	制定	制定	制定		
S 54	1979									
S 55	1980									
S 56	1981									
S 57	1982									
S 58	1983									
S 59	1984									
S 60	1985									
S 61	1986									
S 62	1987									
S 63	1988									
H 1	1989									
H 2	1990									
H 3	1991									
H 4	1992									
H 5	1993	制定								
H 6	1994			改正	改正	改正	改正	改正		
H 7	1995									
H 8	1996									
H 9	1997									
H 10	1998									
H 11	1999									
H 12	2000	改正		JIS B 3549へJIS化					制定	
H 13	2001									
H 14	2002		[JIS G3546-2000付表の破断荷重×(1000/2)]/[有効断面積]							[JIS G3549-2000付表の破断荷重×(1000/2)]/[有効断面積]
H 15	2003									
H 16	2004									
H 17	2005									
H 18	2006									
H 19	2007									
H 20	2008									
H 21	2009									
H 22	2010									
H 23	2011									
H 24	2012	改正								
H 25	2013									
H 26	2014									

注

*1　4 mm 以上 40 mm 以下/40 mm 超

*2　40 mm 以下/40 mm 超

*3　40 mm 以下/40 mm 超 100 mm 以下

*4　40 mm 以下/40 mm 超 75 mm 以下/75 mm 超 100 mm 以下

**1　16 mm 以下/16 mm 超 40 mm 以下/40 mm 超 100 mm 以下

**2　16 mm 以下/16 mm 超 40 mm 以下/40 mm 超 75 mm 以下/75 mm 超 100 mm 以下

**3　6 mm 以上 12 mm 未満/12 mm 以上 16 mm 未満/16 mm/16 mm 超 40 mm 以下/40 mm 超 100 mm 以下

**4　100 mm 以下

**5　12 mm 未満/12 mm 以上 40 mm 以下/40 mm を超え 100 mm 以下

**6　12 mm 未満/12 mm

**7　16 mm 以下/16 mm 超

**7'　16 mm 以下/16 mm 超 50 mm 以下/40 mm 超

**8　6 mm 以上 12 mm 未満/12 mm 以上 40 mm 以下/40 mm 超 100 mm 以下

**9　6 mm 以上 12 mm 未満/12 mm 以上 16 mm 以下/16 mm 超 22 mm 以下

**10　6 mm 以上 12 mm 未満/12 mm 以上 16 mm 以下/16 mm 超 40 mm 以下

**11　12 mm 以上 16 mm 以下/16 mm 超 40 mm 以下

※1　S 規準において，JES 金属規格から JIS 規格への変更年について，昭和 31 年は未確認である．

※2　鋼構造設計規準　第 3 版 1 刷 2 刷については，2002 年 5 月作成の「『鋼構造設計規準[SI 単位版]』表 5.3 の差し替え」とした．

参考文献

1)　建築行政情報センター：ICBA 建築法令集 CD 版，2009.9

2)　藤本盛久監修：日本建築鉄骨構造技術の発展-戦後 50 年略史，鉄鋼技術（STRUTEC）臨時増刊号，鋼構造出版，1998.12

3)　日本鉄鋼連盟：新しい建築構造用鋼材，鋼構造出版，2008

4)　橋本篤秀監修，岡松眞之 橋本潔 望月晴雄 窪田藏郎ほか著：建築構造用鋼材の知識，1993

5)　建設省住宅局建築指導課監修，財団法人日本建築センター編集：建築基準法構造関係通達集，1975

6)　建設省住宅局建築指導課監修，財団法人日本建築センター編集：建築基準法構造関係法令通達集，1996

7)　日本建築学会：建築法規用教材，2012

閲　　覧

1)　一般財団法人日本規格協会　JSA ライブラリ

付４　CASBEE による環境評価

建築環境の性能を総合的に評価するツールである CASBEE は，スコアシートに入力することで，建築物の環境効率（BEE : Built Environment Efficiency）とライフサイクル CO_2（$LCCO_2$）をランク付けすることによって，環境評価を定量的に行うことができる．この評価項目は，建物全体の評価であるとともに，建設時のみの評価でなくライフサイクルにわたる評価となっているため，建築躯体の建設に対する重みはあまり大きくない．

躯体の鋼材にリユース部材を使用した場合，スコアシートでは，付図 4.1 に示す LR2.3「躯体材料におけるリサイクル材の使用」の項目において，リサイクル材をリユース部材と読み替えて評価することになる．この項目の重み付けは 0.20 である．

躯体をリユースすることを前提に設計している場合，スコアシートでは，付図 4.2 に示す LR2.6「部材の再利用可能性向上への取組み」の項目で評価することになる．この項目の重み付けは 0.20 である．

スコアシートを全て標準にした場合，ならびに躯体の鋼材にリユース部材を使用し，リユース可能な対策をした場合を，おのおの，付図 4.3，4.4 に示す．両者の評価結果を比較すると，BEE は 1.0 と両者に違いが生じていないが，LR のスコアが 3.0 から 3.1 と向上し，環境負荷 L は 50 から 46 と 4 ポイント向上している．向上したポイント値は，CASBEE 全体の評価値からすると，大きな差異ではない．これは先に述べたとおり，CASBEE では建築躯体の建設に対する重みがそれほど大きくないためである．しかし，リユースに関わる評価項目（非再生材料の使用削減）を検討することによって，リユースによる環境への効果を確認することができる。

以上のことから，CASBEE は，部材のリユースの環境評価を大局的に行うツールとして使用でき，リユース部材の設計において意義がある．

2.3　躯体材料におけるリサイクル材の使用

重み係数(既定)＝ 0.20		
レベル 5.0	事・学・物・飲・会・病・ホ・工・住	備考
レベル 1	(該当するレベルなし)	レベル5は、スコアシートに採用したリサイクル資材名を記述
レベル 2	(該当するレベルなし)	
レベル 3	構造耐力上主要な部分にリサイクル資材をひとつも用いていない。	
レベル 4	(該当するレベルなし)	
■レベル 5	構造耐力上主要な部分にリサイクル資材を用いている。	

該当資材がグリーン購入法における「特定調達品目」または「エコマーク商品」に認定されている場合、採用とみなす。

リサイクル資材の種類と採用した部位(30字以内)	リユース材を使用

リサイクル資材の例

品目名	
①グリーン調達品目(公共工事)	
高炉スラグ骨材	フライアッシュセメント
フェロニッケルスラグ骨材	エコセメント
銅スラグ骨材	製材
電気炉酸化スラグ骨材	
高炉セメント	
②エコマークを取得した「木材などを使用したボード」(エコマーク商品類型111)	
③エコマークを取得した「間伐材、再・未利用木材などを使用した製品」(エコマーク商品類型115)	

尚、認定されたリサイクル資材は随時更新されているので、下記のHPを確認し評価を行うこと。
・グリーン購入法特定調達物品情報提供システム　(http://www.env.go.jp/policy/hozen/green/g-law/gpl-db/index.html)
・エコマーク事務局HP(財団法人日本環境協会)　(http://www.ecomark.jp/search/search.php)

付図 4.1　躯体材料におけるリサイクル材の使用に関する入力シート

2.6　部材の再利用可能性向上への取組み

重み係数(既定)＝ 0.20	
レベル 5.0	事・学・物・飲・会・病・ホ・工・住
レベル 1	(該当するレベルなし)
レベル 2	(該当するレベルなし)
レベル 3	解体時におけるリサイクルを促進する対策として、評価する取組みをひとつも行っていない。
レベル 4	解体時におけるリサイクルを促進する対策として、評価する取組みを1ポイント以上実施している。
■レベル 5	解体時におけるリサイクルを促進する対策として、評価する取組みを2ポイント以上実施している。

評価する取り組み　　合計　3　項目

採用項目	評価内容
○	躯体と仕上げ材が容易に分別可能となっている
	内装材と設備が錯綜せず、解体・改修・更新の際に、容易にそれぞれを取り外すことができる。
○	再利用できるユニット部材を用いている。
○	構造部材あるいはそのユニットが容易に分解でき、再利用できる。

付図 4.2　部材の再利用可能性向上への取組みに関する入力シート

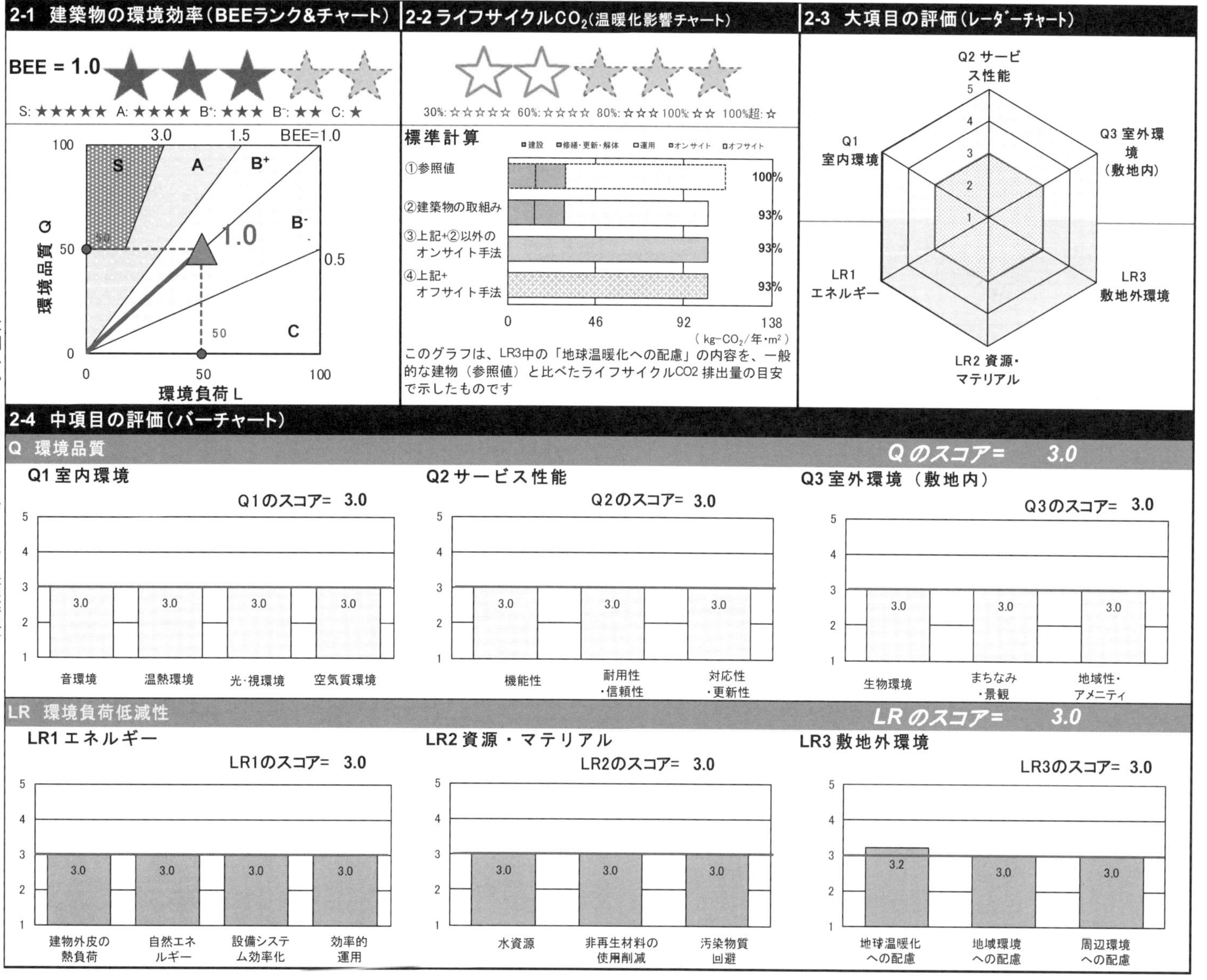

付図 4.3　CASBEE のチャート（標準時）

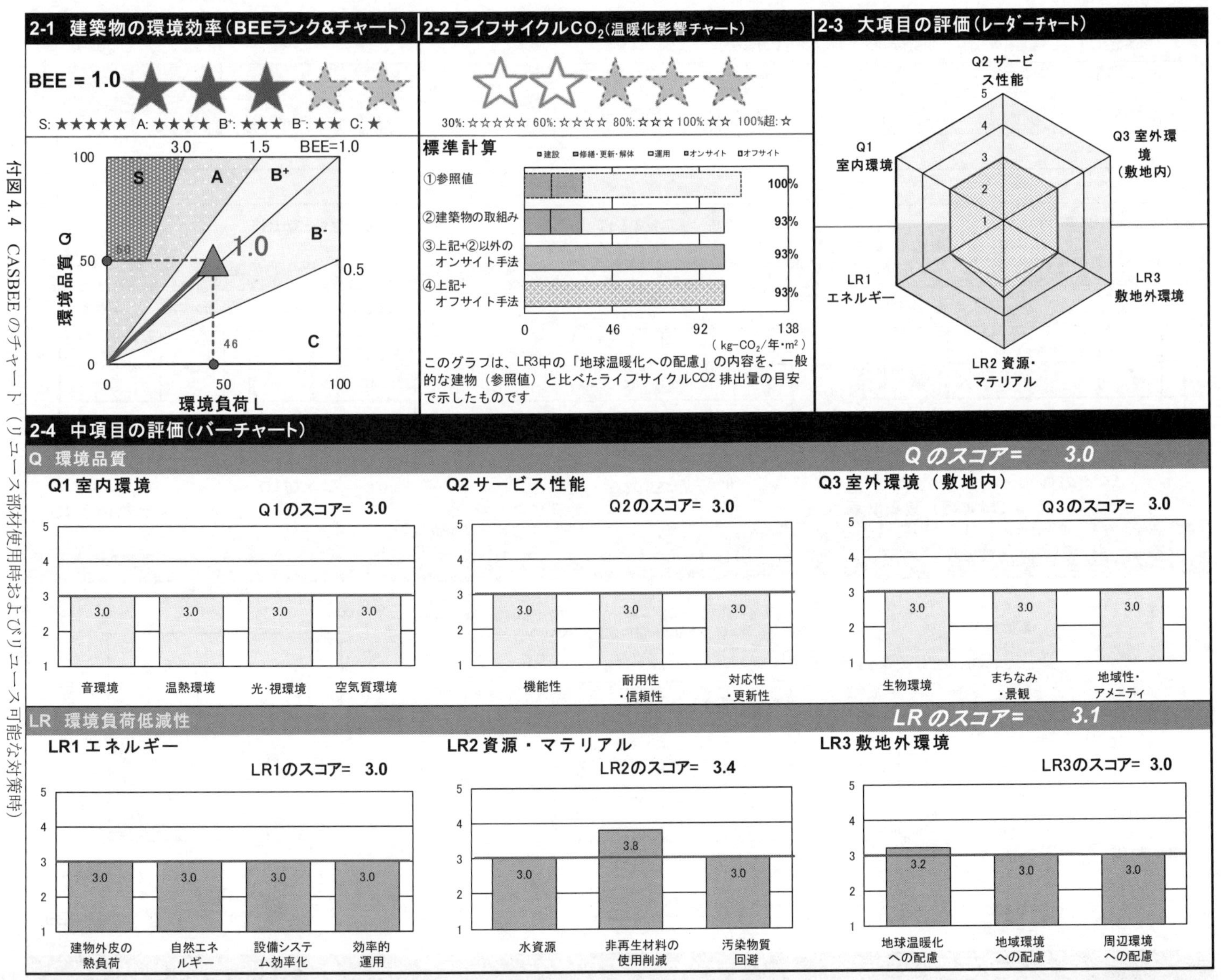

付図 4.4　CASBEE のチャート（リユース部材使用時およびリユース可能な対策時）

付５　ICタグによる情報管理

（1）IC タグ

IC タグ（電子タグ）は，バーコードに代わる次世代情報管理システムと位置づけられており，カードやラベル状のタグにメモリ機能を持つ IC（Integrated Circuit）チップと小型アンテナを埋め込み，専用のリーダ/ライタ（Reader/Writer）を用いて無線で（非接触で）多くの情報をコンピュータに読み書きするものである．バーコードに比べ，汚れに強く，情報量が多いだけでなく，情報の書き換えが可能である．また，人手を介さずに一度に複数の読取りが可能になり，ネットワークや ICT 技術（情報通信技術 : Information and Communication Technology）を組み合わせることで，流通効率の向上やモノの品質保証など多くの効果を発揮する可能性がある．

鋼構造建物の分野では，鉄骨生産や現場建方などに SCM（サプライ・チェーン・マネジメント）の手法を活かした高度利活用，鋼材検査証明書に代表される現行の鋼材品質保証システムの改良，あるいは補修保全や環境負荷低減を目的とした鋼部材の資源循環（再利用）などへの IC タグ適用の可能性が考えられ，近い将来には鋼構造建物の生産過程に変革をもたらす可能性があると考えられている．

（2）IC タグと鋼部材のリユース

モノ（鋼構造建物に使用されている多種多様の鋼材）に属性（さしあたっては鋼材検査証明書の内容）を「ID : 識別符号」を通して結びつけることが，品質管理の基本であり，属性はデータベースの形で整理されている．例えば，鉄鋼メーカーが管理する鋼材（鋼材検査証明書など）に関するデータベースは，ほとんど完璧なメンテナンス状況にあり，ID と属性は強固に結びついている．

しかしながら，現状では，ID とモノの結びつきは，流通→加工→建設→運用→解体・再生，などと時間を経るごとに希薄になっていき，モノと属性がだんだん結びつかなくなっている．

建設段階では鋼部材は，①鋼材流通，②鉄骨生産（工場），③鉄骨生産（現場），④建築工事（躯体･仕上げ･設備など工事全般で建物竣工まで）などの段階ごとに，工場から別の工場へまたは建設現場へと大きく動く．このとき，モノ（鋼部材）に属性（情報）が添付されているメリットは大きく，モノの動きに対応できる IC タグは有用である．

運用段階（維持管理）では鋼部材は基本的に動かないが，時々の改修（バリアフリー改修，セキュリティの強化，耐震改修，ICT 関連設備の増強，コンバージョンなど）のときに新規構造を付加することがあり，情報が添付されている場合にメリットが発生する．

一方，解体・再生（リユース・リサイクル）の段階でもモノ（鋼部材）は動くが，リユースが選択されるときには鋼部材に情報が添付されている必要がある．しかしながら，現状では十分でなく，そのような情報の必要性が小さいリサイクルが選択されやすくなっている．

IC タグを鋼部材に取り付けるのは建設時（主に鉄骨生産工場で取り付けられる）であることが通常であるが，この情報を 30〜50 年後に読んで利用する，というのは，技術の進歩を勘案するといかにも不自然である．現状では，IC タグの利用期間をせいぜい 2 年程度の短い期間とするのが適当であり，長期利用建物より短期利用建物（博覧会施設・コンビニエンスストア・屋台・被災者用住宅など）のほうが，IC タグ利用のメリットが大きいと考えられている．

（3）IC タグを用いたトレーサビリティの検証実験

付写真5.1（a）は，府省連携プロジェクト（革新的構造材料を用いた新構造システム建築物研究開発，2004〜2008年度）の研究[1)]が行われた鋼構造建物であるが，この建物ではIC タグ活用技術の開発のための検証実験が行なわれている．

IC タグを，鉄骨製作工場で柱，梁，ブレースなどの鋼部材に貼り，その後，建設現場に運搬する．建設現場では鉄骨建方時の接合部検査や施工手順などの生産履歴情報を携帯情報端末（PDA）でIC タグへ書き込む．収集された生産履歴情報はPDAと無線LANでつながっているため，3次元鋼部材モデルデータと組み合わせて，鋼部材の位置や寸法などの情報をデータベース化する．

解体前に鋼部材の位置や寸法などの履歴情報をICタグで管理できればリユース（鋼構造建物の移設，鋼部材の再利用）の設計・施工作業を効率的に行なうことができ，コスト低減が期待できるが，このような鋼部材と情報のトレーサビリティを検証したものである．

この実験で用いられたICタグは，付写真5.1（b）に示すように，大きさ30 mm φ，厚さ3 mmの樹脂加工した製品（周波数帯：13.56 MHz，金属対応型）などである．

(a) システムを適用した鋼構造建物

(b)　IC タグの貼付状況

付写真 5.1　IC タグを用いたトレーサビリティ検証実験[1)]

参考文献

1) 浜田耕史，中島史郎，中川貴文，平出務，多葉井宏，染谷俊介，伊藤弘，渡辺徳明：ICタグを活用した鉄骨工事のトレーサビリティシステムの開発　その1～3，日本建築学会大会学術講演梗概集，A-1，pp.1295-1300，2009.8

付６　リユースに関する法令の現状

地球環境全般に関わる建築関連の法令として，環境基本法の基本理念に則って制定された循環型社会形成推進基本法（基本的枠組み法）がある[1]．同法第 2 条第 5 項で，再使用（リユース）は次の２つとして定義されている．

一　循環資源を製品としてそのまま使用すること（修理を行ってこれを使用することを含む.）.

二　循環資源の全部又は一部を部品その他製品の一部として使用すること.

また同法第 7 条では，「循環資源の循環的な利用及び処分に当たっては，技術的及び経済的に可能な範囲で，かつ，次に定めるところによることが環境への負荷の低減にとって必要であることが最大限に考慮されることによって，これらが行われなければならない.」とされ，「循環資源の全部又は一部のうち，再使用をすることができるものについては，再使用がされなければならない.」と規定されており，政策順位として再使用が優先されることが明記されている．さらに資源有効利用促進法，建設リサイクル法などの関連法規も整備されている[1].

鋼部材のリユースを考えた場合には，新築の構造躯体に使用するならば建築基準法第 37 条の建築材料として鋼材の品質を確認しなければならない．構造躯体で用いられた鋼材を 2 次部材などへリユースする場合には法令上の義務はないものの，品質を確認することが望ましい．また構造計算を行う建築物では基準強度（F 値）の確認が必要となる．小規模で構造計算を要しない場合や，時刻歴応答解析などによる大臣認定を受ける場合には F 値の制限はないが，同法第 37 条への適合は求められる.

鋼部材のリユースでは取外しやすさが要求されるため，接合部が肝要となる．現状の技術としては（高力）ボルト接合を駆使・多用することと考えられるが，現行の同法施行令第 67 条（接合）には一般的な溶接，高力ボルトなどによらない接合方法や接合部であっても性能評価を経て大臣認定を取得すれば使用可能とする旨の規定が整備されており，リユースを前提とした新たな接合部の開発の際に活用されることが期待される.

参考文献

1)　日本建築学会：シリーズ地球環境建築　入門編　地球環境建築のすすめ，第 2 版，彰国社，2009

鋼構造環境配慮設計指針（案）
－部材リユース－

2015年12月10日　第1版第1刷

編　　集
著 作 人　一般社団法人　日本建築学会

印 刷 所　昭和情報プロセス株式会社

発 行 所　一般社団法人　日本建築学会
108-8414　東京都港区芝5－26－20
電　話・（03）3456－2051
FAX・（03）3456－2058
http://www.aij.or.jp/

発 売 所　丸善出版株式会社
101-0051　東京都千代田区神田神保町2-17
神田神保町ビル
電　話・（03）3512－3256

ISBN978-4-8189-0629-7　C3052